项目资助

本书是国家社科基金重大项目“中国参与联合国维和行动战略选择研究”
（16ZDA094）的阶段性成果

发展和平：

全球安全治理中的规范竞争与共生

何银 / 著

中国社会科学出版社

图书在版编目（CIP）数据

发展和平：全球安全治理中的规范竞争与共生／何银著 . —北京：
中国社会科学出版社，2020.6
ISBN 978 - 7 - 5203 - 5446 - 2

Ⅰ.①发… Ⅱ.①何… Ⅲ.①国际问题—安全—研究
Ⅳ.①D815.5

中国版本图书馆 CIP 数据核字（2019）第 232622 号

出 版 人	赵剑英
责任编辑	赵 丽
责任校对	张依婧
责任印制	王 超

出 版	中国社会科学出版社
社 址	北京鼓楼西大街甲 158 号
邮 编	100720
网 址	http://www.csspw.cn
发 行 部	010 - 84083685
门 市 部	010 - 84029450
经 销	新华书店及其他书店

印 刷	北京明恒达印务有限公司
装 订	廊坊市广阳区广增装订厂
版 次	2020 年 6 月第 1 版
印 次	2020 年 6 月第 1 次印刷

开 本	710×1000 1/16
印 张	17
插 页	2
字 数	237 千字
定 价	85.00 元

谨以此书献给我的亲人们，特别是
刚离开的老父亲。

序　一

中国和平崛起是冷战结束后世界政治中一个最重要的现象，引发了学术界激烈的论争。这些论争的焦点往往是崛起的中国将给世界带来怎样的影响。何银博士尝试从中国参与全球安全治理的角度来回答这个问题。他立足中国和平崛起的实践提出了"发展和平"的概念，用以概括中国自实行改革开放以来40年里在国家治理上的成功经验，并探讨发展和平作为一种新的规范在国际建设和平活动中的积极作用。

在全球范围内，建设和平是一项重要的治理活动。原有的规范主要是西方倡导的自由和平。中国积极参与全球安全治理事务以后，发展和平与自由和平相遇。何银博士聚焦这两种规范在东道国建设和平过程中的互动，通过对比研究发现两者之间有着竞争性共存的关系，而且这种关系会在东道国呈现积极的效应，例如利比里亚和东帝汶都是典型的个案。

何银博士在本书中的研究具有几个方面的重要意义。其一，提出了发展和平这一重要概念。全球治理的规范多产生于西方传统和经验并在西方霸权护持下上升为国际规范，得以大力推广。冷战结束以来国际格局发生了变化，新兴国家开始积极推动全球治理制度体系变革并成为规范供应者，中国的贡献尤其值得关注和期待。尽管学术界普遍认为中国在和平崛起的过程中走了一条不同于西方的道路，但是迄今对中国和平崛起实践的理论解释还远远不够。习近平总书记提出了要为全球治理贡献"中国方案"。中国方案主要产生于中国和平崛起的实践，并且能够与已有的"西方方案"进行对话。在参与国际建设和平时，西方基于自身的实践经验提出并传播了自由和平规范。但是中国能够为国际建设和平提供什么样的规范呢？何银博士提出中国和平崛起的实践生成了发展和平规范，在中国崛起之力的推动下，发展和平随着中国日益增加的国际政治经济活动在世界上传播。发展和平就是中国为国际建设和平提供的一个中国方案。

其二，研究了规范竞合的问题。国际关系理论的建构主义学派认为规范重要，并且深入研究了规范的意义和生命周期等问题，却没有很好地回答一个关涉规范的重要问题，即规范间的竞合关系。这主要是因为西方主流学派有着"西方规范偏见"，即只有西方供应的规范才享有在国际上传播的合法性。然而，西方不可能完全垄断对全球治理规范的供应。当前国际权力格局正发生变化，新兴国家对全球治理制度体系影响日益增加并且开始成为规范供应者。在此背景下，需要研究的一个重要问题是，当西方规范与非西方规范相遇并发生互动，过程和结果将会是怎样？何银博士通过研究发展和平与自由和平在国际建设和平中相遇后的情况，尝试探究规范间的竞合问题，这在规范研究方面是具有创新意义的。本书的研究证明，在一定条件下，两种和平规范可以在国际建设和平场景中形成良性竞合关系。这也表明了现有反映西方政治文化、哲学思维和价值理念的全球治理理念存在的片面性缺陷。

其三，为维和建和学术研究做出了贡献。维和建和是全球安全治理的重要工具，但在许多情况下并没有取得预期的效果，致使一些维和建和东道国的问题长期得不到解决。一些人对主导国际维和建和的规范——自由和平进行了深刻的批判，但却没有跳出西方自由主义的思维去探讨变革之策。何银博士立足东亚地区的实践并聚焦中国的发展经验，提出了一个在价值理念和实践经验等方面不同于自由和平的和平规范——发展和平，并论证了发展和平对于建设持久和平的重要意义。本书关于维和建和的研究在方法论上有着独到之处，也拓展了中国维和建和学术研究的领域。

其四，研究了中国在国际维和建和活动中身份变化的问题。长期以来有关中国参与维和建和研究的出发点，都是将中国看作国际规范的接受者，探讨的问题主要是中国为什么接受或者不接受维和建和规范。但是，大国崛起必然带来制度和规范的创新。崛起的中国不但是国际维和建和的重要支持者，而且必然也是规范的创造者和供应者。发展和平是产生于中国和平崛起实践的规范，也是中国对国际维和建和的规范贡献。这一规范在东道国的自身实践中得到了认可并产生积极效果。

习近平总书记指出，和平赤字、发展赤字和治理赤字，是摆在人类面前的严峻挑战。当前全球治理理念、原则和方式不能适应全球化的迅速发展和全球问题的大量涌现，规则的供应滞后于国际权力格局的变化，并且在质量上和数量上落后于实际需求，急需新兴国家将自身的文化理念和实践经验带入国际社会，参与国际规则的改革和创新。全球治理本身是一个共商共建的过程，是一个参与和身份重塑的过程，需要以多元主义的世界观，以参与治理过程的实践活动构建起一种真正的全球身份认同。要改革和创新全球治理，就需要实践多元主义、伙伴关系和实践参与理念。只有这样，才能真正建立多元治理的体系，才能提出切实可行的解决方案。

秦亚青

2019 年 10 月 5 日于北京厂洼

序二　努力谱写中国与世界关系的新篇章

王逸舟

何银博士平日随和谦虚，做学问却认真专注。能为他的大作写推荐语，实在是我的荣幸。

初读下来的感受是，这本书的最大价值，并不一定是规范研究的创新，而是表达了当代维和学的中国视角。以往以联合国维和行动为中心的国际维和理论，无论早期的维持和平说还是后来的建设和平说，主要是基于西方主导国家的战略、实践及利益。自20世纪90年代之后，中国加入国际维和行动，从早期的跟进、到后来的主动、直至今天的发力，形成一定特色与影响。何银博士的很多作品，尤其是本书系统表达的"发展和平"思想，可以说是中国学者在维和理论方面最有代表性的著述；其中不少案例和学理分析，提示了理论新的生长点。我常向探求中国维和学说的外国朋友做出推荐，当然期待更多人加入何银的探索行列。

关于作者阐释的国际规范，这里补充一点想法。西方以"保护的责任"为基石的维和规范，存在严重的缺陷和误区，但它并没有完全成为历史陈列；中国、巴西等新兴大国提出的维和策略（如"负责任的保护"），拓展了新世纪维护国际和平的理论空间，但由于各种原因尚未被广泛接受。新旧交替的过程，不一定"非此即彼""黑白分明",可能是并立共容、交互作用,中间含有此消彼长、折冲斗争的复杂性。西方维和学说内部,既有传统欧美中心主义显示的狭隘片面、政策角度的简单粗暴,又有类似中国人所说的"折中主义"、悄然吸纳全球国际关系的不同线索。对目前欧美主宰的国际维和进程的简单化、静态化的描写,虽有容易记住、印象深刻的好处,也让读者无法全貌地观测外部世界的动向。

中国正在成为全球角色,维和实践和理论创造也在迈上新的高地。何博士的这本著作,有助于中外学界持续跟踪探讨这个领域,为谱写中国与世界关系的新篇章做出一份贡献。

2019 年 10 月 13 日于北京大学住所

前　言

一

2000 年，中国维和警察培训中心在中国人民警察大学（原中国人民武装警察部队学院）成立，我从一名大学英语老师转行从事维和培训教学工作，并于次年 10 月前往东帝汶执行为期一年的维和警察任务。2010 年有幸考上外交学院，投入秦亚青先生门下攻读博士学位，开始从理论研究的角度思考维和问题。在一次课上，因一句"为什么维和行动难以取得成功？"得到秦先生的肯定。从那以后我开始深入探究这个问题。

有关维和行动效果的问题一直受到学术界的关注。一些人指出，冷战时期建立的以监督停火协议为主要任务的维和行动有几项一直延续至今，而后冷战时期建立的一些维和行动反反复复多年也难以从根本上解决问题，所以维和行动没有什么实质性的作用。从 20 世纪 90 年代索马里维和行动仓促结束，之后联合国安理会对卢旺达发生的大屠杀无动于衷，到最近几年维和行动在南苏丹、刚果（金）和萨赫勒地带陷入了没有和平可以维持的困境，这些鲜活的事例似乎都印证了维和无用论。

然而，世界政治是理想主义与现实主义妥协的结果。联合国维和机制与联合国本身一样，都是理想主义的产物。如果纯粹从理想主义出发对维和行动寄予太多不切实际的期望，显然是忽视了世界政治残酷的现实。联合国不是世界政府，而仅仅是一个国际制度平台，它的一切资源和合法性都来源于会员国的支持。战争和冲突是时代的伤疤，维和行动是联合国在穷尽其他和平手段之后的补救之举。所以，一概否定维和行动的作用是不公平的。

维和行动是有用的。难以想象若是没有维和，一些发生了冲突的国家和地区情况会是怎样。正如罗密欧·达莱尔将军在《与魔鬼握手》一书中写道，1994年卢旺达大屠杀期间，坚持留在卢旺达的几百名维和人员冒着巨大的危险拯救了成千上万人的生命；更为重要的是维和行动在卢旺达的存在（presence），确保了国际社会爱好和平的人们对卢旺达局势保持关注，西方大国的政治家们最终迫于舆论的压力而不得不采取行动制止大屠杀。实际上，维和最基本的手段之一便是显示联合国的存在。联合国蓝色的旗帜、维和人员的蓝盔和蓝色贝雷帽以及白底黑字的车辆，无不是醒目的标识。在冲突地区和人道主义危机现场，这些标识代表了公平、正义以及和平的希望。

在国家间冲突爆发后建立的传统维和行动中，联合国存在的意义主要是维持和平，也就是通过将带有联合国标识的维和力量部署在冲突方之间，为冲突的政治解决赢得时间。随着冷战结束，全球范围内由民族、种族和宗教等身份认同问题引发的国家内冲突此起彼伏。得益于国际局势趋于缓和，大国之间更容易在安理会达成一致，联合国得以积极介入国家内冲突管理。新时期维和行动的环境发生了变化：东道国政府脆弱或者根本就不存在，社会失序、法纪废弛，人道主义危机严重。在此情势下，维和行动仅仅显示存在已难以完成安理会授权的任务，而是需要通过更加积极的手段帮助消除冲突的根源以建立持久和平。学术界将后冷战时期的维和行动称为多维维和行动。由于东道国在政治、安全、社会和经济等方面困难重重，多维维和行动特派团的主要任务是通过建设和平措施帮助东道国应对这些困难。也就是说，后冷战时期维和行动任务的重心从维持和平转向了建设和平。

二

美国在"9·11"事件之后入侵伊拉克和阿富汗，之后对两个国家进行的自由民主式改造并没有取得成功。这引发了学术界对建设和平范式的反思。以罗兰德·帕里斯为代表的一些学者指出，冷战结束以来建设和平主要采用的是一套模式化的操作方法：通过推行政治民主化和经济自由化让东道国转型成为"市场民主"国家。还有一些学者进一步指出，长期以来建设和平的本质，实际上是按照自由民主标准建立韦伯式的现代国家，这使得建设和平在实践中局限于东道国的国家制度建设这一狭窄的任务领域，从而背离了通过综合手段消除冲突根源的初衷，所以最终的结果是建设了"虚幻和平"。

学术界在反思自由和平的同时，也开始寻求改进建设和平的制度规范。例如，迈克尔·巴尼特提出"共和和平"的方案，主张改变单一的投票选举方式，通过多种方式实现代议制，进而最大限度地减少各党派之间的冲突。帕里斯提出了先制度化后自由化的方案，也就是保持市场民主的根本目标不变，但是在实行选举民主和市场调整政策前，首先建立有效的政治和经济制度基础。不难发现，这些不过是改良版的自由和平，而很难称得上是区别于自由和平的另一种方案。基于这样的认识，我开始思考一个问题：在自由和平之外是否还有其他形式的和平规范呢？

2010年冬天，在南非斯泰伦博斯大学攻读博士学位的华裔学者郭俊逸来北京调研，我们见了一面，并在之后保持了学术联系。郭俊逸立足对新中国在政治和经济发展以及在非洲的援助和经济活动等方面经验的研究，提出中国在非洲传播了一个称作"中国和平"（Chinese peace）的建设和平规范。郭俊逸的这一具有开创性的研究非常有意义，但是还存在一些不足。

首先，"中国和平"的实践基础和理念渊源并非完全在中国。正如戴博拉·布罗迪加姆在《龙的礼物：中国在非洲的真实故事》一书中指出，中国企业在非洲一些国家建立工业园区，多年前中国香港在毛里求斯就已经在这样做，而中国现在以贷款和技术换取他国的资源，20 世纪 80 年代日本在中国也是这样做的。在政府的主导卜以经济建设为中心的发展方式，也并非中国的独创，东亚地区的"四小龙"和"发展型国家"也都如此。因此，以"中国"一词定性具有地域特征和平规范的做法值得商榷。其次，是对生成于东亚地区和平规范内涵的诠释还有待深入。和平规范往往起源于成功的地域文明实践，反映了一个地域文明在国家治理方面的理念。研究建设和平，需要深入挖掘和平规范中有助于冲突后国家或者脆弱国家增强治理能力的理念要素和实践方法。例如，东亚地区不少国家都具有很强的主权意识，与之共生的是从精英到百姓普遍都具有很强的民族国家认同意识。这两种意识对于国家政府动员和团结民众，确保建设和平真正实现本土所有（local ownership）都具有非常重要的意义。现有的研究对这方面的挖掘还不够深入。最后，是需要立足中国和平崛起以及国际体系和国际格局的变化，来认识生成于东亚地区的和平规范。作为一名国际关系理论专业的学生，我认为值得研究的重要问题包括：生成于东亚地区实践的和平规范如何在国际上传播？在传播过程中，当与其他规范相遇后会发生什么性质的互动？结果将会怎样？郭俊逸的研究主要聚焦于"中国和平"在非洲这一传播场域中较之于自由和平的优势和劣势，还没有回答一些关于规范研究的深层次理论问题。

基于上述思考，我决定立足中国和平崛起，研究生成于东亚地区发展实践的和平规范对全球安全治理的影响。在导师秦亚青教授的指导下，我提出了"发展和平"的概念，强调它是一个具有东亚地区发展实践特征的和平规范。发展和平在国际上的传播主要受到中国和平崛起之力的推动，并且它的传播效果也主要受到中国在全球范围内政治经济活动的影响。我同时还考虑到在中国和平崛起的背景下，西方学术界长期存在中国—西方二元对立的话语，所以在研究设计上考虑了通过聚焦发展和平与自由和平在建设和平场域中的互动过程和结果，尝试探究中国崛起对国际制度体系的影响。

竞争是自然界的常态。但是关于规范竞争，西方主流学术界的大多数观点都倾向于认为会出现竞争性的过程及零和的结果。这种分立归类法的冲突辩证法思维，实际上反映了"西方中心论"的认识，其潜在的逻辑是任何非西方的制度规范在国际上的传播都没有合法性，都会对国际制度体系产生破坏性的冲击。也就是说，根据现有关于规范竞争的主流观点，当发展和平与自由和平相遇，必然会发生你死我活的竞争并最终出现一方胜出的零和结果。

作为一个在 20 世纪 70 年代出生的人，亲历过穷苦的日子，见证了过去 40 多年来中国和平崛起的历程，对发展和平有感性认识。由于从事维和相关工作，我有幸去过一些尚在探索国家发展道路的国家，看见了对发展和平的需求。在东帝汶偏僻的乡村，我看见刀耕火种；在孟加拉国首都达卡，我看见了人们对一份收入菲薄工作的珍视。而更多的是在国内外参加学术交流时，参与冲突预防、国家治理和建设和平等问题论争当中。这些经历让我相信发展和平与自由和平的竞争可能并不会出现零和的结果。据此，我决定在规范理论研究的基础上，提出规范竞争可能出现规范互补的理论假设，并以利比里亚和海地为案例做实证研究检验这个理论假设。2014 年，我完成了博士论文《规范竞争与规范互补——以建设和平为例》。

三

博士毕业后，我并没有急于出版博士论文，而是在思考如何修改完善它。我很清楚自己对发展和平的研究才仅仅完成了一个初步的理论框架，还需要在充实理论研究的同时把案例研究做得更加扎实。我利用在国内外参加学术活动的机会进一步开展调研工作。同时，我在一些学术场合阐述发展和平，以期得到国内外专家学者的评论和建议。

2015 年上半年我到哈佛大学访学。在美国期间，我有机会见到了江忆恩、凯瑟琳·辛金克、理查德·库伯、布罗迪加姆、威廉·德尔奇和巴内特·鲁宾等学者，就发展和平问题向他/她们请教。特别难忘的是，我到麻省理工大学拜访了诺姆·乔姆斯基教授。当时乔姆斯基教授已经 80 多岁高龄，但是思维非常清晰敏捷。他听了我对发展和平的简短介绍后，提了十多个富有启迪性的问题，并且说希望我把文章发给他。到纽约参加美国社会科学理事会主办的美国—中国—非洲三方合作问题研讨会，与包括孟洁梅教授在内的各国非洲问题专家交流，收获很大。

在国内，我经常参加外交学院、中国联合国协会、中国国际问题研究院和上海国际问题研究院等单位的学术活动，就发展和平理论与国内外专家交流。尤其难忘的是，2018 年 10 月我应邀参加北京大学国际关系学院与美国斯坦福大学联合举办的"内战、国家内暴力冲突及国际应对"问题研讨会。我在发言中简略地介绍了发展和平的概念，没想到引发了中外参会者长时间激烈的讨论。特别是来自美国和欧洲的学者提出了许多非常尖锐的问题。这样的学术讨论对于我完善发展和平的研究非常有帮助。

过去几年里，我还参加了挪威国际事务研究院高级研究员西德雷克·德·康宁博士主持的几个研究项目，经常与国际上从事维和研究的学者们交流。特别是 2018 年 12 月参加了"和平行动效果研究网络"赴南苏丹的实地调研活动。此次调研期间，我参加了对联合国南苏丹特派团（南苏团）各个层面的访谈，并与南苏丹大学、智库和非政府组织等方面的人士交谈，倾听他们对南苏团工作以及南苏丹国家发展前景的看法。在位于波尔市的约翰·加朗大学教室里，当我说到以中国的经验，如果有和平的环境、强有力的领导和艰苦奋斗的人民，从贫困到小康只需要一两代人就可能实现时，我看见了在座的师生们频频点头。我还走访了南苏团中国维和部队和维和警察，以及部分在南苏丹经营的中资公司，听到许多关于发展和平的真实故事。

做学问是一个永无止境的过程，需要不断地探索。博士后毕业五年来，我对发展和平的理论内涵和传播机制都有了新的认识。在完善对利比里亚和海地两个建设和平案例对比研究的同时，我发现自由和平与发展和平在东帝汶出现了共生的趋势，而两个和平的共生也是东帝汶建设和平成功最重要的原因。据此，我在原有的理论假设——规范竞争可能出现规范互补的基础上，进一步提出了规范竞争可能出现规范共生这一新的理论假设。

2017 年查尔斯·科尔和康宁主编的《崛起大国与建设和平》一书出版，其中收录了印度、巴西、印度尼西亚、土耳其和南非五国学者的建设和平研究文章。这五个新兴国家在国家发展的路径选择和经验积累上各有特点，在建设和平方面的价值理念和实践方法也都有所不同。该书的编者们指出建设和平理念和方法的创新需要有新兴国家的贡献。中国是最大的新兴国家，是最引人瞩目的崛起大国，过去几十年中国和平崛起的伟大实践生成的国家治理和发展经验，必定上升为"方案"或规范，对包括建设和平在内的全球安全治理产生深远的影响。

2019 年 8 月 1 日于廊坊颐和佳苑

目　　录

绪　　论

第一节　研究问题及选题原因

一　研究问题

随着"走出去"战略的深入实施，中国对许多发展中国家的援助数量不断增长。中国与传统西方援助国在援助模式上存在很大不同，其中最为明显的一点，是传统西方援助国注重帮助受援国开展制度建设，常常为援助设置政治条件，而中国注重帮助受援国改善基础设施和发展经济，并且不为援助设置政治条件。[①]已经有人开始思考中国对外援助特别是对非洲援助的国际规范意义，认为中、西两种援助模式或者规范之间存在着竞争关系。[②]中国是一个正在崛起的大国，而西方长期以来在国际体系中占据霸权地位。两个具有不同权力背景的援助规范同时在国际援助实践场域中传播，表明中国已经不仅仅是一个国际规范接受者，而是已经开始成为国际规范的供应者和传播者。一些人对此感到不安，认为中国会破坏由西方主导的国际秩序。

---

① 参见庞珣《新兴援助国的"兴"与"新"——垂直范式与水平范式的实证比较研究》，《世界经济与政治》2013 年第 5 期。Deborah Brautigam，*The Dragon's Gift：The Real Story of China in Africa*，New York：Oxford University Press，2009。

② Steven C. Y. Kuo，"China's Understanding of African Security：Context and Limitations"，*African Security*，Vol. 5，Issue 2，2012；Daniela Sicurelli，"Competing Models of Peacekeeping：The Role of the EU and China in Africa"，paper prepared for the Fifth Pan-European Conference on EU Politics，Porto，June 2010，pp. 23 – 26.

一位从事外交政策研究的美国学者将中国说成是"无赖援助国",认为包括中国在内的新兴国家提供的援助只会让世界变得更加腐败、混乱和专制。①

对中国国际行为的质疑还延伸到正常的国际经济活动领域。2017 年 8 月 19 日，时任美国国务卿雷克斯·蒂勒森访问印度之前，在美国国际战略研究中心发表亲印演讲，说中国的投资破坏了国际规则，要求其他国家不要只看到接受中国资本的优势条件，而要从维护国际规则的长远考虑拒绝中国资本。6 月 18 日，他的继任者迈克·蓬佩奥在底特律经济俱乐部发表演说时指出，美国式的资本主义和经济活力对发展至关重要，全球经济都必须重回"美国模式"；要把西方模式，也就是人权、法治、知识产权理念交给非洲，让非洲的发展更接近"西方模式"而非"中国模式"。

针对中国对外援助及国际经济活动的质疑，反映了西方对中国崛起的担忧。普林斯顿大学教授约翰·伊肯伯里提出，美国和西方可以接受一个崛起的中国在物质实力上超过美国，但是决不能容忍中国推翻现有由西方主导的国际制度体系。② 这些观点反映了一种思维，即认为世界政治中任何竞争都必定是冲突的，结果必定是零和的。在世界政治的实践活动中，当有着不同权力背景和主张的规范相遇并发生竞争，过程只可能是冲突的、结果只可能是零和的吗？换句话说，规范竞争会出现怎样的结果？这就是本书所要研究的问题。

二 选题原因

有三方面的原因促使笔者研究规范竞争的问题。

首先，作为一名曾参加联合国维和行动的警察，笔者这些年来一直

---

① Moisés Naím, "Help Not Wanted", *New York Times*, February 15, 2007; Moisé Naím, "Rogue Aid", *Foreign Policy*, October 15, 2009.

② G. John Ikenberry, "The Rise of China and the Future of the West: Can the Liberal System Survive?" *Foreign Affairs*, Vol. 87, No. 1, January/February 2008.

在思考一个问题：自冷战结束以来的 30 多年里，联合国在世界各地开展了几十项多维维和行动（multi-dimensional peacekeeping operations），但是为什么迄今为止很少可以称得上完全成功？经初步研究，笔者发现联合国开展多维维和行动时，最通行的做法是在维持和平的同时建设和平，与其他国际组织、非政府组织和相关国家政府一道，通过选举、能力建设（capacity building）和援助等措施，传播西方标准的自由民主制度和市场经济制度，以期在那些遭受冲突影响的联合国维和行动任务区东道国（host country）实现持久和平。"9·11"事件之后的几年里，美国通过强制手段在伊拉克和阿富汗推行以政治民主化和经济市场化为核心任务的建设和平努力遭遇失败，国际学术界出现了针对现行国际建设和平模式的批判，指出其本质是传播一个称作自由和平的和平规范。一些学者在批判自由和平的同时，开始尝试寻找它的替代方法。在此背景下需要思考的问题是，怎样才能打破自由和平在建设和平规范结构中的垄断地位，以便改进建设和平的方法？现代经济学表明，竞争是打破并取代垄断的最好办法。因此，笔者开始关注与建设和平相关的规范竞争问题。

其次，作为一名从事维和学术研究的学者，笔者注意到，近些年来以"金砖国家"为代表的新兴国家，开始积极争取在联合国建设和平事务中的话语权。例如，一些金砖国家不再是简单地接受或者反对西方规范，而是开始积极参与国际规范体系的革新。针对西方倡导的"保护的责任"（responsibility to protect，R2P）这一干预理念，巴西提出了"保护中的责任"（responsibility while protect，RwP），以南非为代表的非洲提出了"预防性保护"（preventive protection），而中国国际问题研究院的阮宗泽研究员提出了"负责任的保护"（responsible protection，RP）。① 又例如，前几年，国际社会在讨论制定"可持续发展目标"（sustainable development goals）时，西方国家利用自

———————

① 阮宗泽：《负责任的保护：建立更安全的世界》，《国际问题研究》2012 年第 3 期。

身优势，积极通过经济合作与发展组织、布雷顿森林体系和联合国等话语平台，力图继续像在世纪之交制订"千年发展目标"（millennium development goal）时那样扮演着绝对主导的角色。① 而包括"金砖国家"在内的一些新兴国家汲取了曾经忽视参与这方面工作的教训，也开始建立话语网络，力争深度参与"2015 后发展议程"（2030 发展议程）的讨论和制定。② 这些出现在国际规范领域的新动向促使笔者思考一个问题：当新兴国家参与国际规范秩序变革时，将会与长期以来在这方面占据主导地位的西方国家发生怎样的互动？这种互动的结果又将是怎样？

最后，作为国际关系理论领域的一名学生，笔者经初步研究发现，现有国际关系理论研究都没有很好地回答一个关涉规范身份的本体论问题：谁的规范重要？对这个问题的回答，牵涉不同权力背景的规范为在国际范围内争夺传播权而发生的竞争，本书称为规范竞争。也就是说，规范之间的互动或者说是竞争还没有得到学术界足够的重视。国际关系理论的权力派、制度派和规范派这三大主流学派关于规范竞争的观点只能推导得出。③ 它们虽然在有关规范的国际政治意义的理解上存在分歧，但是在涉及规范竞争结果的认识上却存在着惊人的相同之处：都相信规范竞争必然出现一方战胜另一方的零和结果。④ 这样具有高度确定性的观点促使笔者思考一个问题：规范竞争只会出现零和的结果吗？

---

① Kharas Homi and Andrew Rogerson, "Horizon 2025: Creative Destruction in the Aid Industry", Overseas Development Institute, July 2012, http://www.odi.org.uk/resources/docs/7723.pdf.

② 2014 年 3 月 17—18 日，笔者在上海对非盟官员的访谈。

③ 西方国际关系理论的流派有很多，可以根据权力、制度和规范（文化）这三个影响国际政治行为选择的核心要素来梳理。参见秦亚青《权力·制度·文化：国际关系理论与方法研究文集》，北京大学出版社 2005 年版，第 14—25 页。

④ 何银：《规范竞争：谁的规范重要——一个被忽视的研究议程》，载秦亚青主编《世界政治与全球治理——国际关系研究文集》，世界知识出版社 2013 年版，第 403—420 页。

第二节　研究设计

一　研究设计

学术研究的目的是发现一般性规律。本书是国际关系理论研究，目的是发现具有学理意义的一般性规律。因此，本书采用学术研究通行的研究思路，在研究问题和相关文献梳理的基础之上，提出一些前提假定，然后根据这些假定推导出一个基本理论假设，并通过案例分析研究验证这个理论假设，最后得出研究结论。研究设计包含基本假设和研究框架两个部分。

1. 基本假设

基本假设围绕研究问题提出。首先需要厘清本书研究所涉及的核心概念，在此基础上提出前提假定，并根据前提假定推导出本书的基本假设。

本书研究的核心问题，是发生在规范之间的竞争会出现什么样的结果。涉及三个核心概念：规范、规范竞争和规范共生。在这三个概念的基础之上提出了三个前提假定：

假定一：不同的实践产生不同的规范；

假定二：国际体系是一个等级体系；

假定三：世界政治实践是动态的过程。

从这三个假定出发，可以做一些理论推导。根据假定一可以推导出，整个人类世界存在不同的实践场域，每个实践场域都是一个自成一体的社会，都有一个独特的规范体系；根据假定二可以推导出，规范竞争的本质形态，不是发生在同一规范体系内的规范之间的竞争，而是发生在来自不同规范体系的规范之间的竞争；根据假定三可以推导出，规范竞争的过程特征既可能是冲突的，也可能是非冲突的；竞争的结果既可能是零和，也可能是共赢。结合从上述三个基本假定推导出的结论，提出本书的基本假设：规范竞争可能出现规范共生。

2. 研究框架

本书包含绪论和九章内容。

绪论概述全书。包含四节：第一节从国际上一些质疑中国对外援助及国际经济活动的声音出发，结合笔者的工作和学术经历，提出本书将研究规范竞争的问题；第二节介绍了本书的研究设计——基于假定提出理论假设，并简述了全书的框架结构和章节内容；第三节介绍了本书采用的三个研究方法：本体论折中主义、方法论折中主义和案例分析法；第四节界定了本书的研究范畴并阐述了研究意义。立足于后冷战时期的建设和平，研究两个生成与不同文明实践的规范相遇后的互动过程和结果，并指出本书的研究在理论和现实两个层面都具有重要意义。

第一章文献综述。梳理现有文献中关于规范竞争问题的观点，包含三节：第一节介绍三大主流学派关于规范竞争的观点；第二节通过分析英国学派对中国崛起问题的认识，推导出关于规范竞争的观点；第三节通过其他一些关于中国崛起问题的论调，推导出关于规范竞争的观点。本章指出，尽管现有关于规范竞争问题的各方观点来自不同的研究领域，但它们都将规范竞争看作一种二元对立的静态关系，并且都相信必然出现一方胜出的零和结果。

第二章理论假设。提出本书的基本理论假设，包含三节：第一节解释本书理论假设涉及的三个核心概念：规范、规范竞争和规范共生；第二节在核心概念的基础之上提出三个前提假定：不同的实践产生不同的规范，国际体系是一个等级体系，以及世界政治实践是动态的过程；第三节根据前提假定推导出本书的基本假设：规范竞争可能出现规范共生。

第三章建设和平。本书从该章起将进入实证研究环节，通过研究自由和平与发展和平在建设和平这一实践场域中相遇后的互动，验证本书的基本理论假设。本章包含三节：第一节论述国际冲突管理方法及其变革，聚焦冷战结束后国际冲突管理面临的挑战和在方法上发生的演进；第二节论述联合国通过和平行动开展的国际冲突管理；第三节聚焦后冷战时期国际冲突管理中建设和平这一重要领域，论述广义建设和平的概念内涵、行动任务和行动者。

第四章西方霸权与自由和平。包括三节：第一节西方霸权，论述西方霸权的由来和表现以及自由和平的权力背景；第二节西方文明与普世主义，论述西方文明与普世主义之间的关系；第三节论述西方的和平观：自由和平，阐述自由和平这一和平规范的渊源和理论内涵、它在建设和平中的应用和传播以及学术界对它的批判。

第五章中国崛起与发展和平。包含三节：第一节中国崛起，论述发展和平的权力背景，并通过分析围绕中国崛起话语的争论，论述中国崛起的表现；第二节中国的和平观：发展和平，论述中国崛起的特征和实践经验，以及发展和平规范的渊源、理论内涵和传播方式；第三节发展和平与自由和平比较，通过对比深入认识自由和平与发展和平的规范内涵。

第六章自由和平独霸下的海地。以海地为例，分析自由和平独霸建设和平的后果。本章包含四节：第一节海地和平面临的挑战，结合海地概况，分析该国冲突的根源及和平道路上面临的挑战；第二节发展和平缺失，论述发展和平在海地建设中缺失的原因；第三节自由和平独霸及后果，论述自由和平成为对海地建设和平产生重大影响的唯一和平规范的原因、表现和后果；第四节自由和平的失败：海地地震后重建，以2010年海地地震后重建工作为例，进一步分析自由和平独霸建设和平的后果。

第七章自由和平与发展和平竞争的利比里亚。以利比里亚为例，分析自由和平与发展和平共存对建设和平效果的影响。本章包含五节：第一节利比里亚和平面临的挑战，结合利比里亚概况，分析该国冲突的根源及和平道路上面临的挑战；第二节利比里亚建设和平中的自由和平，论述自由和平在利比里亚建设和平中的传播；第三节利比里亚建设和平中的发展和平，论述发展和平在利比里亚建设和平中的传播；第四节发展和平的成功：抗击埃博拉，以利比里亚抗击埃博拉行动为例，论述发展和平的优势；第五节海地与利比里亚建设和平效果比较，证明规范竞争与共存有利于改善建设和平的效果。

第八章东帝汶的和平：两个和平的共生。以东帝汶维和建和为例，进一步论证本书提出的理论假设。本章包含三节：第一节维和建和成功的条件，提出分析维和建和成功原因的理论框架，指出需要满足三个最重要的条件；第二节联合国和国际社会功不可没，论述东帝汶维和建和成功的两个原因：联合国尽责和国际社会的广泛支持；第三节两个和平共生：东帝汶和平的决定性因素，论述东帝汶维和建和取得成功，最主要的原因是自由和平与发展和平的共生。

第九章结论，对本书进行总结。本章提出，国际权力格局的变化引起国际规范体系的变化，推动出现跨体系规范竞争。本章的结论是，案例研究证实了理论假设：规范竞争可能出现规范共生。本章还提出了需要进一步研究的问题。

第三节　研究方法

一　本体论折中主义

本体论往往决定方法论。所以，在确定方法论之前，首先有必要明确本书在本体论上的立场。本书在本体论上坚持折中主义（eclecticism），承认世界存在物质和观念这两个同等重要的维度。本体论研究的对象是存在（being）。在不同的国际关系理论中，存在有不同的含义。权力派认为存在是而且只是客观物质世界；制度派虽然承认了国际机制这样的观念事物的存在，但是认为它们是权力这样的物质事物的附属品；规范派赋予了观念世界以独立的地位，强调观念的本体作用，认为物质世界是观念世界存在的背景。此外，马克思主义同样对涉及本体论的问题有深刻的论述。围绕马克思主义哲学本体论的讨论存在物质本体论与实践本体论之争。① 坚持物质本体论的一方认为，马克思主义哲学研究的是客观世界的普遍本质和普遍规律，是科学的世界观；② 坚持实践本体论的一方则认为，离开了人的活动和认识，物质世界是没有意义的。③ 从本质上讲，物质本体论与实践本体论之争，是物质与观念、客观与主观、科学与哲学这些涉及方法论之争的问题。如前文所述，人类生活的世界有两个维度：物质世界和观念世界。观念世界也就是社会世界。物质世界固然是客观存在的，但是正如国际关系理论的规范派所言，由观念等因素构成的社会世界具有那在（out there）性。因此，本书坚持认为，要认识世界的全貌，就应当采用折中主义本体论，即承认世界是物质和观念的结合体。

二 方法论折中主义

本书所坚持的方法论折中主义包含两个方面。一方面是实现科学与人文的通约。秦亚青教授借鉴韦伯理性类型的思维，将国际关系领域研究方法谱系的两极简约为唯科学派和唯人文派，主张追求人文与科学的契合，走位于二者之间的第三道路。④ 秦亚青教授指出，"国际关系学科的建立是与人们消灭战争、追求和平和理想密切联系一起的"。⑤ 本书认同这个观点。社会科学研究不可能价值无涉，否则就陷入科学主义的陷阱，研究一个冰冷、死寂的世界，包括研究者在内的人类就成了科学等物质因素的奴隶，这是与学术研究的终极目的背道而驰的。本书相信，科学主义的代表理论现实主义，与人文主义的

---

① 何中华：《马克思实践本体论：一个再证实》，《学习与探索》2007 年第 2 期；孙亮：《马克思实践本体论：一个再伪证》，《东岳论丛》2008 年第 1 期；张立达：《马克思主义哲学需要怎样的"本体"——评何中华与孙亮先生关于马克思主义哲学本体论的争鸣》，《华中科技大学学报》2009 年第 3 期。

② 孙亮：《马克思实践本体论：一个再伪证》，《东岳论丛》2008 年第 1 期。

③ 何中华：《马克思实践本体论：一个再证实》，《学习与探索》2007 年第 2 期。

④ 秦亚青：《权力·制度·文化：国际关系理论与方法研究文集》，北京大学出版社2005 年版，第 363—373 页

⑤ 同上书，第 4 页。

代表理论理想主义，并不是两个水火不相容的理论范式。被普遍认为是权力派理论先驱的爱德华·卡尔，在对乌托邦主义（理想主义）一番无情地批判和挞伐之后，也承认它在现实世界中所具有的合理性。卡尔主张将两种观念折中起来使用：一种是强调在公正问题上达成共识的乌托邦观念，另一种是强调根据变化的力量对比关系做出相应调整的现实主义观念。他指出："尽管无视权力因素是乌托邦意识，但是，如果无视世界秩序中的道德因素，则是一种不现实的现实主义思想。"① 卡尔实际上主张的是权力与道德、现实主义与理想主义之间的折中。亨利·基辛格在《论中国》一书中，也强调了现实主义与理想主义合而为一的重要性。②

本书坚持的方法论折中主义的另一方面，是指对分析方法的折中。自从国际关系理论学科创建以来，理论研究的基本方法普遍是按照不同的范式脉络发展，结果是门派林立，争论不休。鲁德拉·希尔和彼得·卡赞斯坦认为，不同的范式遵循一套不同的核心问题、前提假定和理论假设。这样做虽然获得了"片面深刻"的好处，但是同时也牺牲了理论解释力，造成了学理研究与政策实践之间的脱节。③ 他们主张克服并超越范式之间的界线，使用分析折中主义（analytical eclecticism）的方法进行研究和探索。本书同意这样的主张。坚持方法论折中主义，就是要打破范式之间的界线，不拘泥于某一种国际关系理论范式的视角研究问题。

三 案例分析法

本书将通过案例分析验证所提出的理论假设。马克思唯物主义哲学认为，实践是检验真理的标准。本书的案例分析采用以实践为基础

---

① ［英］爱德华·卡尔：《20年危机（1919—1939）：国际关系研究导论》，秦亚青译，世界知识出版社2005年版，第223页。

② ［美］亨利·基辛格：《论中国》，胡利平等译，中信出版社2013年版，第10页。

③ Rudra Sil and Peter J. Katzenstein, *Beyond Papadigms: Analytic Electicism in the Study of World Politics*, London: Palgrave, 2010, p. 13.

的比较分析法。也就是说，将避免陷入价值判断的陷阱，不会纯粹从规范的身份或内涵等角度出发比较存在竞争关系的两个规范的优劣。因为如果这样必将使得研究停留在价值判断的层面。这样的研究成果往往是具有争议的。在国际政治的现实世界里，一个国际规范是否重要，不是由它是否与某一套价值观念相一致，也不在于它的传播者的愿望有多么美好，而在于这个规范本身是否能够传播并且内化。规范传播是实践层面的问题。本书将以海地、利比里亚和东帝汶这三个国家的建设和平为背景，通过比较自由和平与发展和平在存在竞争和不存在竞争的不同情形下所出现的不同传播进程和效果，验证一个关于规范竞争问题的理论假设。

笔者之所以选取自由和平与发展和平作为规范竞争研究的案例，有两个方面的原因。其一，是出于验证力的考虑。自由和平与发展和平是一对具有代表性的国际规范。这两个国际规范分别来自中心规范体系和边缘规范体系，具有不同的体系身份，反映人类社会不同实践场域的经验、不同国际政治价值理念和不同的权力背景。在传统的国际政治话语中，这两个规范之间的关系具有明显的竞争性和冲突性。研究这样的典型案例，具有很强的理论验证力。其二，是出于操作性目的的考虑。学术研究的领域往往与研究者的兴趣、经历和知识面等息息相关。笔者过去十多年来一直从事联合国维和培训和相关学术研究工作，熟悉国际维和行动理论知识。更为重要的是，笔者曾经到联合国维和行动任务区执行维和任务和调研。作为一个实践者，笔者有亲身的体会和感受，有丰富的信息资源和学术人脉网络，拥有开展维和相关研究的便利条件。

本书案例分析所使用的资料有两种：一种是收集到的文献资料，另一种是通过调研访谈收集到的第一手资料。笔者将对收集到的资料进行整理、提炼和分析，用以证明本书所提出的基本理论假设。

第四节　研究范围及研究意义

一　研究范围

本书立足规范派有关规范生成和传播的理论，采用折中主义的分析方法，借鉴国际关系理论权力派、制度派、规范派和中国学派等理论流派的理论和分析框架，研究规范竞争的问题。正如第一章将要深入论述的，本书所要研究的规范竞争，是指发生于分别来自中心规范体系与边缘规范体系的两个规范之间的竞争，是跨体系规范竞争。具体地讲，来自中心规范体系的规范是霸权国倡导的规范，而来自边缘规范体系的规范是崛起国倡导的规范。本书的案例分析将立足后冷战时期的建设和平实践，研究两个来自不同国际规范体系的和平规范发生竞争的过程和出现的结果。案例分析选用的三个建设和平案例分别是海地、利比里亚和东帝汶。

二　研究意义

本书研究既具有理论意义，也具有现实意义。

本书研究的理论意义在于：第一，正式提出了规范竞争的概念和具有学理意义的研究议程，拓展了规范研究的领域。现有文献在规范竞争这个核心概念上表述不清楚、不完整，也没有提出明确的研究议程。本书提出了跨体系规范竞争的研究问题，希望能够在一定程度上弥补这些不足。本书提出了一个理论假设：规范竞争可能出现规范共生。也就是说，本书假设冲突的过程与零和的结果并非规范竞争的全貌；规范竞争还可能出现非冲突的过程和共赢的结果。第二，采用理论研究与案例分析相结合的方法研究规范竞争问题，并且深入探讨规范竞争的复杂过程。西方学术界在规范竞争这一问题上普遍存在一个共识，即都认为规范竞争只可能出现其中一个规范胜出的零和结果。而且，这些研究要么注重纯理论论述而缺乏实证研究，要么专注于分析某一现象而缺乏理论升华，鲜有将理论论述与实证分析相结合的研究，因而缺乏学理说服力。本书质疑这种按照缺乏实证支撑的确定性逻辑所得出的有关规范竞争问题的认识，将提出一个关于规范竞争的基本理论假设，并通过深入的案例分析验证这个理论假设，进而得出更加具有说服力的结论。

本书的研究也具有一定的现实意义。其中最重要的有三点：第一，从一个独特的角度探讨中国崛起的问题。本书研究将有助于证明，中国崛起的过程，既是逐渐接受国际规范的过程，也是逐渐参与国际规范体系变革的过程。换句话说，一个崛起的中国既是国际规范的接受者，同时也是国际规范的供应者和传播者。中国崛起既发生在物质层面，也会发生在精神或者观念层面。此外，针对一些西方学者从西方经验叙事出发，一再强调体系冲突、担心崛起的中国将会寻求颠覆现有国际体系秩序的观点，本书的研究将有助于从一个新的角度认识中国崛起的国际政治意义。本书将有助于证明，中国崛起并不会颠覆现有由西方主导的国际规范体系，而是将推动它发生进步性演变。时殷弘教授指出，世界（国际）秩序主要有三项基本要素，即国际权势分布、国际规范体系和跨国价值观念体系。① 国际规范是整个国际体系和国际秩序的有机组成部分。认识中国崛起在国际规范层面的意义，有助于理解中国崛起对整个国际秩序的影响。也就是说，本书有助于证明，崛起的中国并不会推翻现有的国际秩序，而是将与包括西方在内的其他力量一道，为现有国际秩序的进步性革新做出贡献。

第二，探索改进建设和平的方法，拓展维和行动研究的领域。在后冷战时期，建设和平实际上已经成为国际维和行动的核心任务。尽管如此，但是包括联合国在内的国际社会对建设和平的重要性还没有形成统一的认识。在近些年来涌现出的大量研究建设和平的文献中，

———————

① 时殷弘：《美国权势、中国崛起与世界秩序》，《国际问题研究》2007 年第 3 期。

一些人猛烈地批判了现行的建设和平模式，具体地讲就是一个称作自由和平的规范。然而，深刻的批判并不能掩盖在解决问题上存在的短板。加拿大渥太华大学教授罗兰德·帕里斯指出，以自由和平为指导规范的建设和平存在的问题不在于自由和平本身，而在于推行自由和平的策略不正确。帕里斯主张放缓施行政治民主化和经济自由化的步调，提出了先制度化后自由化（institutionalization before liberalization）的方案。① 这些有关建设和平的批判性文献存在的最大不足，是没有从体系层面出发，去思考自由和平作为一种地区实践经验在上升为普适性的国际规范时所面临的挑战。缺乏体系层面的研究视角，自然就难以看到源于其他文明实践的经验上升为国际和平规范的可能，以及由此可能发生的规范之间的互动。本书立足中国崛起的实践，提出了发展和平的概念，指出它是一个在建设和平领域与自由和平存在竞争关系的国际和平规范。本书的研究表明，国际社会在帮助遭受冲突影响的国家开展建设和平时，在规范选择上应当具有多元主义的包容精神，正确看待在建设和平的实践过程中可能存在的规范竞争，进而改进建设和平的方法。

第三，开辟中国维和研究的新领域，丰富中国参与联合国维和事务的国际政治话语。尽管现有关于中国参与联合国维和行动的文献很多，② 但是研究的问题还比较单一，主要是关于中国如何以国际规范接受者的身份，接受或者拒绝接受与联合国维和行动相关的和平规范，很少有人思考崛起的中国作为国际和平规范供应者的角色。本书将证明，一个不断崛起的中国既是国际规范的接受

---

① Roland Paris, *At War's End*：*Building Peace after Civil Conflict*, New York：Cambridge University Press, 2004.

② 研究中国参与联合国维和行动的文献有很多，其中具有代表性的综合性报告有：International Crisis Group, *China's Growing Role in UN Peacekeeping*, Report No. 166, 2009；Bates Gill and Huang Chin-Hao, *China's Expanding Role in Peacekeeping*：*Prospects and Policy Implications*, *SIPRI Policy Paper* 25, Stockholm：Stockholm International Peace Research Institute, 2009；He Yin, *China's Changing Policy on UN Peacekeeping Operations*, Asia Paper, Stockholm：Institute for Security and Development Policy, July 2007。

者，同时也是供应者。中国崛起将怎样影响联合国建设和平的规范和实践，是一个值得研究的问题。研究中国作为国际规范供应者的角色，还将有助于建设中国参与联合国维和事务的国际政治话语权。

第一章 文献综述

规范是国际关系学领域的重要研究内容。迄今为止，国际关系理论界还没有很好地回答一个有关规范身份的本体论问题：谁的规范重要？这个问题的实质，涉及发生在具有不同权力背景的规范之间的竞争，也就是本书研究的规范竞争。由于规范竞争问题还没有引起国际关系理论界的重视，所以有关规范竞争的观点，只能从不同学派的理论逻辑中推导得出。本章将梳理三大主流学派和英国学派的理论逻辑，从中推导出它们有关规范竞争问题的观点。此外，在国际关系理论界之外，还有一些与规范竞争相关的研究。本书将梳理这些研究的观点。本章包含三小节：第一节介绍三大主流学派关于规范竞争的观点；第二节介绍英国学派关于规范竞争的观点；第三节介绍国际关系理论界之外与规范竞争相关的研究。

第一节 三大主流学派视角下的规范竞争

有了国家就有了国际关系。尽管在古代和近代的中外古典政治学、历史学、哲学和军事学等学科著作中都不乏关于国际关系的零星论述，但是直到1919年英国威尔士大学设立了第一个国际关系教席，国际关系才正式开始作为一个学科被学术界有意识地构建起来。在之后几十年里，国际关系的发展宏线是从最初现实主义作为主轴的基础上逐渐发展为20世纪90年代开始出现的新现实主义、新自由制度主义和社会建构主义三足鼎立的局面。① 这三大理论范式的代表人物分别是肯尼斯·沃尔兹、罗伯特·基欧汉和亚历山大·温特。在学术争鸣中，尽管同一理论阵营有不同的理论分支，且不同学者在具体的学术主张上存在不同，但是总体上都认同一个理论内核。三大理论范式的理论内核分别是权力、制度和文化。② 因此，本书将国际关系的三大理论概括为权力派、制度派和规范派。研究发现，尽管三大理论流派在对规范的国际政治意义的理解上存在分歧，但是它们在对规范竞争的认识上却存在着惊人的相同之处：都相信必然出现一方战胜另一方的零和结果。

一　权力派视角下的规范竞争

一个理论范式的核心内容是它的基本假定和假设。权力派的理论主要包含三个基本假定：第一，国际体系具有无政府的特征；第二，国家是这一体系中的基本行为体；第三，体系结构是影响体系单位行为最重要的因素。③ 基于这些假定，权力派得出了结论：国际体系的无政府性决定了国际政治的本质特征是冲突，国家的实力决定了它在国际体系物质性权力分配格局中的地位，而国家权力或者国家利益是国家追求的最高目标。

权力派信奉世界秩序是以物质实力界定的权力秩序，相信权力是国际政治关系的主导力量，而规范是权力的附属品，不会直接影响到国际政治的结果。④ 按此逻辑，世界政治中冲突的实质就是有关权力的冲突，而有关规范竞争的问题仅仅是权力冲突的副产品。也就是

---

① 秦亚青：《权力·制度·文化：国际关系理论与方法研究文集》，北京大学出版社2005年版，第5页。

② 同上书，第14—25页。

③ Kenneth N. Waltz, *Theory of International Politics*, Oxford: Basil Blackwell, 1990, pp. 40 – 43.

④ Ann Florini, "The Evolution of International Norms", *International Studies Quarterly*, Vol. 40, No. 3, September 1996.

说，权力派研究的主要问题，是像权力这样的物质因素之间的冲突，而不是规范竞争这样的观念因素之间的冲突。尽管如此，权力派并没有完全忽视规范的作用，而是相信在一个由主权国家构成的无政府国际体系中，要维护秩序，就需要建立并维护有效的国际机制以促进国际合作。① 国际机制包含国际规范，② 所以权力派实际上是承认了规范具有一定的国际政治意义。不过，按照权力派的理论逻辑，尽管体系层面的竞争可能从权力延伸到规范领域而出现规范竞争，但是规范竞争的结果会受到权力竞争结果的左右。由于权力竞争的目的是追求相对收益，结果必然是零和。所以，在权力派看来，规范竞争的过程充满冲突，结果必定是权力大的一方的规范战胜权力小的一方的规范。

二 制度派视角下的规范竞争

制度派是在反对权力派的过程中发展壮大起来的。制度派认同了权力派的部分假定，如国际社会处于无政府状态，国际关系的主要行为体是民族国家，国家是以追求国家利益为根本目标的自私的行为体。但是在关于国际关系实质的认识上却与权力派迥然不同：权力派认为是冲突，而制度派认为是合作。进而，制度派得出结论：无政府状态下的国际社会并非一定是无序的，也可以是有序的；国家的自私和理性决定了它会考虑通过合作这样的理性方式追求利益。③

制度派认为要达成国际合作，就需要建立包括国际组织、国际机制和国际管理在内的国际制度。国际制度可以降低交易成本、减弱政治市场失灵并有利于促进行为体的相互期望值趋同，是国际体系成员

---

① 秦亚青：《关系与过程：中国国际关系理论的文化建构》，上海人民出版社 2012 年版，第 127 页。

② Stephen D. Krasner, ed., *International Regimes*, Ithaca: Cornell University Press, 1983, p. 1.

③ 秦亚青：《权力·制度·文化：国际关系理论与方法研究文集》，北京大学出版社 2005 年版，第 94—95 页。

的普遍需要。然而，制度派存在一个重大的理论缺陷，是关于国际制度供应这样的本体论问题。当代主要的国际制度是在以美国为首的西方在国际体系中占有优势的背景下建立起来的，或者说霸权在国际制度的建立过程中起到了主导作用。制度派认为在霸权衰落之后，由霸权创建的国际制度也会继续存在。① 也就是说，在"霸权之后"，霸权的本质并不可能发生根本改变，改变的只是霸权的形式，从物质霸权变成了制度霸权。这实际上是为霸权提供的制度预设了永恒的霸权身份。伊肯伯里呼吁以美国为首的西方齐心协力，防止崛起的中国"破坏"现有的国际制度体系，就是出于维护制度霸权的目的。②

规范是制度派研究的重要内容。与权力派认为国际规范依附于权力而存在不同的是，制度派赋予了国际规范以独立的地位，相信它和权力同等重要。这样，规范就成为了重要变量，规范理论也从权力派的"供应视角转向了一种需求视角"。③ 但矛盾的是，制度派的理论摆脱不了"霸权供应论"的制约，所以制度派倡导的规范实际上也是霸权提供的，反映霸权的意志和利益。例如，有学者认为霸权国的国内规范重要，因为霸权国能够凭借实力优势，将自身的国内规范推广到全世界。④ 按照制度派的逻辑，只有霸权支持的规范才是国际规范，其他规范都是"非国际规范"，两者之间的竞争必然以霸权规范的胜出结束。

三　规范派视角下的规范竞争

如果说制度派与权力派之间在本体论和认识论上还存在难以割舍

---

① Robert O. Keohane, *After Hegemony*: *Cooperation and Discord in the World Economy*, Princeton, Princeton University Press, 1984, pp. 51 – 52.

② John Ikenberry, "The Rise of China and the Future of the West: Can the Liberal System Survive?" *Foreign Affairs*, Vol. 87, No. 1, 2008.

③ 秦亚青：《关系与过程：中国国际关系理论的文化建构》，上海人民出版社 2012 年版，第 129 页。

④ John Ikenberry and Charles A. Kupchan, "Socialization and Hegemonic Power", *International Organization*, Vol. 44, No. 3, Summer 1990.

的关系，那么规范派则力图与权力派之间划分出理论的鸿沟。与权力派和制度派信奉物质主义世界观、重视物质因素对行为体的影响不同的是，规范派信奉理念主义世界观，重视观念、文化和认同的重要作用。规范派承认国际体系结构的说法，但是认为它不是权力派所认为的受到物质力量支配的微观经济学意义上的结构，而是受到观念影响的社会学意义上的结构。在规范派看来，国际体系的无政府状态并非如权力派和制度派所认为的是先验性的存在，而是被行为体建构起来的一种结果。① 这样，源于主体间互动结果的观念或文化就成了国际体系的核心要素。体系文化决定了国家身份，国家身份决定了国家利益，而国家利益决定了国家的行为选择。

在国际政治的实践中，规范派所言的观念、文化和认同往往表现为规范。与权力派和制度派从理性的角度出发、对规范的理解停留在工具主义层面不同的是，规范派从观念主义出发，认为国际规范的影响和作用是根本性的。迄今为止，在"规范重要"这一认识的基础之上，规范派已经对涉及规范的许多重要问题进行了较为系统和深入的研究。这样的研究从总体上看经历了两个阶段。早期规范派所做的工作，是证明规范或者社会意义对行为体所具有的重要作用，也就说"规范重要"；② 第二波国际规范研究关注的问题，是国际规范的传播为什么会产生不同的效应，以及国际规范经由什么机制才传播到国家内部？③ 规范派的研究不但涉及规范生命周期的四个时段，即生成、扩散、内化和退化，④ 还涉及影响规范生成和内化的三个层次，即系统层次、

① Alexander Wednt, "Anarchy Is What States Make of It: The Construction of Power Politics", *International Organization*, Vol. 46, No. 2, Spring 1992.

② Martha Fennimore, *National Interests in International Society*, New York: Cornell University Press, 1996, pp. 135 – 139；[美] 彼得·卡赞斯坦、罗伯特·基欧汉、斯蒂芬·克拉斯纳主编：《世界政治理论的探索与争鸣》，秦亚青等译，上海人民出版社 2006 年版，第 35—36 页。

③ 林民旺、朱立群：《国际规范的国内化：国内结构的影响及传播机制》，《当代亚太》2011 年第 1 期；黄超：《建构主义视野下的国际规范传播》，《外交评论》2008 年第 4 期。

④ Martha Fennimore, *National Interests in International Society*, Cornell University Press, 1996, p. 5.

地区层次和单位层次。① 规范派看似完成了一个完整的研究议程，但是笔者认为，规范派的研究还存在重大不足，即没有研究规范竞争的问题。

与制度派一样，规范派也预设了规范的身份，信奉"霸权供应论"，相信只有霸权供应的规范才是重要的，才能够在国际上传播。不过，与制度派将规范的身份笼统地概括为"霸权"不同的是，在规范派那里，"霸权"具体化为了"西方"，有关规范的研究出现了"西方规范偏见"（Western norms bias）。

"西方规范偏见"就是从西方中心主义的逻辑起点出发，将西方身份作为国际规范身份的前提假定。劳拉·兰多尔特指出，建构主义是理想主义、自由主义的主张，关注的主要是北方国家（西方国家）主导的规范，规范传播方向是朝向第三世界国家。② 例如，第二次世界大战之后所建立的"内嵌式自由主义"体系，就是美国国内规范国际化的例子。③

杰弗里·勒格罗横向对比了第二次世界大战期间主要参战国对三个有关战争行为的约束性规范的遵守情况，指出与组织文化相一致的规范容易传播。④ 勒格罗研究的三个规范：禁止使用潜艇战、禁止战略轰炸和禁止化学武器战，都是西方强国倡导的规范。玛莎·芬尼莫尔通过研究联合国教科文组织促成国家建立科学机构、国际红十字委员会改变国家的战争行为以及国际复兴开发银行（世界银行）改变国家的发展战略，说明国际组织是重要的国际规范传播者。⑤ 由于芬

---

① 柳思思：《历史实践与规范生成：以"塔利班化"为个案》，博士学位论文，外交学院，2008 年，第 23—30 页。

② Laura K. Landolt, "（Mis）Constructing the Third World? Constructivist Analysis of Norm Diffusion", *Third World Quarterly*, Vol. 25, No. 3, 2004.

③ Ibid..

④ Jeffrey W. Legro, "Which Norms Matter? Revisiting the 'Failure' of Internationalism", *International Organization*, Vol. 51, No. 1, Winter 1997.

⑤ Martha Fennimore, *National Interests in International Society*, Cornell University Press, 1996.

尼莫尔的研究中所涉及的三个规范的传播者都是西方主导的国际组织，所以不难看出，她所言的国际社会，实际上是西方主导的国际社会，她所研究的国际规范，是西方主导的国际规范。阿米塔夫·阿查亚通过比较"共同安全规范"和"人道主义规范"这两个国际规范在东南亚国家联盟（东盟）地区传播的结果，指出与本土文化相一致的国际规范更容易传播，进而强调了本土规范在国际规范传播中的作用。[1] 但是在阿查亚的研究中，本土规范只是起到了干预变量的作用，并没有取得与被传播的西方规范同等的地位。可见，阿查亚的研究同样没有摆脱"西方规范偏见"的影响。

规范派的"西方规范偏见"同时也表现为"好规范偏见"（nice norms bias）。"好规范偏见"的逻辑出发点，是那些以普世主义、个人主义、自愿性权威、理性进化和世界公民等原则为基础的规范更容易传播。[2] 玛格丽特·凯克和凯瑟琳·辛金克将容易传播的规范分为两类：一类是涉及人身安全和禁止对弱势人群或无辜人群进行人身伤害的规范，另一类是在法律上规定机会平等的规范。[3] 规范派的研究之所以出现上述两个"偏见"，主要原因在于长期以来西方占据世界权势格局中霸权地位这样的现实，以及研究者受到在西方哲学和政治学理论中占据统治地位的线性进步论（linear progressive theory）的影响。[4]

按照"西方规范偏见"或者"好规范偏见"的逻辑，西方主导的规范就是"好的"和"进步的"，因而享有国际合法性和传播权；

---

① Amitav Acharya, "How Ideas Spread: Whose Norms Matter? Norm Localization and Institutional Change in Asian Regionalism", *International Organization*, Vol. 58, No. 2, Spring 2004.

② 林民旺、朱立群：《国际规范的国内化：国内结构的影响及传播机制》，《当代亚太》2011 年第 1 期。

③ Margaret E. Keck and Kathryn Sikkink, *Activists beyond Borders: Advocacy Networks in International Politics*, Ithaca: Cornell University Press, 1998, p. 33.

④ Francis Fukuyama, *The Origins of Political Order: From Prehuman Times to the French Revolution*, New York: Farrar, Straus and Giroux, 2011, pp. 50 – 51.

而非西方规范是"不好的"和"落后的"，不享有国际合法性和传播权。西方规范与非西方规范之间的竞争，必然而且只应当出现西方规范胜出这一种结果。规范派带有偏见的理论逻辑不乏呼应之声。后文中将要介绍的弗朗西斯·福山提出的"历史终结论"命题就是一个典型的例子。① 但是，带有偏见的理论逻辑往往是站不住脚的。正如莱德·麦基翁的研究表明，"好规范偏见"是一个伪命题。②

国际关系理论的三大主流学派对规范在国际政治中作用的认识各不相同。权力派轻视规范的作用；制度派在承认权力的重要性的同时，也强调规范的作用；规范派则给予了规范以国际体系中核心要素的地位。相同的是，由于它们都是在美国霸权的背景下构建起来的理论，所以都从美国或者整个西方在国际政治中享有权力和制度优势的角度出发认识规范问题，往往先验性地认为在西方文明霸权的前提下生成和传播的规范才是国际规范，而来源于其他文明实践经验的规范是"非规范"。这就导致了三大主流学派在"谁的规范重要？"这个涉及规范的本体论问题面前集体失语。按照它们的理论逻辑，只有西方倡导的规范才是重要的规范；即便是出现其他规范与西方规范竞争，也只可能是西方规范胜出。

在三大流派之外还存在其他西方国际关系流派。其中，最具有代表性的是英国学派。本章的第二节将介绍英国学派的观点。

第二节　英国学派视角下的规范竞争

如果说三大流派主要起源于美国的实践经验并反映美国的世

---

① ［美］弗朗西斯·福山：《历史的终结及最后之人》，黄胜强、许铭原译，中国社会科学出版社2003年版，第382页。

② Ryder Mckeown，"Norm Regress：Revisionism and the Slow Death of the Torture Norm"，*International Relations*，Vol. 23，No. 1，2009.

界观，那么英国学派则起源于英国的实践经验并反映英国的世界观。英国学派以国际社会为研究主题，在承认国际社会无政府性的同时坚持理性主义，提倡在现实主义和理想主义之间走一条中间道路。

在英国学派以国际社会为核心概念的研究体系中，规范是重要的研究内容。不过与规范派从政治学和社会学的角度定义规范不同的是，英国学派对规范含义的理解偏重道德和法律的角度。[①] 尽管英国学派也没有对规范竞争问题进行具体的研究，但是从巴里·布赞的研究，不难推导出相关观点。布赞从国际社会理论的角度解读中国和平崛起。[②] 他认为，经过改革开放的积累，今天的中国到了一个重要关头。从今往后30年中国所面临的不确定性将甚于之前的30年。改革开放的前30年中国融入国际社会，主要是通过接受诸如主权、外交和均势这样的威斯特伐利亚制度，并且较为容易地接受了这些行为导向的制度。布赞指出，从今往后的30年，中国如果想要（继续）融入国际社会，将不得不接受民主和人权等一些涉及价值导向的国际制度的挑战。但是，由于中国的身份决定了它很难接受涉及价值导向的国际制度，中国与国际社会的关系将面临困难，所以中国和平崛起将难以实现。[③]

布赞还指出崛起的中国一直在尝试探索自己的国际社会观。就目前来看，中国强调和谐与和平的世界，宣扬共同发展，声称不威胁（他人），严格解读国家主权平等与不干涉原则，强调文化与文明、社会系统和发展途径方面的差异。布赞认为，这其实是一个结合了多元主义、古典主义和国家中心主义的国际社会观，也就是和

---

① 章前明：《英国学派和建构主义中的规范概念》，《世界经济与政治论坛》2009 年第 2 期。

② Barry Buzan, "China in International Society: Is 'Peaceful Rise' Possible?" *The Chinese Journal of International Politics*, Vol. 3, No. 1, 2000.

③ Ibid., pp. 17 – 18.

谐世界。① 布赞毫不掩饰地指出，中国的和谐世界观的内在逻辑是矛盾的，在对外应用上是行不通的。布赞认为，中国以和谐世界为内核的国际社会观，与西方以自由主义的民主和平为内核的国际社会观之间存在冲突，两者之间的矛盾不可调和。② 按照布赞的逻辑，当中国规范与西方规范发生竞争时，结果将是西方规范胜出，中国规范失败。

综合本章第一节和第二节所述，根据三大主流学派和英国学派这些西方理论学派的理论逻辑，规范竞争只会出现一种确定的结果，即只有一方而且必定是西方规范取得胜出，进而获得国际规范身份并在国际范围内传播。国际关系理论从深层次观察和研究世界政治现象，目的是探寻其中可能存在的一般规律。尽管如此，理论研究仅仅是世界政治研究的方法之一。本书虽然采用理论方法研究规范竞争的问题，但是研究的视野并不局限于理论领域。在本章的第三节，笔者将把文献梳理的范围扩大，介绍国际关系理论界之外与规范竞争相关的研究，从一个更广阔的视野来认识有关规范竞争的问题。

第三节 与规范竞争相关的其他研究

正如本书的第二章将要深入论述的，规范竞争是指发生在来自不同国际规范体系的规范之间的竞争性互动。规范竞争的本质，表现为来自不同国际体系的规范供应者/倡导者之间的竞争。按照权力派的理论逻辑，就是挑战国/崛起国与霸权国之间的竞争，或者说是与国际体系转型相关的权力竞争。从一些关于权力更替、体系转型和中国崛起等话题的研究中，也可以发现与规范竞争相关的观点。下文将介

---

① Barry Buzan, "China in International Society: Is 'Peaceful Rise' Possible?" *The Chinese Journal of International Politics*, Vol. 3, No. 1, 2000, pp. 30 – 32.

② Ibid., pp. 29 – 33.

绍福山的"历史终结论"、塞缪尔·亨廷顿的"文明冲突论"、围绕"北京共识"的争论，以及有关"中国威胁论"命题的研究。

一　历史终结论

1989 年，福山在美国新保守主义刊物《国家利益》杂志上发表《历史的终结?》一文，提出了"历史终结论"的命题。1992 年，他在《历史的终结及最后之人》一书中进一步阐述了该命题。福山认为，冷战结束标志着共产主义的终结和西方资本主义的全面胜利，所以历史只有一条道路，即实行市场经济和民主政治的自由民主制度。在福山看来，人类社会的发展史就是自由民主制度作为普世制度传播，成为人类意识形态发展的终点和人类的最后一种统治形式。[①] 福山的"历史终结论"思想观点生成于冷战结束的历史节点，一经提出就引起了很大的反响。苏联和东欧发生的剧变以及新一轮的民主化浪潮兴起，使得西方政策界、学术界以及民众中的一些人更加坚信了西方自由民主制度的优越性，进而确信人类政治必将不可逆转地朝着自由民主的同质化方向发展。按照"历史终结论"的理论逻辑，西方自由民主制度将要一统天下的过程就是那些非西方制度被消灭的过程，也就是西方规范战胜非西方规范的过程。因而，规范竞争的结果必然是西方规范胜出。

二　文明冲突论

1992 年，亨廷顿在美国企业研究所做的一次报告中初步提出了"文明的冲突"（clash of civilizations）的概念。之后，他于 1993 年在《外交》季刊夏季号上发表了《文明的冲突?》一文，并于 1996 年出版《文明的冲突与世界秩序的重建》一书，深入阐述了"文明冲突

---

① ［美］弗朗西斯·福山：《历史的终结及最后之人》，黄胜强、许铭原译，中国社会科学出版社 2003 年版，第 382 页；Francis Fukuyama, "The End of History?" *The National Interest*, Vol. 16, No. 2, Summer 1989。

论"。亨廷顿批评了福山的"历史终结论"等一些冷战结束后关于国际政治发展走向的命题，指出在冷战结束后新的世界里，最普遍、重要和危险的冲突不是发生在按照阶级、财富或者其他以经济来划分的集团之间，而是属于不同文化实体的人民之间。① 亨廷顿认为当代世界主要存在八大文明：西方文明、伊斯兰文明、中华文明、日本文明、东正教文明、印度文明、拉丁美洲文明以及非洲文明。亨廷顿相信，随着冷战结束，文化和宗教上的差异而非意识形态或者经济利益的分歧将导致世界几大文明之间的竞争和冲突，西方文明将面对与包括伊斯兰文明和中华文明在内异质文明的冲突。亨廷顿否认有普世文明的存在，不赞同文明趋同，认为八大文明之间的差异是引发世界冲突的根本原因，文明间的断层线将是国际冲突爆发的前线。② 按照"文明冲突论"的逻辑，源于西方文明之外的其他文明实践场域的规范，与现有以西方文明为核心的国际规范体系内的规范之间存在着不可调和的结构性矛盾，规范竞争的本质是文明的冲突，其结果必然是其中一方规范取得胜利。

三　北京共识

2004 年，美国《时代》周刊高级编辑、高盛公司资深顾问乔苏亚·库珀·雷默在英国外交政策中心发表《北京共识》一文，提出了"北京共识"的概念。雷默总结了中国 20 多年的经济改革成就，指出中国探索出了一套属于自己，但是同时也适合其他发展中国家的经济发展模式。③ 这个模式就是北京共识。雷默认为北京共识体现的是中国在坚持独立自主的前提下，通过创新和"摸着石头过河"式的大胆试验，寻取公正与高质量的增长，循序渐进地积聚力量，在经

① ［美］塞缪尔·亨廷顿：《文明的冲突与世界秩序重建》，周琪、刘绯等译，新华出版社 2010 年版，第 7 页。

② Samuel P. Huntington, "The Clash of civilizations?" *Foreign Affairs*, Vol. 72, No. 3, Summer 1993.

③ Joshua Ramo, "The Beijing Consensus", London：Foreign Policy Center, 2004.

济、社会和政治等方面取得全面发展。

雷默的北京共识是针对华盛顿共识提出来的。1989 年，一些拉丁美洲国家陷入了债务危机。在美国国际经济研究所的牵头下，国际货币基金组织、世界银行和美洲开发银行以及美国财政部的人员在华盛顿开会，就拉美国家进行国内经济改革的十个政策工具达成共识，华盛顿共识由此而得名。本书的第四章将要进行详细论述，华盛顿共识是新自由主义市场经济理论在经济转型国家的简单化应用。它主张政府的角色最小化以及经济的快速私有化和自由化，通过简单的经济指标引导经济政策。

北京共识的提出引发了围绕发展模式的争论。以雷默和斯蒂芬·哈佩尔为代表的一方认为北京共识能够在竞争中胜出；[1] 而包括华盛顿共识的提出者约翰·威廉姆森在内的另一方，则从长远上更看好经过改良了的华盛顿共识。[2] 这两派观点虽然存在不同，但是也有相同之处，即认为中国的发展模式与西方倡导的发展模式截然不同，两者相遇必然出现一方战胜另一方的零和结果。

四　中国威胁论

有关中西规范竞争的论争，最直接、最能全面反映各种悲观观点的是"中国威胁论"（China threat theory）的命题。该命题最初的理论背景是权力派的理论观点，特别是约翰·米尔斯海默的"进攻性现实主义"理论。[3] 权力派强调物质上的相对收益，认为崛起大国必然与现有大国在物质利益上发生根本冲突，对后者及其领导的国际秩序构成挑战和威胁。这样的理论观点经过舆论发酵，往往能够影响到政

---

① Stephan Halper, *The Beijing Consensus*: *How China's Authoritarian Model Will Dominate the Twenty-first Century*, New York: Basic Books, 2010, p. 5.

② John Williamson, "Is the 'Beijing Consensus' Now Dominant?" *Asia Policy*, Vol. 13, No. 1, 2012.

③ ［美］约翰·米尔斯海默《大国政治的悲剧》，王义桅等译，上海人民出版社 2003 年版，第二章。

策层面。1992 年 9 月 17 日，美国《政策研究》杂志刊登了费城对外政策研究所亚洲计划协调员罗斯·芒罗的《正在崛起的巨龙——亚洲真正的威胁来自中国》一文。该文认为：中国崛起将对美国的国家安全和经济利益造成前所未有的影响。① 从此，中国威胁论正式进入国际政治话语系统。中国威胁论反映出面对一个快速崛起的中国时，西方感到的不适应和焦虑。它已经成为西方特别是美国学术界和政策界认识中国崛起非常具有影响力的命题之一。

如果说早期的中国威胁论担忧的是崛起的中国在硬实力领域可能对美国乃至西方构成挑战，那么，随着中国崛起的图景日渐清晰，这个担忧的重心开始转向了以制度和文化为核心的软实力领域。如前文所述，伊肯伯里担心中国崛起可能对西方主导的国际制度秩序造成冲击。伊肯伯里认为，崛起的中国只有全面接受西方制度而别无选择。②可见，按照中国威胁论的逻辑，中国是一个存在于西方主导的国际体系之外的国家，中、西两种规范存在结构性矛盾和冲突，两者之间竞争的结果将是而且应当是西方规范获得全面胜利。

五 修昔底德陷阱

2012 年，哈佛大学教授格雷厄姆·艾利森在《修昔底德陷阱已经在太平洋地区凸显》一文，提出了"修昔底德陷阱"的概念。艾利森教授指出，古希腊时期由于雅典的崛起让斯巴达感到恐惧，所以两个城邦之间爆发了历时 30 年的伯罗奔尼撒战争。他宣称研究了 16个类似的案例，发现其中只有 4 个没有爆发战争。艾利森教授进而认为，新兴大国在挑战守成大国时战争将不可避免，中国崛起将可能引发与美国的霸权战争。实际上，修昔底德陷阱不过是中国威胁论的另

---

① Ross H. Munro, "Awakening Dragon: The Real Danger in Asia Is from China", *Policy Review*, No. 62, 1992.

② John Ikenberry, "The Rise of China and the Future of the West: Can the Liberal System Survive?" *Foreign Affairs*, Vol. 87, No. 1, January/February 2008.

一张面孔。

不难发现，无论是福山的历史终结论和亨廷顿的文明冲突论，还是围绕北京共识的争论以及"中国威胁论"的命题，在对体系间规范竞争这一问题的认识上都具有共同点：都被用来解读崛起的中国与西方在全球治理的规范领域存在的竞争关系，并且都相信这样的规范竞争必然会出现一方战胜另一方的零和结果。

结　语

以国际关系理论三大主流学派和英国学派为代表的西方学派，以及国际政治学界一些围绕权力转移、体系转型和中国崛起等话题的研究，在有关规范竞争的认识上都有着惊人的相似之处：都将规范竞争看作一种二元对立的静态关系。见表 1－1 所示，它们都相信规范竞争必然出现冲突的过程以及只有一方规范（通常是占据霸权地位的西方规范一方）胜出的零和结果。在认识西方规范与非西方规范互动的问题上，西方学术界之所以普遍存在悲观的情绪，有其深层次的原因。正如秦亚青教授在评论布赞的观点时指出：

表 1－1　　　　　　　有关规范竞争的观点

	不同的研究	规范竞争过程	规范竞争结果
西方学派	权力派	冲突	零和
	制度派	冲突	零和
	规范派	冲突	零和
	英国学派	冲突	零和
其他研究	历史终结论	冲突	零和
	文明冲突论	冲突	零和
	北京共识	冲突	零和
	中国威胁论	冲突	零和
	修昔底德陷阱	冲突	零和

布赞教授的观点代表了许多西方学者的观点，他们认为中国是难以实现和平融入国际社会的，根本原因就是他们潜移默化地受到冲突辩证法的影响，将对立事物视为非此即彼的关系。无论是两种文化，还是两种规范，都是竞争的斗争的，甚至是相互摧毁的。①

卡赞斯坦指出，我们所在的全球性世界是一个多种文明共生的宏大文明系统。② 在一个全球化日益深入的世界，全球治理已经成为国际政治的重要内容。各国参与全球治理的过程，也是各种文明接触和交往的过程。文明之间的接触和交往，除了冲突，还有别的表现形式吗？具体地讲，带有中国特征的规范与西方规范相遇而发生互动，难道只有零和这一种结果吗？

秦亚青教授立足中国人的思维方式和实践活动，提出了认识和理解国际政治的过程视角。秦亚青教授认为，三大理论是静态形式的理论，忽视了国际政治的过程。过程作为充满变化的动态要素，体现了世界政治中的社会性关系和互动实践，在世界政治处于重要转型期和频繁变化中尤其如此。③ 本书借鉴这种过程视角，相信规范竞争的本质并非如国际关系理论西方学派所言那样是一个静态的对立关系，而是一个充满活力的互动过程。在过程的视角下，规范竞争可能会表现为一个相互影响、相互学习的非冲突过程，并出现互为补充的共赢结果。在本书的第二章，笔者将提出一个有关规范竞争的基本理论假设：规范竞争可能出现规范共生。

---

① 秦亚青：《关系与过程：中国国际关系理论的文化建构》，上海人民出版社 2012 年版，第 13—14 页。

② ［美］彼得·卡赞斯坦主编：《世界政治中的文明：多元多维的视角》，秦亚青等译，上海人民出版社 2012 年版，第 1 页。

③ 秦亚青：《关系与过程：中国国际关系理论的文化建构》，上海人民出版社 2012 年版，第 35 页。

第二章　理论假设

本章将要提出一个关于规范竞争的理论假设。理论假设往往是建立在相应的核心概念阐释和理论假定基础之上的。因此，本章将首先对理论框架涉及的一些核心概念进行解释，在概念解释的基础上建立假定，并根据假定推导出本书的基本理论假设。

第一节　核心概念

本章涉及三个重要概念，分别是规范、规范竞争和规范共生。下文将对这些概念的含义进行阐释。

一　规范

根据《牛津高阶英汉双解词典》的解释，规范（norm）是指某个群体典型的标准或者模式。[①] 在整个社会科学领域，规范是一个常用的词语。不同的学科对规范有着不同的理解。例如，在国际关系领域之外，法学家伯恩·魏德士将规范分为实然规范和应然规范。应然规范规定特定行为，实然规范描述物与事件之间现实存在的一般关系。[②] 美国经济学家安德鲁·肖特认为规范是在行为人之间被分享的

---

① 《牛津高阶英汉双解词典》，商务印书馆 1999 年版，第 998 页。

② ［德］伯恩·魏德士：《法理学》，丁小春、吴越译，法律出版社 2003 年版，第 49—50 页。

一个信念，并提出了"小偷间的荣誉"这一著名的概念，指出即便是在罪犯的世界里也存在准则或者规范。①

在国际关系学研究领域，对规范的理解往往因研究学派或者研究者不同而异。三大主流学派对规范就有不同的理解。权力派认为权力是国际政治中最重要的因素，包括规范在内的制度因素是权力的产物和附属品，至多起到干预变量的作用。由于权力派不看重规范，在权力派的文献中自然就很难找到有关"规范"一词的系统而清晰的定义。尽管如此，权力派对规范的认识仍然有一定的贡献。在一些权力派学者看来，规范属于国际机制的范畴。②

制度派承认规范具有与权力同等的地位，拓展了国际关系领域有关规范研究的空间。制度派接受了权力派关于国际机制的界定，并在此基础上提出，包括规范在内的国际机制是降低交易成本、减弱政治市场失灵的工具。具体地讲，制度派认为规范是"以权力和义务定义的行为标准"，③起到惩罚和服务的作用，行为体遵守制度和规范的驱动力主要是利益，是为了在战略互动的情境中取得占优的结果。④可见，制度派和权力派一样，都是从理性主义的角度认识规范的内涵。

规范派以规范为研究对象，将关于规范的认识提升到了前所未有的高度。规范派学者在对规范的定义上大多都有各自的见解：弗里德里克·克拉赫维尔认为规范是"根据权利和义务界定的行为准则"；⑤约翰·鲁杰认为，"规范是一种主体间信念，体现了人们的集

---

① "小偷间的荣誉"也就是汉语中的"盗亦有道"。参见［美］安德鲁·肖特《社会制度的经济理论》，陆铭、陈钊译，上海财经大学出版社2003年版，第33页。

② Stephen D. Krasner, ed., *International Regimes*, Ithaca：Cornell University Press, 1983, p. 1.

③ Stephan Haggard and Beth A. Simmons, "Theories of International Regimes", *International Organization*, Vol. 41, No. 3, Summer 1987.

④ 魏玲：《第二轨道进程：规范结构与共同体建设——东亚思想库网络研究》，博士学位论文，外交学院，2008年，第67页。

⑤ Friedrich Kratochwil, *Rules, Norms and Decisions on the Conditions of Practical and Legal Reasoning in International Relations and Domestic Affairs*, New York：Cambridge University Press, 1989, p. 59；Friedrich Kratochwil, "The Force of Prescriptions", *International Organization*, Vol. 38, No. 4, Autumn 1984.

体意向，其意义和重要性依赖于时间和空间两个维度"。① 芬尼莫尔在《国际社会中的国家利益》一书中，从社会学角度把规范定义为"是一个行动者的共同体对于什么是适当行为的共享期望"，② 认为规范"是共享的和社会的，它们不仅是主观的，而且是主体间的"。③ 在《为世界定规则》一书中，迈克尔·巴尼特和芬尼莫尔进一步指出，规范是"一种具有规则特征的概念，它既能被行为体共同体感知，也对行为体提出行为要求"。④ 不难发现，大多数规范派学者对规范的定义大同小异。⑤ 在众多其他规范派学者观点的基础之上，卡赞斯坦对规范这一概念给出了简洁的、同时也可能是迄今最被广为接受的定义，即规范是具有给定身份的行为体适当行为的准则。⑥

规范派关于规范含义的认识，最重大的贡献是从一个不同于理性主义的角度看待世界，发掘出了规范具有的主体间性的观念/文化属性。在此基础上，规范派进一步区分了规范的功能，指出规范可以分为限制性规范（regulatory norms）和构成性规范（constitutive norms）两大类。⑦ 具体而言，限制性规范是用来限制业已存在的行为，确定适当行为的标准，起规则约束作用，目的是产生因果效应；构成性规范定义什么样的实践行为才能够构成某种有意识组织起来的社会活

---

① John Ruggie, "What Makes the World Hang Together?" *International Organization*, Vol. 52, No. 4, Winter 1998.

② Martha Fennimore, *National Interests in International Society*, Cornell University Press, 1996, p. 22.

③ Ibid., p. 35.

④ ［美］迈克尔·巴尼特、［美］玛莎·芬尼莫尔：《为世界定规则：全球政治中的国际组织》，薄燕等译，上海人民出版社 2009 年版，第 47 页。

⑤ 黄超：《说服战略与国际规范传播》，博士学位论文，外交学院，2009 年，第 21 页。

⑥ Peter J. Katzenstein, ed., *The Culture of National Security: Norms and Identity in World Politics*, New York: Columbia University Press, 1996, p. 5.

⑦ Martha Fennimore and Kathryn Sikkink, "International Norm Dynamic and Political Change", *International Organization*, Vol. 52, No. 4, Autumn 1998, pp. 887 – 917; Peter J. Katzenstein, ed., *The Culture of National Security: Norms and Identity in World Politics*, New York: Columbia University Press, 1996, p. 5.

动，即什么才能被认定为这样的行动。构成性规范是一切社会生活的制度基础，它构成了有意义的社会活动本身。①

见图2-1所示，一个重要的现象是：从权力派到制度派，再到规范派，附着在规范身上的权力因素呈递减趋势。在权力派所言规范的内涵里，权力是主宰，权力因素对规范的影响最强；在制度派看来，权力虽然影响规范的生成，但是它的影响力不再具有突出的地位，而规范取得了相对独立的地位；在规范派看来，权力因素的影响微乎其微，规范取得了独立于权力的地位。

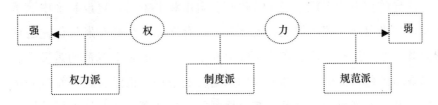

图2-1 影响规范的权力因素

资料来源：本书笔者自制。

本书在认识规范时，并不局限于国际关系某一理论流派的单一视角，而是采用折中主义的分析方法。所以，本书在关于规范的定义上接受卡赞斯坦的观点，认为规范是具有给定身份的行为体适当行为的准则。在有关规范的功能上，接受规范派的理论逻辑，承认国际规范在国际政治中的重要作用。但是关于规范的生成、身份和传播，则从权力派的理论逻辑去推导和理解，认为是权力推动了规范的生成，决定了规范的身份并影响规范的传播。

如前文所述，三大理论都没有很好地回答一个关涉规范身份的本体论问题：谁的规范重要？权力派认为规范是权力的附属品。按照这个逻辑，自然是国际关系行为体的权力越大，它的规范就越是重要。权力派

---

① 魏玲：《第二轨道进程：规范结构与共同体建设——东亚思想库网络研究》，博士学位论文，外交学院，2008年，第68页。

理论是霸权护持理论，相信任何可能挑战霸权地位的行为都可能导致体系冲突。因而，权力派实际上相信霸权供应的规范才是重要的。

制度派和规范派研究的也都是霸权供应的规范。如第一章所述，制度派和规范派实际上都预设了一个假定，即在国际上占主导地位的某一个国际社会的规范才可能成为国际规范。制度派和规范派所言的规范，在现实世界里就是以西方为中心的国际社会中的规范。不难发现，制度派和权力派描绘的是一幅单一、静态的国际规范体系图谱。

正如本书的第四、第五章将要论述的，在国际建设和平领域，西方倡导的自由和平规范是主导规范。自由和平主张在建设和平中赋予制度建设以优先权。但是在此之外，还存在经济和社会发展优先的话语和实践。这些话语和实践实际上显示了对发展和平规范的需要。泛东亚地区包括韩国和新加坡等国家的发展道路，正是实践了发展和平的规范，而来自中国香港等东亚地区的公司和商人在非洲毛里求斯等地投资建立经济开发区的做法，更是在一定范围内传播了发展和平的经验。但是，由于缺乏能够从根本上影响国际格局的权力因素的推动，这些与发展和平有关的活动并没在真正意义上成为一种能够孕育规范的实践。也就是说，这些停留在普通经济活动层面的经验并没有取得国际规范的地位。本书认为，正是中国崛起的国际政治实践，丰富了发展和平的内涵，推动了发展和平取得国际规范的地位，在国际上传播并与自由和平这样的主导规范相遇。

二　规范竞争

竞争是生物学、生态学和社会学领域的概念，意指机体、动物、个人和群体等为了领地、资源、威望、伴侣、社会地位或者领导权而展开的争斗，是"合作"一词的反义词。①《韦氏大词典》给出的定义是："（1）独自行动的两方或者多方为了争取第三方的业务而竞相

---

① Wikipedia, "Competition", http：//www. wikipedia. org/wiki/Competition.

给出优厚条件的努力，或者是两个或多个机体对短缺的环境资源的积极需求；（2）对手之间的争斗。"[①]

按照竞争者之间互动的方式，竞争可以分为间接竞争和直接竞争。间接竞争是指竞争者之间并不会直接交锋和造成伤害，而是仅仅根据自身目的和需要从第三方获取稀缺的资源，也有人称之为资源利用型竞争。直接竞争是指竞争者之间相互干涉、直接交锋，竞争的根本目的是遏制或者消灭另一方，也有人称之为相互干涉型竞争。按照竞争者之间互动的性质，可以分为良性竞争和恶性竞争。良性竞争是公平竞争，恶性竞争是不公平竞争。[②]

本书主要是从社会学的角度理解和研究国际关系意义上的规范竞争，所讨论的规范竞争是指来自不同的国际规范体系的两个规范在传播过程中形成的一种具有竞争性质的互动关系。见表2-1所示，规范竞争可以根据不同的标准划分为两大类。按照竞争方式，分为直接竞争和间接竞争；按照竞争的性质，分为恶性竞争和良性竞争；按照竞争是否具有合法性，分为不正当竞争和正当竞争；按照规范传播的目的，分为权力争夺型竞争和目标服务型竞争。

表2-1　　　　　　　　　　　　规范竞争分类

	类　别	
方式	直接竞争	间接竞争
性质	恶性竞争	良性竞争
合法性	不正当竞争	正当竞争
目的	权力争夺型竞争	目标服务型竞争

资料来源：本书笔者自制。

---

① Merriam-Webster, "Competition", http：//www. merriam-webster. com/dictionary/competition？ show = 0@ t = 1366552383.

② Wikipedia, "Competition", http：//www. wikipedia. org/wiki/Competition.

　　研究规范竞争，首先需要弄清它到底是属于直接竞争还是间接竞争。麦基翁关于规范退化的研究表明，规范存在的基础不在于它是"好的"还是"坏的"，而在于它是否能够在实践中传播。否则，即便是像"反酷刑规范"这样一个人权领域的"好规范"，在强大的话语建构的作用下也会发生退化，而支持酷刑的规范将重新登场。① 柳思思的研究表明，即便遭到遏制和打击，"恐怖主义"这样的与主流价值相悖的规范也可以传播。② 规范赖以存在的基础，也不在于它能否为了获得道德制高点和合法性而遏制或者消灭与之具有竞争关系的其他规范。规范竞争的结果表现为处于竞争关系中的规范是否能够传播和内化。可见，规范竞争具有间接竞争的特点，是为争取规范接受者一方的认同这样的稀缺资源发生的竞争。在间接竞争中，规范传播通过"教授""说服"甚至"强加"等策略实现。

　　但不可忽视的是，在国际政治的现实中由于规范倡导者的主观干预，规范竞争难免表现出直接竞争的特点。直接竞争主要表现为：规范倡导者在美化和传播己方规范的同时，贬损或者打压他人倡导的规范。如果说规范之间的间接竞争还可能具有良性竞争的特点，那么直接竞争通常表现为恶性竞争。良性竞争是正当竞争，而恶性竞争是不正当竞争。

　　规范竞争还涉及一个政治伦理学问题：规范倡导者传播规范的根本目的是什么？是从权力等私利出发，为了传播规范而传播规范？还是为了实现某个理想的目标而传播规范？例如，在遭受冲突影响的国家传播自由和平规范，是以推广西方自由主义制度和维护西方制度霸权为目的，还是为了帮助冲突后国家建立持久和平？在跨体系规范竞争中，如果某一个国际规范的倡导者主要是从权力等私利出发传播己

---

① Ryder Mckeown, "Norm Regress: Revisionism and the Slow Death of the Torture Norm", *International Relations*, Vol. 23, No. 1, 2009.

② 柳思思：《历史实践与规范生成——以"塔利班化"为个案》，博士学位论文，外交学院，2008 年。

方规范，那么他将为了维护己方规范的传播权，而使用各种权力工具限制他方规范的影响力和传播权，这样的规范竞争的主要特征是权力争夺型竞争。但是，如果该国际规范的倡导者传播规范的主要目的，是乐见规范指向的某一个理想目标得以实现，而且当参与竞争的规范的传播也有助于这个理想目标的实现时，那么他将在努力传播己方规范的同时，对参与竞争的规范采取宽容态度，这样的规范竞争是目标服务型竞争。

实际上，通过以上分类法很难准确认识规范竞争的内涵。在国际政治的实践中，一个国际规范的倡导者往往不只一个。不同的规范倡导者在目的、资源和价值观等方面往往不同，因而在面对规范竞争时，他们的行为往往表现出多元化的特点。例如，在面对发展和平这样的竞争性规范时，同样是作为自由和平的倡导者，一个西方国家的官方机构和一个国际非政府组织在态度上就有可能不同；从国家层面上看，欧盟与美国的态度也可能存在差别。而且，即便是自由和平的同一个倡导者，在不同的时间或者不同的具体议程上，对待发展和平的态度也可能不同。

三　规范共生

共生（mutualism），是一个生物学的概念，指两种生物共同生活在一起，形成相互依赖、彼此有利的关系。生物体之间的共生关系，是一种强调协作、互利、共同进化的相互关系。[1]

社会世界中也存在共生。中国学术界在哲学、经济学、社会学和政治学等领域都有关于共生问题的研究。[2] 其中，在国际关系领域出现了研究国际共生论的上海学派。作为中国本土国际关系创新理论之

---

[1]　姚璐：《论国际关系中的"共生安全"》，《国际观察》2019 年第 1 期。

[2]　袁兴年：《共生哲学的基本理念》，《湖北社会科学》2009 年第 2 期；袁纯青：《共生理论及其对中小型经济的应用研究》，《改革》1998 年第 2 期；胡守钧：《国际共生论》，《国际观察》2012 年第 4 期。

一，国际共生论以"共生"为核心概念，立足以中国为中心国家的东亚地区的文化观念和实践阐释全球化时代的国际社会形态。① 上海国际问题研究院的一个课题组总结了国际共生论的内涵：人的共同体是既存在矛盾又必须合群共生的对立统一体；国际社会是一个共生体，国际社会共生性命题必然取代国际社会无政府性状态命题；共生性国际体系可分为和平共处、和平共生及和谐共生三个发展阶段；等等。② 本书尽管并不打算深入研究国际关系的共生理论，但是认同将共生的概念引入国际关系研究的做法，相信对立和冲突并不是人类社会的唯一属性。在此认识的基础上，本书研究有关规范的共生问题。

当两个规范相遇并发生竞争，过程和结果将是怎样的呢？如本书第一章所述，以中国崛起引发的国际规范竞争为例，一种流行的观点是认为中国规范与西方规范竞争的结果必然是零和：不是西方规范战胜中国规范，就是中国规范取代西方规范。这种观点实际上反映了认识国际社会的一种特定的视角。秦亚青教授指出，认识国际社会存在两种视角，一种是西方的实体视角，另一种是以中庸辩证法包含的认识论来观察和理解国际社会的过程视角。实体视角"强调自我对他者的消解或同化"，而过程视角"将对立物视为相互包容……通过互动实践而实现的自我与他者的转化和通过变化而实现的相互补充"。③ 根据这两种视角来推断，当涉及规范之间的竞争时，实体视角认为竞争的结果只可能是其中一个规范战胜另一个规范，进而取得唯一的合法性和独享的传播权；过程视角则相信两个在内涵上存在差异的规范

---

① 参见金应忠《国际社会的共生论——和平发展时代的国际关系理论》，《社会科学》2011 年第 11 期；任晓《论国际共生的价值基础——对外关系思想和制度研究之三》，《世界经济与政治》2016 年第 4 期；苏长河《共生型国际体系的可能——在一个多极世界中如何构建新型大国关系》，《世界经济与政治》2016 年第 4 期。

② 上海国际问题研究院课题组：《海纳百川、包容共生的"上海学派"》，《国际展望》2014 年第 6 期。

③ 秦亚青：《关系与过程：中国国际关系理论的文化建构》，上海人民出版社 2012 年版，第 101 页。

相遇之后，可能发生主要特征为非冲突的互动，并出现共赢的结果。从过程视角来理解规范共生，不难发现它至少包含两层含义：第一层含义是两个处于竞争的规范可能实现共存（co-existence）；第二层含义是这两个规范可能出现相互学习和互为补充的共生关系。规范共存是规范共生的前提，相互学习和互为补充是规范共生的本质。规范共生颠覆了关于规范竞争的进程只能是冲突、结果只能是零和这样一种传统的认识，表明规范竞争还可能出现其他过程和结果。

第二节　前提假定

本章将首先提出与规范竞争问题相关的三个前提假定，然后在此基础上推导出基本理论假设。

一　不同的实践生成不同的规范

规范产生于实践。规范属于人的思想和意识范畴，而实践是人的社会活动，两者之间关系密切。规范派认为，结构与施动者相互建构，而实践则是连接结构与施动者的中介，实践的力量在于它创造了连接结构和行为体的主体间意义。[1] 詹姆斯·华莱士批判了长期以来哲学界将伦理规范与构成人类个体和团体生活的现实分割开来的思想，指出实践不仅仅包含和表现规范，还为规范本身提供权威。华莱士指出，规范与实践是一对紧密相连的概念。[2] 马克思历史唯物主义认为，社会生活在本质上是实践的，主张从物质实践出发来解释观念的东西。[3] 根据马克思主义的理论逻辑，规范产生于实践。国际关系的规范派认为，国际系统的规范结构和观念结构是在实践和过程中产

---

[1] 焦兵：《现实建构主义：国际政治的权力建构》，《世界经济与政治》2008 年第 4 期。

[2] James D. Wallace, *Norms and Practices*, Cornell University Press, 2009, p. 11.

[3] 《马克思恩格斯选集》（第 1 卷），人民出版社 1995 年版，第 56 页。

生和发展的，[①] 实际上是接受了马克思主义的观点。

本书提出，人类社会由不同的实践场域组成，不同的实践场域产生不同的实践经验，而这些不同的实践经验又上升为不同的认识、规范和理论。基于西方特定的历史实践和政治哲学观的权力派政治理论认为，一国的崛起必然打破地区权力平衡，从而引发围绕地区权力制衡展开的冲突甚至战争。秦亚青教授指出，不同文化体成员有不同的实践活动和生活方式，一种实践场域中的理论可能无法解释另一种实践场域中的行为。韩裔美国学者康灿雄的研究表明，来自西方实践经验的理论并不能解释发生在东亚地区的事情。[②] 总之，规范不会凭空出现，只会生成于人类社会的实践。

二　国际体系是一个等级体系

无政府世界并不是一个无秩序的世界，而是一个具有等级特征的世界。在权力等因素的作用下，国际体系的特征表现为深刻的等级秩序。[③] 国际关系结构主义理论大多持这种观点，而差别主要表现在对秩序实质的认定上。权力派认为这种秩序是权力秩序，而以新马克思主义为基本理论框架的世界体系理论（World-system theory），则认为国际秩序是整个国际资本主义世界的分工秩序。[④] 值得注意的是，权力派只重视国际格局中权力最大的少数国家，尤其是霸权国和挑战国，或者说只关注国际权力格局"金字塔"顶端的情况，而忽略了金字塔的其他部分。伊曼纽尔·沃勒斯坦建立了一种透视当代世界政

---

① Rey Koslowski and Friedrich V. Kratochwil, "Understanding Change in International Politics: The Soviet Empire's Demise and the International System", *International Organization*, Vol. 48, No. 2, Spring 1994, p. 216, 转引自秦亚青《中国文化及其对外交政策的影响》，《国际问题研究》2011 年第 5 期。

② David Kang, *China Rising: Peace, Power, and Order in East Asia*, New York: Columbia University Press, 2007, pp. 3 – 17.

③ 关于国际体系是否具有等级特征一说是有争议的。有三种说法：一是存在等级之分；二是非等级制；三是名义上的非等级制，而实际上的等级制。本书认同第一种说法。

④ Immanuel Wallerstein, *World-Systems Analysis: An Introduction*, Durham and London: Duke University Press, 2004, pp. 23 – 41.

治发展的"大历史地理观",主张将整个世界作为真正有效的分析对象,将国际体系划分为"核心""半边缘"和"边缘"三个地区,①勾勒出了一幅较之于权力派所言的世界格局更为清晰的国际等级秩序画图。在国际政治的现实中,西方与非西方是一组对立而又具有等级特征的关系。

三　世界政治实践是动态的过程

三大主流理论都是体系理论。体系理论的基本理论预设是存在一个已知的国际体系。这个国际体系在权力派那里是物质霸权体系,在制度派那里是制度霸权体系,而在规范派那里则是文化霸权体系。这三种体系的内容看似存在巨大差异,但是它们的起始问题都是如何维护美国在第二次世界大战以后确立的霸权地位和建立的霸权体系。②换句话说,体系理论研究的是美国主导的国际霸权秩序下的国际活动。此外,英国学派提出了国际社会这个重要概念,以区别于美国霸权体系。但是,英国学派所言的国际社会的出发点是欧洲国际社会,延展为包括美国在内的整个西方国际社会,实际上是一个由西方主导的霸权社会。无论是三大主流体系理论所言的不同形态的霸权,还是英国学派的社会霸权,反映的都是一种静态的国际体系秩序。在这种静态的国际体系秩序下,各种国际互动和实践的结果都是按照某种因果关系开展,结果都具有高度的确定性。西方国际关系理论为追求理论简约而将现实生活中动态的实践设定为静态,以寻求静态关系中必然的因果关系,是西方国际关系主流理论的重大缺失。③按照静态国际关系理论的因果链逻辑,国际互动只会出现一种确定的结果。本书质疑这种基于静态因果关系的确定性逻辑,借鉴中国哲学里中庸辩证

---

① Immanuel Wallerstein, *World-Systems Analysis: An Introduction*, Durham and London: Duke University Press, 2004, pp. 11 – 12.

② 秦亚青:《关系与过程:中国国际关系理论的文化建构》,上海人民出版社 2012 年版,第 15 页。

③ 同上书,第 35 页。

法的"过程"这个动态视角，来研究国际政治中的互动。本书假定国际政治是一个会出现不确定结果的动态过程。

第三节 基本假设

从前提假定一"不同的实践场域产生不同的规范"可以推导出：整个人类世界存在不同的实践场域，每一个实践场域都是一个自成一体的社会，即人类社会的子社会。每一个子社会都有一套独特的生成于实践的规范体系。不同的子社会之间发生互动，会表现为不同实践背景的规范之间为争夺传播权而出现的竞争。规范竞争的基本形态见图 2-2 所示，是产生于一个实践场域的规范（规范 X）与产生于另一个实践场域的规范（规范 Y）之间的竞争。

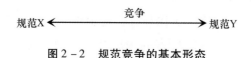

图 2-2 规范竞争的基本形态

从前提假定二"国际体系是一个等级体系"可以推导出：由于国际体系具有等级属性，而规范体系是整个国际体系的一部分，所以国际规范体系也具有等级属性。在国际政治的现实中，国际体系的等级性具体表现为西方与非西方之间的对立和主副关系。见图 2-3 所示，具有等级特征的国际体系，实际上包含一个占中心地位的西方规范体系，以及一个居于边缘地位的松散的边缘规范体系。

安·弗罗瑞尼是少数尝试研究规范竞争问题的学者之一。她通过将规范与基因进行类比，分析了一个主张国家在安全事务上实现透明化的国际规范取代根深蒂固的相关主权规范的原因，提出了一个分析规范进化的理论模型，即一个规范要取代另一个规范，需要同时满足三个条件：其一，该规范是否重要到能够在规范体系中立足；其二，该规范是否能够与（同一规范体系中的）其他与之不存在竞争关系

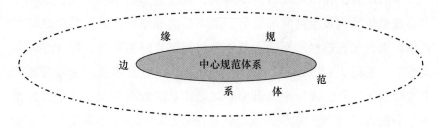

图 2 - 3 国际规范体系等级结构

的规范进行良性互动；其三，规范体系面临的外部环境条件（是否有利）。① 尽管弗罗瑞尼的研究具有开创性，但是她所研究的规范竞争是发生在某一个规范体系之内。在当前国际政治的现实中，这个规范体系实际上就是西方主导的中心规范体系。本书将这样的规范竞争称作体系内规范竞争（见图 2 - 4 所示）。

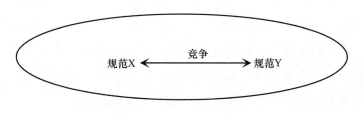

图 2 - 4 体系内规范竞争

图 2 - 4 中的椭圆表示一个国际规范体系。规范 X 和规范 Y 都是这个规范体系内的规范，它们之间的竞争所反映出的矛盾，是发生在同一规范体系内的具有相同身份的规范之间的"内部矛盾"，是能够受到所在规范体系内主导权力调和的矛盾，而不是体现体系层面权力冲突的结构性矛盾。所以不难发现，弗罗瑞尼所设定的一个规范取代另一个规范的三个条件，无不反映出结构性和谐。

---

① Ann Florini, "The Evolution of International Norms", *International Studies Quarterly*, Vol. 40, No. 3, September 1996, p. 374.

本书认为，在国际政治的现实中，规范竞争的本质形态，既不是中心规范体系内规范之间的竞争，也不是边缘规范体系内规范之间的竞争，而是来自这两个不同规范体系的规范之间的竞争，即体系间规范竞争。见图2-5所示，实线椭圆代表中心规范体系，虚线椭圆代表边缘规范体系。发生于来自中心规范体系的规范X与来自边缘规范体系的规范Y之间的竞争，就是体系间规范竞争，也是本书研究的规范竞争。

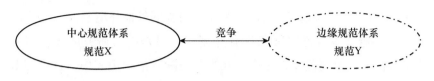

图2-5　规范竞争的本质形态——体系间规范竞争

从前提假定三"世界政治实践是动态的过程"可以推导出：见图2-6所示，规范竞争的过程并非一定是冲突的，结果也并非一定是零和，还可能出现非冲突的过程，以及共赢的结果。需要强调的是，非冲突的规范竞争过程并非指该过程不存在冲突，而是指该过程的主要特征并不是冲突的，而是非冲突的。

图2-6　规范竞争的过程与结果

综合分别从三个基本假定推导出的结果，可以得出一个初步的结论：发生于分别来自中心规范体系和边缘规范体系的两个规范之间的竞争，结果并不必然出现你死我活的零和，而是还可能出现共赢。见图2-7所示，共赢有两层含义：其中一层含义是共存，意味着这两个规范同时存在、各自传播；另一层含义是共生，指两个原本存在竞

争关系的规范在互动的过程中出现相互影响、相互学习和互为补充的
共生状态。

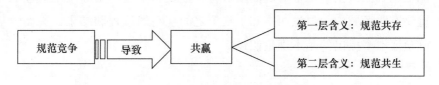

图2-7 规范竞争共赢的两层含义

在规范竞争导致共赢的两层含义中，共存是共赢的消极、静态的
形态，而共生是共赢的积极、动态的形态。本书认为，这两层含义
中，动态的规范共生才是共赢的核心含义。据此可以推导出本书的基
本理论假设：规范竞争可能出现规范共生（见图2-8所示）。

图2-8 规范竞争的基本理论假设

在这个理论假设中，规范竞争是自变量，规范共生是因变量，二
者之间形成因果关系。但是需要指出的是，规范竞争可能出现规范共
生的结果，并不意味着两个规范之间的冲突完全消失，而是指两个在
主张上存在差异的规范在竞争性互动过程中，出现相互影响、相互学
习和互为补充的动态性共存关系。

结 语

本章对涉及本书研究问题的三个核心概念进行了阐释，立足国际
政治的现实提出了与规范竞争相关的三个前提假定，分别涉及规范的
渊源以及国际体系和世界政治的属性。针对学术界关于规范竞争的过

程只可能是冲突的、结果只可能是零和的流行观点，本章予以质疑并在三个前提假定的基础上推导出了本书的基本理论假设：规范竞争可能出现规范共生。本书的后面章节将在建设和平这一全球安全治理的重要实践场域中，讨论两个和平规范之间互动的过程和结果，进而尝试验证本书提出的基本理论假设。

第三章　建设和平

后冷战时期，发生在全球各地的国家内冲突成了影响国际和平与安全的主要因素。联合国及其他全球安全治理行动者主要通过建设和平帮助冲突后国家消除引起冲突的根源建立持久和平。作为全球安全治理的重要工具，建设和平传播和平规范。在深入探讨自由和平与发展和平在建设和平实践场域中的竞争性互动之前，有必要首先在全球安全治理框架内讨论建设和平的渊源、行动任务和运行机制。

第一节　国际冲突管理

本节将首先在国际关系理论层面探究国际冲突管理的制度依据，然后论述影响国际和平与安全的两种不同类型冲突的特征，最后论述联合国在管理和解决国际冲突中的角色和所使用的基本制度工具。

一　概念及范畴

冲突管理（conflict management）是指当出现冲突之后，利益攸关方采取干预手段改变冲突的性质和形式，以抑制冲突的危害。学术界对冲突干预的研究还包括冲突解决（conflict resolution）和冲突转型（conflict transformation）。包括联合国在内的国际行动者在干预冲突时，他们的身份首先是国际冲突管理者。并且，冲突是否能够得到最终解决或者转型具有高度的不确定性，来自外部的干预者并不能完全决定冲突发展的最终结果。也就是说，冲突解决或者转型是冲突管理追求的最高目标或者说是理想的结果，而并非是必然的结果。据此，本书将使用冲突管理一词涵盖冲突解决和冲突转型。并且，"冲突"一词包括"战争"。

"国际冲突"一词，在传统的语境中指的是发生在国家之间的冲突。本书研究全球化时代的安全问题，涉及所有发生在全球范围内影响国际和平与安全的冲突。在一个全球化进程不断深入的时代，国家间冲突固然会影响国际和平与安全；但与此同时，国家内冲突也可能对国际和平与安全产生影响。本书用国际冲突泛指国家间冲突以及对国际和平与安全产生影响的国家内冲突。

国际冲突管理是随着国际社会形成而出现的一项国际政治议程，最早可以追溯到近代国际社会或者现代国际社会形成之初。而从纯学理的角度探究，甚至可以追溯到古代，例如古希腊城邦时代和中国春秋战国时期。[①] 本书在全球安全治理的框架内讨论国际冲突管理，它的历史空间仅限于第二次世界大战之后。之所以限定这一研究时空范畴，是因为第二次世界大战之后以联合国为中心的多边国际制度机制开始发挥作用，包括安全治理在内的全球治理议程有了有效的实施平台，国际冲突管理才成为了一种有意义的全球治理实践。

二　全球治理中的国际冲突管理

西方国际关系理论大多都追求建立体系理论，关注的是国际政治在体系层面的特征。以新现实主义为例，它认为体系结构是影响国家行为的主要因素。根据新现实主义的理论逻辑，体系结构是自变量，国家行为是因变量和体系结构特征的反映。也就是说，应当从体系结构出发研究国家行为。但是新自由主义认为，现实主义重视国际体系结构对国家行为的影响，却忽视了国际体系中进程的作用。国际体系

---

① ［美］许田波：《战争与国家形成：春秋战国与近代早期欧洲之比较》，徐进译，上海人民出版社 2009 年版，第 53—90 页。

实际上存在两个方面，一个是体系中的结构，另一个是体系中的进程。① 也就是说，国际体系的结构和进程都能够对国家行为产生影响。针对现实主义的制度供应说，基欧汉提出了制度需求说，认为正是由于国际体系的无政府性，国家才需要国际机制促进国家间的合作。换句话说，国际制度能够独立于权力影响国家行为。但是，新现实主义坚持认为国际制度的存在并不能改变国家的行为与结果。

国际政治的核心议题是战争与和平，或者说是冲突与合作。在全球治理时代，国际和平与安全是每一个国家的基本需要。国际制度存在并发挥作用确保了这样一个事实：国际社会是一个无政府社会，但并非是一个没有秩序的丛林社会。国际制度的存在反映了国家对基本生存环境的需求，即通过制度性机制预防和管理发生在世界各地、可能会危及国际和平与安全的冲突，促进和平与安全，维护国家的生存利益。

借助国际关系理论研究的层次分析法，② 可以将影响全球化时代国际和平与安全的冲突分为三个层次：第一个是体系冲突（systemic-conflict），第二个是国家间冲突（interstate conflict），第三个是国家内冲突（intrastate conflict）。体系冲突发生在国际体系中最重要的国家或者国家集团之间，能够对整个体系产生影响。冷战就是体系冲突，是美国和苏联这两个超级大国之间的冲突，或者说是这两个超级大国领导的阵营之间的冲突。这样的冲突冲击体系结构，对国际和平与安全产生重大影响。国家间冲突通常是指发生在两个或者多个国家之间的冲突，如前四次中东战争、埃塞俄比亚和厄立特里亚之间的战争、

---

① 秦亚青：《权力·制度·文化：国际关系理论与方法研究文集》，北京大学出版社2005年版，第251页。

② David Singer，"The Level-of-Analysis Problem in International Relations"，in Klans Knorr and Sidney Verba, eds. , *The International System: Theoretical Essays*, Princeton: Princeton University Press, 1961, pp. 77 – 92；James Rosenau, *The Scientific Study of Foreign Policy*, London: Frances Printer, 1980, pp. 115 – 169；Bruce Russet and Harvey Starr, *World Politics: A Menu for Choice*, New York: W. H. Freeman, 1992, pp. 11 – 17.

印度与巴基斯坦围绕克什米尔的争端以及南北苏丹对阿卜耶伊的争夺，等等。虽然通常情况下国家间冲突并不会对体系结构产生重要影响，但是仍然可能对国际和平与安全产生重要影响，尤其是当卷入冲突的国家中有全球或者地区大国，或者冲突造成了大规模的人道主义灾难。国家内冲突通常表现为因民族、种族或宗教等身份认同问题引起的冲突或者内战，如 20 世纪 90 年代发生在前南联盟地区和非洲大湖地区的冲突。在全球化时代。国家内冲突往往也会对国际和平与安全造成影响，尤其是当这样的冲突发生于在体系中具有举足轻重地位的国家内，或者即便发生在一个普通的国家内但是造成了大规模的人道主义灾难，以及溢出了边界对周边国家和地区产生影响。事实上在当今全球化时代，发生在任何一个国家内的大规模冲突或者战争都会引起国际关注。

第二次世界大战结束后，世界很快陷入冷战。冷战的存在和结束深刻地影响了国际体系，同时也引发了国际冲突在性质和形式上发生演变。冷战时代虽然美、苏两个超级大国之间偶尔也会发生像古巴导弹危机那样的正面冲突，但是由于双方都有可以摧毁对方的核力量，所以保持了一种如防御性现实主义所言的"核和平"。① 在此背景下，两个超级大国之间的冲突往往通过在"第三世界"国家中的代理人来实现，也就是打代理人战争。

冷战时期比较具有代表性的代理人战争有越南战争、苏联入侵阿富汗战争和安哥拉内战等。发生于 1955—1975 年的越南战争，是由美国支持的越南共和国与由苏联和中国等社会主义阵营国家支持的越南民主共和国之间的一场战争。在这场历时 21 年的战争中，尽管身为超级大国之一的美国亲自参战，但是另一超级大国苏联并没有在战场上与美国发生正面冲突，而是通过提供各种援助支持越南民主共和

---

① Jack L. Snyder, *Myths of Empire: Domestic Politics and International Ambition*, Ithaca: Cornell University Press, 1991; Stephen M. Walter, *The Origins of Alliances*, Ithaca: Cornell University Press, 1987.

国抗击美国的入侵。在苏联入侵阿富汗战争中，苏联成了直接参战一方，而美国则通过支持阿富汗抵抗力量，让苏联陷入战争的泥潭而消耗国力。安哥拉内战看似是一场国家内战争，但实际上是冷战时期两大阵营角力的战场，战争主要参与方安哥拉人民解放运动和争取安哥拉彻底独立全国联盟，分别得到来自美国和苏联阵营国家的军事支持和经济援助。尽管冷战时期影响国际和平与安全的冲突主要是国家间冲突，但是安哥拉内战由于有外部势力的掺和也表现出具有国家间冲突的性质。冷战时期参与代理人战争的除了超级大国，也可能是普通的国家。如摩洛哥和毛里塔利亚在西撒哈拉的争夺，以及希腊和土耳其在塞浦路斯问题上的较量。

　　冷战时期，出于与苏联领导阵营斗争的需要，美国领导的阵营一般情况下并不会对己方阵营内其他国家的国内事务指手画脚。在此背景下，尽管许多发展中国家在政治和经济制度上与西方国家存在不同，但是由于通常情况下没有严重的外部干涉，这些国家的国内局面都能够基本上保持稳定。不仅如此，美国和其他西方国家为了巩固己方阵营，还会支持一些发展中国家维护国内和平与稳定，对这些国家不同于西方的政治制度和国家治理模式持容忍态度。例如，20 世纪七八十年代以美国为首的西方国家支持或者默许了智利皮诺切特独裁政权镇压和暗杀左派人士。所以，冷战时期大部分亲西方的国家国内都能保持基本的稳定局面。一些国家即便发生国内冲突，也会在西方势力的支持下平息。

　　国家间冲突是传统的安全冲突或者军事冲突，属于国际关系中的结构性矛盾。从现实主义的角度来看，核武器带来的恐怖平衡也在通常情况下让国家之间特别是有大国参与的冲突处于可控状态。传统的国家间冲突很难通过国际制度工具管控和解决，而是需要通过政治对话来解决。换句话说，即便使用了国际制度工具，也只能为其他方式解决争取时间。

　　冷战结束后，一些冷战时期开始的传统形式的国家间冲突以及具有国家间冲突性质的国家内冲突延续下来，新的国家间冲突甚至战争也时有发生，如1998年的科索沃战争、1999年爆发的埃塞俄比亚与厄立特里亚之间的战争、2003年美国为首的联军入侵伊拉克以及2008年俄罗斯与格鲁吉亚之间的短暂冲突等。国家间冲突特别是有大国背景的冲突依然对国际和平与安全产生严重影响。在伊核、朝核、乌克兰危机和叙利亚战争等问题上都不乏地区和全球大国角力的身影。其中，叙利亚战争是后冷战时期大国利用一国内战打代理战争的典型。2011年"阿拉伯之春"爆发后，叙利亚国内出现危机。由于叙利亚问题有错综复杂的地缘政治因素，土耳其和伊朗等中东地区大国，以及美国和俄罗斯等域外大国都卷入其中。特别是美国和俄罗斯在叙利亚较劲，使得这场冲突愈演愈烈。一些极端组织和恐怖组织参与其中，更是增加了叙利亚内战的复杂性。尽管如此，根据2017年兰德公司发布的报告《冲突的趋势与冲突的驱动》，自冷战结束以来国家间冲突无论数量还是烈度都呈明显减少趋势。[①]

三　后冷战时期国际冲突管理面临的挑战

后冷战时期，国家内冲突成为影响国际和平与安全最主要的冲突。一些处于世界体系边缘地带的国家因失去了超级大国的支持，涉及民族、种族、宗教和部落利益等身份认同的问题开始凸显。加之经济全球化、民主化浪潮、气候变化和国际恐怖主义扩散等因素的推动和发酵作用，这些问题最终发展为国家内冲突或者战争，不但影响当事国的稳定与发展，而且还影响到周边国家和地区的和平与安全。具有代表性的是：前南联盟地区涉及民族和宗教等身份认同问题的冲突和战争，非洲大湖地区胡图族与图西族之间因种族矛盾引发的大屠杀，苏丹达尔富尔地区部落之间争夺水源和牧场引发的冲突，西非地

---

① Thomas S. Szayna *et al.*, *Conflict Trends and Conflict Drivers: An Empirical Assessment of Historical Conflict Patters and Future Conflict Projections*, Santa Monica: Rand Cooperation, 2017, p. 15.

区因部落矛盾和资源分配等问题引发的冲突，以及海地因尖锐的阶级和阶层矛盾引发的国内动荡，等等。① 不论引发冲突的原因如何不同，所有这些冲突都是国家内冲突。

后冷战时期一些影响国际和平与安全的冲突还具有国家间冲突与国家内冲突的双重特征，其中具有代表性的是发生在刚果民主共和国〔简称刚果（金）〕和南苏丹的冲突。尽管 20 世纪 60 年代刚果（金）曾经发生严重的冲突并引起联合国的干预，但是那场冲突主要源于殖民地独立后遗留的国际国内问题。后冷战时期刚果（金）冲突的导火索，是 1994 年卢旺达大屠杀后大量胡图族难民涌入该国东部，改变了当地的政治、权力和社会生态。刚果（金）丰富的矿产资源和复杂的民族问题，以及大湖地区错综复杂的地缘政治，导致周边地区国家和域外势力都掺和其中。目前，刚果（金）东部林立的武装组织在不同的国内外势力的支持下，参与资源争夺和族裔纷争当中，将基伍省和东方省变成了全球范围内安全环境最为恶劣的地区之一。尽管最近几年在联合国和国际社会的压力下，外部势力对这些武装组织的支持有所减少，但是该地区的冲突和动荡局面并没有得到实质性的改善。

发生在南苏丹的冲突更能反映后冷战时期国家内冲突的特点：即国内问题在外部势力的干预下演变成为国际问题。南苏丹原本属于苏丹的一部分。1983 年由于苏丹总统尼迈里宣布在全国实行伊斯兰法律引起苏丹南部天主教徒的不满，进而发生内战。尽管早在冷战时期美国国内的基督教会和非政府组织一直同情生活在南苏丹的天主教徒，但是直到冷战结束后美国才真正开始干涉南苏丹问题。在美国和其他一些西方国家的大力支持下，约翰·加朗领导的苏丹人民解放运动（苏人解）的实力不断增强，南苏丹问题成为引起联合国和国际社会广泛关注的国际问题。为达到将南苏丹从苏丹分裂出去的目的，美国一方面以打击"基地组织"为借口对苏丹进行轰炸，另一方面

① Peter Hallward, *Damming the Flood*: *Haiti and the Politics of Containment*, London: Verso, 2010, p. 15.

还对苏丹发动严厉的经济制裁。在美国的直接操纵下，2005 年苏丹政府与苏人解签订了《全面和平协定》，南苏丹自治政府成立。2011 年，南苏丹独立公投通过后获得独立。然而，让大部分南苏丹人和国际支持者如愿以偿的独立并没有为南苏丹带来和平。独立之后南苏丹新的问题开始凸显。在与苏丹政府斗争、争取独立的年代，南苏丹以丁卡和努尔为代表的各部族大体上能够进行合作。然而争取到国家独立之后，各部族在国家权力和资源的分配上出现矛盾。2013 年 12 月总统基尔领导的政府军与副总统马查尔领导的反政府力量之间爆发内战，双方打打停停一直至今。

南苏丹独立后成为世界上最贫穷的国家之一。尽管有一些石油资源，但是由于受到内战以及与苏丹之间在石油管道过境费上的争端等因素的影响，石油收入难以保持平稳，并且其中大多用于支付军人的佣金而不能用于国家建设。内战造成上百万人沦为国内或者国际难民。大量军人和武装人员存在，解除武装、复员和重返社会（DDR）的工作迟迟难以有效开展。2011 年建立的联合国南苏丹特派团既没能制止或者限制内战，也没能帮助东道国开展国家能力建设并促进经济和社会发展。这项大型的维和行动自 2013 年以后就已经被一个称为"平民保护"（protection of civilians）的任务绑架，特派团有限的资源中很大一部分都主要用于维持平民保护营的运行。① 内战造成的难民问题扩散到周边国家，以及外部势力对南苏丹内战的染指，使得独立后的南苏丹问题再次成为国际问题，影响地区和国际和平与安全。

科索沃问题与南苏丹问题有很多相似之处，也是在西方强权的支持下谋求分裂。2008 年宣布独立之后，科索沃作为一个得到部分国家承认的政治实体也没有迎来和平。相反，腐败、贫困、发展前景不明朗和在地缘政治的夹缝中求生存，宣布独立后的科索沃仅仅是从塞尔维亚的包袱变成了整个欧洲的包袱。此外，过去十多年来西方强权

① 2018 年 12 月 4—15 日，笔者在朱巴对联合国南苏丹特派团官员的访谈。

打着民主、自由和人道主义的旗号对伊拉克、阿富汗、利比亚和叙利亚等国的国内问题进行干涉，不但没有解决原有的问题，反而让这些国家的国内形势更加恶化，并造成了严重的人道主义危机和不同程度的无政府状态，严重危及地区和世界和平与安全。

后冷战时期影响国际和平与安全的主要冲突还有一个特点：往往受到恐怖主义的影响，或者成为恐怖主义滋生的温床。对恐怖主义的定义一直是一个存在争议的话题。不同的人由于有不同的价值观和意识形态而对恐怖主义有不同的认识。尽管如此，国际上对恐怖主义还是存在一个基本的共识：恐怖主义是通过使用暴力、破坏、恐吓等手段，为了达到某种意识形态或者政治目的而在政治和社会层面制造恐慌情绪的主张和行为。冷战时期以爱尔兰共和军为代表的一些持有政治和意识形态主张的极端组织发动的袭击，引起了各国政府以及包括联合国在内的国际组织的重视。从1972年开始，联合国大会通过了一系列反恐怖主义的决议和公约。尽管如此，冷战时期恐怖主义活动的区域往往局限于某一国或者地区，一般不会向全球范围内扩散而成为严重的国际问题。然而，冷战结束后这一局面发生了改变，恐怖主义开始成为对国际和平与安全产生重大影响的国际问题。

后冷战时期国际恐怖主义主要表现为伊斯兰极端主义。冷战结束后美国等西方强国在中东问题政策上实行的有失公正的政策和傲慢态度，以及对伊拉克和阿富汗等伊斯兰国家的军事入侵，让在现代化技术领域和国际政治话语等方面处于弱势的伊斯兰世界一方感到身份受到损害，[1] 一些伊斯兰激进势力便寻求通过恐怖行动进行非对称的对抗。国际干涉主义催生了恐怖主义，而一些国家的内乱和无政府状态又为恐怖主义的壮大和扩散提供了温床。

2001年"9·11"事件之后，美国主导的国际反恐战争改变了世

---

[1]　关于身份受损与恐怖主义渊源的研究参见柳思思《历史实践与规范生成——以"塔利班化"为个案》，博士学位论文，外交学院，2008年。

界政治的进程。北约联军对阿富汗的占领让原本盘踞在该国的基地组织向周边国家及中东地区扩散。2003年美国成功入侵并占领伊拉克之后，并没有在伊拉克建立起自由、民主和秩序，反而导致"伊斯兰国"（Islamic State）恐怖组织兴起。较之于基地组织这样的传统恐怖组织，伊斯兰国有更为正规的组织形式和更为明确的政治议程，敢于通过正面的军事斗争夺取地盘，主张建立起一个管辖中东和北非等地的伊斯兰政权。

过去几年里基地组织和伊斯兰国都有人员在叙利亚作战，而且它们都有分支在巴基斯坦、孟加拉、菲律宾、中亚和欧洲等国家和地区发难。与此同时，国际恐怖主义出现了一个新的动向：开始向非洲特别是撒哈拉以南地区扩散。非洲大陆的恐怖主义活动发端于本·拉登的基地组织20世纪90年代在苏丹的活动。2003年美国带领多国部队入侵伊拉克之后，基地组织的分支在伊拉克壮大并发展成为新的恐怖组织伊斯兰国。最近几年由于在阿富汗和伊拉克的活动空间遭到严重挤压，基地组织和伊斯兰国都开始竞相在非洲伊斯兰教影响集中的北非和萨赫勒地带开拓地盘。这两个恐怖组织在非洲的众多分支不断发展壮大，让许多原本贫困和治理乏力的非洲国家陷入了动荡。

从2010年以来发生在几个北非国家的政治危机迅速演变成国内冲突，并对地区和平产生影响。特别是2011年利比亚出现内乱之后，在美、英、法等西方国家的政治和军事干涉下，卡扎菲政权被推翻，利比亚一夜之间陷入无政府状态，大量现代化武器向撒哈拉以南扩散，改变了萨赫勒地带和东非一些国家的安全生态。2013年，马里和中非两国开始陷入内乱。在马里，盘踞在该国北部的部落分裂势力和伊斯兰恐怖组织依仗来自利比亚的精良武器向巴马科中央政府发难。[①] 在恐怖主义阴影的笼罩之下，国际社会在非洲开展的冲突管理行动遭遇严重困难。

---

① 联合国：《秘书长关于马里局势的报告》，联合国秘书长报告 S/2017/1105，2017年12月26日。

在索马里，20 世纪 90 年代国际干预的失败让该国陷入长期的无政府状态，在基地组织分支"索马里青年党"等恐怖势力面前，国际社会各方共同努力扶持起来的索马里中央政府并不能有效控制索马里的局势。即便是在非洲联盟（非盟）维和部队的强力打击下，索马里青年党仍然具有强大的生乱能力，导致索马里和平进程进展缓慢。索马里长期动荡不但造成严重的人道主义危机，还影响国际和平与安全。最明显的是索马里沿海和亚丁湾海盗猖獗，影响国际航运安全。联合国安理会通过决议，呼吁会员国派出舰队到该地区水域为商船和运送人道主义物资的船只护航。

在全球化时代，发生在地球任何一个角落的国家间冲突或者国家内冲突，都可能引发一系列对地区甚至全球产生影响的非传统安全问题。其中，最为突出的是难民问题。例如，自 2011 年利比亚危机以来，北非、中东和撒哈拉以南非洲一些国家出现内乱后，成千上万人沦为难民。难民问题一方面造成人口和人才严重流失，让这些国家原本就困难重重的经济和社会发展形势进一步恶化；另一方给那些接受难民的国家带来沉重的经济和安全负担。

综上所述，自第二次世界大战结束以来的 70 多年里，影响国际和平与安全的主要冲突经历了从国家间冲突到国家内冲突演变的过程。而且一些情况下国家间冲突和国家内冲突交织让形势变得更为复杂。后冷战时期恐怖主义成为影响国际和平与安全的重要问题，国际冲突管理遇到前所未有的挑战。因冲突引发的非传统安全问题加剧了冲突管理的困难，在非洲尤为明显。过去十多年里，非洲在经济和社会发展方面展现了活力，但同时也是全球最为动荡的地区。尽管在国际社会的大力帮助下，西部非洲的塞拉里昂、科特迪瓦和利比里亚已经从内战的废墟上站起来并缓慢地走上了和平之路，大湖地区卢旺达和布隆迪等国内的种族矛盾正在平息，但是，整个非洲大陆一些容易引发国内冲出的根本矛盾依然存在。治理能力赤字、贫穷、人口快速增长引发的失业人口增多以及武器和毒品泛滥等问题，随时可能让一些非洲国家陷入内乱。对于众多边缘地带的国家来说，内战和内乱会让它们在一夜间完全失去脆弱的和平以及多年的发展成果，并对所在地区乃至全球的和平与安全产生影响。

第二节　联合国和平行动

国际冲突管理是全球治理的重要内容，属于全球安全治理的范畴。全球安全治理的行动者有很多，包括国家、国际组织、非政府组织、跨国公司和个人等。① 不同的行动者在国际冲突管理进程的某一阶段或者在某一具体议程中都可能拥有比较优势。建立于第二次世界大战之中的联合国是全球最普遍、最权威和最大的政府间国际组织，是各会员国和国际社会通过集体行动参与全球治理的平台，是全球安全治理最重要的行动者。正如《联合国宪章》（以下简称《宪章》）所言，联合国最核心的使命是为了"免予后世再遭战祸"。联合国通过以安理会为中心的集体安全机制等制度设计，管理发生在全球范围内危害国际和平与安全的冲突。联合国在主导国际冲突管理上占有绝对的制度优势。从历史实践来看，第二次世界大战后的国际体系中实际上建立起了以联合国为中心的国际冲突管理制度机制。

一　联合国与国际冲突管理

随着冷战结束，国际局势出现了第二次世界大战结束以后最为动荡的时期。如前文所述，国家内冲突成为影响国际和平与安全最主要的冲突。这种冲突危害极大，不但造成大量无辜平民伤亡，还导致一系列政治和社会问题以及人道主义灾难，如国家崩溃、腐败横行和司法缺失，贫困和疾病肆虐，环境恶化，人们流离失所。而且，国家内冲突还往往滋生新的冲突，并通过跨国犯罪和国际恐怖主义活动溢出

----

① Deborah D. Avant, Martha Finnemore and Sudan K. Sell, eds., *Who Governs the Globe?* Cambridge: Cambridge University Press, 2010.

国界，① 威胁周边国家和地区的和平与稳定，让国际冲突管理工作面临巨大挑战。与此同时，后冷战时期国际格局进入一超多强的时期，国际政治的主题已不再是冷战时期的冲突与对抗，而是和平与合作。在此背景之下，尽管美国作为唯一超级大国不时践行单边主义，但是多极化的趋势为包括联合国在内的国际制度机制发挥作用创造了条件。特别是在全球治理进程不断深入的今天，多边主义的影响力日益增强。因此，较之于冷战时期，后冷战时期安理会中的各大国更容易在重大的国际安全问题上达成一致。例如，从 1946—1989 年，安理会五个常任理事国总共动用了 279 次否决权，年均 12 次。而 1990—2019 年，安理会五个常任理事国总共才动用了 52 次否决权，年均只有 1.5 次。② 在此背景下，联合国的地位得到提升，它在国际冲突管理中的作用越来越大，沿用的理念和手段也都发生了重大变化。随着冷战结束，联合国管理国际冲突的工作重心从冷战时期以管理冲突为目标的维持和平，转向消除冲突根源、积极寻求改变的建设和平。本节将首先分析联合国冲突管理工作在理念和方法上的演变，然后深入阐述建设和平的概念、任务、行动者和方法。

联合国参与国际冲突管理的制度和工具随着国际体系和国际格局的变迁而不断发展演变。冷战时期存在两个国际体系，一个是美苏争霸的冷战体系，另一个是联合国主导的多边国际体系。尽管受到冷战体系的影响，但是联合国仍然竭尽所能履行《宪章》赋予的神圣使命，在国际冲突管理中发挥了重要作用。在美苏争霸的阴影之下，联合国在开展冲突管理时主要是通过调解和斡旋，以及必要时在冲突双方之间部署执行维持和平任务的部队和/或者军事观察员，监督停火协议的实施。由于这一时期参与管理的主要是国家间冲突，加之受到

---

① Lise Morje Howard, *UN Peacekeeping in Civil Wars*, New York: Cambridge University Press, 2008, p. 1.

② 参见联合国《安全理事会常任理事国在公开会议上所投的否决票》，October 1, 2019, http://www.un.org/securitycouncil/zh/content/veto。

冷战体系的制约，联合国难以发挥主动性和能动性以致力于消除冲突的根源，而往往只是通过一些临时性的手段防止冲突继续发生或者升级，为最终的政治解决赢得时间。

联合国参与国际冲突管理时遵循的价值理念和使用的行动工具，既是各会员国在政治主张上的最大公约数，也体现了一定时期国际体系背景下国际政治的现实格局。正因为如此，本书探讨国际冲突管理时，选择聚焦联合国体系内的相关制度框架。联合国制度框架内的冲突管理工具涵盖了国际社会应对影响国际和平与安全的冲突时使用的所有基本冲突管理工具。

在冷战结束后的最初几年，联合国面临异常繁重的冲突管理任务，特别是由于国家内冲突成了需要应对的主要冲突，原有主要应对国家间冲突的维和机制已经难以满足实际工作的需要。1992 年 1 月 31 日，安理会举行了自联合国成立以来的第一次国家元首和政府首脑会议。会后通过声明，要求联合国秘书长布特罗斯·布特罗斯－加利"就如何在《宪章》的架构和条款的范围内，加强联合国从事预防性外交、建立和平与维持和平的能力与效率，提出分析和建议"。[1]

1992 年 6 月加利向安理会提交了题为《和平纲领：预防性外交、建立和平与维持和平》（《和平纲领》）的报告。这份报告结合后冷战时期影响国际和平与安全冲突的特点，系统地介绍了联合国开展冲突管理的工具——预防性外交（preventive diplomacy）、建立和平（peacemaking）与维持和平（peacekeeping），并创造性地提出了冲突后建设和平（post-conflict peacebuilding）的概念。[2] 1995 年 1 月，加利在联合国成立五十周年之际发表了题为《〈和平纲领补编〉：秘书长在联合国五十周年提出的立场文件》的报告，结合《和平纲领》提出联合国在国际冲突管理方面的经验、教训以及面临的挑战，对联

---

① 联合国：《安理会主席声明》，S/23500，1992 年 1 月 31 日。

② 布特罗斯·布特罗斯－加利：《和平纲领：预防性外交、建立和平与维持和平》，联合国大会文件 A/47/277，1992 年 6 月 27 日。

合国开展国际冲突管理时使用的四个工具进行了更为深入地阐述。[①]

联合国维护国际和平与安全的理念和工具的发展演变主要受到两方面因素的影响：一个是不断变化的国际形势，另一个是联合国在实践中的探索和经验积累。特别是冷战结束后几年里联合国在全球范围内参与冲突管理中积累的丰富经验和深刻教训，以及进入 21 世纪后面对的重大机遇，促使秘书长于 2000 年任命了一个专家小组对联合国的和平与安全活动进行全面审查。专家小组提交了《联合国和平行动问题小组报告》（又称《卜拉希米报告》），对联合国参与冲突管理的工作和工具进行重新定义。《卜拉希米报告》使用和平行动（peace operation）的概念，用以泛指联合国为管理发生在全球范围内影响国际和平与安全的冲突而采取的各种行动。按照理想情况下的线性逻辑，冲突预防（conflict prevention）、建立和平、维持和平以及建设和平这四项要素构成了联合国和平与安全活动的谱系（spectrum of peace and security activities）。[②] 并且，经过多年发展演化，这四项要素在理念和方法上都不断得到充实。

冲突预防：主要包括预防性外交、预防性部署和建立非军事区。联合国在冲突预防领域的探索最早起源于预防性外交，一个由联合国前秘书长哈马舍尔德于 1960 年提出的冲突管理理念。当时在以美苏争霸为主线的东西方阵营冲突背景下，联合国为了缓解紧张局势、维护国际和平，力图采取一些预防性的措施防止冲突发生、升级或者扩散。预防性外交的实施者可以是联合国秘书长本人，也可以是联合国系统的其他高级职员、专门机构或者组织、安理会或者联合国大会，甚至可以是联合国授权的区域组织或国际名人。后冷战时期国际局势缓和为联合国采取更为积极的预防性外交创造了条件，甚至出现了预

---

① 布特罗斯·布特罗斯 – 加利：《〈和平纲领补编〉：秘书长在联合国五十周年提出的立场文件》，联合国大会文件 A/50/60，1995 年 1 月 3 日。

② United Nations, *United Nations Peacekeeping Operations*：*Principles and Guidelines*, New York：Peace Operations Training Institute, October 16, 2008, pp. 17 – 18.

防性部署，通过安全手段开展预防性外交。1992 年 11 月，安理会通过 295 号决议，授权在马其顿部署"联合国预防性部署部队"（1995 年 3 月至 1999 年 2 月）。根据《和平纲领》及其《补编》，预防性外交包括预警、调解、事实调查和建立信任、预防性部署以及建立非军事区等措施。①

在联合国开展国际冲突管理的理念和工具不断演变的背景下，冲突预防取代并包含了预防性外交，成为联合国管理冲突、维护国际和平的主要工具之一。更为重要的是，联合国开展冲突预防的手段变得越来越丰富，参与冲突预防的行动者也越来越多元化。具体地讲，当今联合国的冲突预防工作已经在很大程度上超越了冷战时期以外交活动为主的政治层面，越来越深入地延伸到东道国的政治、经济、社会和安全等各个层面，致力于从更为全面的角度帮助东道国消除冲突的根源以建立持久和平。

建立和平：是介于冲突预防与维持和平之间的一项工作。也就是说，如果冲突预防的努力失败，冲突最终爆发，联合国将努力促使敌对双方以和平方式达成协议。具体办法是采取《宪章》第六章所规定的和平措施，停止武力冲突并寻求通过对话解决争端。建立和平的理想结果，是冲突双方在国际社会的见证下达成停火协议或者和平协议。建立和平最常见的手段是调停（mediation）、谈判（negotiation）和斡旋（good office），由安理会、联合国大会或秘书长委派的个人或者团队进行。正如加利在《和平纲领》中指出，联合国利用杰出的政治家和社会活动家开展调解和谈判，是利用他们的丰富经验、敬业精神和个人声望促成协议的达成。② 秘书长往往是担任这项工作的最

---

① 布特罗斯·布特罗斯 – 加利：《和平纲领：预防性外交、建立和平与维持和平》，联合国大会文件 A/47/277，1992 年 6 月 27 日；布特罗斯·布特罗斯 – 加利：《〈和平纲领补编〉：秘书长在联合国五十周年提出的立场文件》，联合国大会文件 A/50/60，1995 年 1 月 3 日。

② 布特罗斯·布特罗斯 – 加利：《和平纲领：预防性外交、建立和平与维持和平》，联合国大会文件 A/47/277，1992 年 6 月 27 日。

佳人选，但是他若要有所建树，仍然需要得到国际社会特别是联合国核心会员国的支持。

国际法院是联合国的六大主干机构之一，同时也是联合国开展建立和平行动的重要平台。国际法院的判决是和平解决国际争端的手段，同时也有助于联合国开展建立和平行动。从国际法的角度看，联合国会员国都应当接受国际法院的普遍管辖，所以国际法院关于冲突或争端的判决具有效力。但是有时冲突当事方并不愿轻易接受国际法院判决的约束。特别是当这样的判决牵涉国家内冲突时，由于并非所有的冲突当事方都具有完整的国家主体资格，国际法院判决的效力往往会受到挑战。

当和平的方式难以促使冲突各方达成协议时，联合国还可能使用强制手段达到建立和平的目的。强制手段可以划分为软性强制和硬性强制。软性强制包括依据《宪章》第四十一条，对拒绝配合联合国建立和平工作的国家、当事方甚至是个人实施或者威胁实施经济制裁或武器禁运。硬性强制是指通过强制和平（peace enforcement）在陷入冲突的国家或地区恢复和平。通过强制手段建立和平，一直是联合国系统内和整个国际政治层面最具有争议性的问题之一。特别是通过武力手段的硬性强制，很容易成为个别强权推行己方政治议程的工具。1993 年联合国第二期联索行动是联合国维和史上罕见的一项经安理会授权的强制和平行动。安理会于 1992 年 12 月授权它采用包括强制措施在内的一切必要手段，在索马里各地为人道主义救助活动建立起安全的环境。然而，联合国的强制手段并没有带来预期的效果，在索马里的联合国维和士兵反而成了当地军阀武装攻击的对象。1994 年 2 月安理会修订了对第二期联索行动的授权，指出此后不得再使用强制手段。索马里维和行动的硬性强制模式遭到质疑，并直接导致 1994 年联合国和国际社会在卢旺达发生大屠杀时袖手旁观。索马里之后，联合国就不再轻易在自己指挥的维和行动中执行强制和平任务。① 在极其特殊的情况下的确需要强制干预时，安理会往往会授权区域组织或者多国部队去完成。

维持和平：当建立和平获得成功，冲突各方之间签署了停火协议或者和平协议，安理会就可能授权秘书处支持当事各方落实协议。条件允许时，联合国会建立维和行动。冷战时期维和行动的核心任务是维持和平，为冲突的政治解决赢得时间。后冷战时期维持和平仅仅是维和行动的主要任务之一，目的不仅包括监督停火协议或者和平协议的实施，还包括为冲突预防、建立和平以及建设和平等冲突管理活动创造条件（见本节第二部分）。

建设和平：冷战时期的传统维和行动没有直接的建设和平任务。②在后冷战时期的多维维和行动中，建设和平开始成为一项越来越重要的任务。建设和平最早称作冲突后建设和平，指的是一旦维持和平行动创造的和平局面稳定下来，和平行动的重点就从维持和平转向冲突后重建。建设和平的目的是消除冲突的根源，建设可持续的和平。具体措施包括恢复秩序、重建或者开展执法能力建设、改革国家机构和促进正式或者非正式的政治参与，等等。③

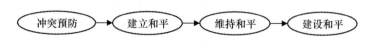

图 3 - 1　冲突管理的理想型进程

加利提出的冲突管理工具构成一个环环相扣、线性发展的理想型进程（如图 3 - 1 所示）。然而这个理想型模型并不能真实地反映现实

① 唯一的例外是 2010 年建立的联合国刚果民主共和国稳定特派团。这项维和行动部署有联合国维和史上第一个快速干预旅（Force Bridge Intervention）。——笔者注

② United Nations, *Report of the Panel on United Nations Peace Operations*, UN General Assembly Document A/55/305, August 21, 2000, p. 3.

③ 布特罗斯·布特罗斯 - 加利：《和平纲领：预防性外交、建立和平与维持和平》，联合国大会文件 A/47/277，1992 年 6 月 27 日。

情况。正如挪威国际和平研究所高级研究员西德雷克·德·康宁指出，这些冲突管理的元素并不一定总是如加利在《和平纲领》中所言那样以线性或者历时性趋势发展。在现实中，这些元素往往重叠、交叉、互为支持、常常同时存在（发生）的。[①] 本书认为，在国际政治的实践中，冲突管理表现为一个混沌的过程。在某个时空点任何一种方法都可能成为冲突管理的主要工具，而其他的则成为辅助工具。

二 维和行动

在历史节点上发生的事情往往能够从根本上改变国际体系和国际格局，并推动国际冲突管理发生重大变革。第二次世界大战促成了联合国这个人类历史上最大的全球性政府间国际组织的建立。1945 年联合国建立之时，目睹了两次世界大战的人们最根本的愿望，是在国际联盟教训的基础之上，建立一个真正有效的集体安全机制，防止和制止国家之间的冲突和战争。如前文所述，冷战时期在超级大国争霸的阴影之下，影响国际和平与安全的冲突主要是国家间冲突。这一时期联合国竭尽所能发挥了国际冲突管理者的作用，创造性地提出并实践了维持和平的理念。

尽管《宪章》规定"维护国际和平与安全"是联合国的首要使命，但是并没有明文规定在有必要时可以采取何种具体措施履行这一使命。第一次中东战争为联合国践行集体安全使命创造了条件。1947 年 11 月 29 日，联合国大会就巴勒斯坦问题进行表决，在美国和苏联等国家的支持下通过了第 181 号决议，支持建立阿拉伯国和犹太国的分治方案。该方案遭到了阿拉伯国家的坚决反对。1948 年 5 月 14 日，犹太复国主义者宣布建立以色列国。15 日，埃及、约旦、伊拉克、叙利亚和黎巴嫩等阿拉伯联盟国家的军队进入巴勒斯坦，第一次中东

---

① Cedric de Coning, "Complexity, Peacebuilding and Coherence: Implications of Complexity for the Peacebuilding Coherence Dilemma", PhD dissertation, Stellenbosch University, December 2012, p. 17.

战争爆发。战争结束后阿以双方签订了停火协议。为监督停火协议的实施，联合国安理会通过决议授权建立联合国停战监督组织（停战监督组织）。

停战监督组织主要由军事观察员构成，部署在贝鲁特、开罗、安曼和加沙等地。尽管后来停战监督组织被追认是第一项联合国维和行动，但是在20世纪40年代末和50年代初，联合国仍然在探索维护国际和平与安全的具体方法。停战监督组织以及1949年南亚次大陆战争之后建立的联合国印度和巴基斯坦观察组，都仅仅部署了少量不携带武器的军事观察员，这在当时看来是联合国管理国际冲突的临时手段。

1956年第二次中东战争（苏伊士运河危机）结束后，在超级大国的支持下，联合国建立了联合国第一期紧急部队，首次派出了携带武器的维和部队。时任联合国秘书长哈马舍尔德在一些国际政治家的协助下，创造性地提出了"维持和平"的概念以及指导维和行动的三项基本原则（维和三原则）。维和三原则的提出让当时以及之后的维和行动有了可以遵循的基本准则，为维和行动的制度化奠定了的基础。维和三原则的内容包括：

第一，维和行动不得妨碍有关当事国之权利、要求和立场，需要保持中立，不得偏袒冲突中的任何一方；

第二，维和行动必须征得有关各方的一致同意才能实施；

第三，维和部队只能携带轻武器，只有在自卫时方可使用武力。①

在整个冷战时期，联合国在参与国际冲突管理时常见的做法，是在冲突的双方（通常是两个主权国家）之间部署维和部队和/或军事

---

① United Nations, *United Nations Peacekeeping Operations*: *Principles and Guidelines*, New York: Peace Operations Training Institute, October 16, 2008.

观察员，维持业已签订的停火/停战协议，为冲突的政治解决赢得时间。冷战时期联合国通过维持和平手段干预的主要是国家间冲突。由于美苏两个超级大国往往都介入了这些冲突，所以联合国在维持和平之时必须恪守维和三原则，在冲突中担任国际法和国际道义层面上的裁判，通常情况下保持中立。在这样的传统安全冲突中，由于冲突的当事方是主权国家或者具有一定政治合法性的实体，所以只要安理会大国特别是超级大国能够达成一致，冲突的当事各方基本上都能遵守已签署的协议，愿意接受维和行动的合法存在。尽管如此，联合国也只能本着维持现状的考虑，维持由停战/停火协议产生的临时和平。由于不能采取积极、主动的措施去消除冲突的根源，这样的维和行动往往延续几十年也难以取得实质性的进展并撤出。1948—1987 年，联合国总共只建立了 13 项维和行动。见表 3 - 1 所示，其中六项一直延续至今。

进入 20 世纪 80 年代后期，国际局势开始缓和。在安理会里，两个超级大国的对峙出现松动，较之以前更容易达成妥协，国际上一些久拖不决的地区问题也因此迎来外交解决的良机。[①] 在此背景下，联合国在国际冲突管理中发挥作用的空间开始变大。与此同时，随着冷战走向结束，影响国际和平与安全的主要冲突变成了国家内冲突。这种由民族、种族和宗教等身份认同问题引发的内战或者民族战争（ethnic wars）有两个特点。首先是冲突参与方多，除了正规部队，还有民兵和武装平民。冲突各方往往纪律废弛，指挥系统不明确，[②] 参加和平谈判时诉求多样而难以达成一致。有时即便是签署了和平协议，之后部分签署方也不会认真遵守。联合国置身冲突各方之中，很容易被其中一方或者多方指责并敌视，维和人员的行动自由也会受到

---

① William Maley, "Introduction: Peace Operations and Their Evaluation", in Daniel Druckman and Paul F. Diehl, eds., *Peace Operation Success: A Comparative Analysis*, Boston: Martinus Nijhoff Publishers, 2012, p. 3.

② Joseph S. Nye and David A. Welch, *Understanding Global Conflict and Cooperation: An Introduction to Theory and History*, Hong Kong: Longman, 2011.

限制，人身安全遭到威胁。

表 3 - 1 延续至今冷战时期建立的维和行动

行动名称	地点	建立时间	冲突性质
联合国停战监督组织	中东	1948	国家间冲突
联合国印度和巴基斯坦观察组	克什米尔	1949	国家间冲突
联合国驻塞浦路斯维和部队	塞浦路斯	1964	国家间冲突
联合国脱离接触观察员部队	戈兰高地	1974	国家间冲突
联合国驻黎巴嫩临时部队	黎巴嫩南部	1978	国家间冲突
联合国西撒哈拉全民投票特派团	西撒哈拉	1991	国家间冲突

资料来源：正在进行的维和行动，http：//www.un.org/zh/peacekeeping/operations/current.shtml。

后冷战时期的国家内冲突还有一个特点是平民成为主要受害者。冷战时期的国家间冲突即便发展成为传统的战争，也通常是国家的军队之间开战或者对峙。传统战争的主要目的是消灭敌方的军事力量，一般情况下不会以平民为主要伤害目标。然而在后冷战时期许多国家内冲突中，平民是冲突直接和间接的主要受害者，很容易出现大规模的人道主义危机。由于冲突往往发生在国家无政府状态下或者造成国家和社会的各个层面遭到系统性的破坏，冲突后维持和建设和平面临巨大困难。一国的内部冲突往往伴随着难民和武器扩散，成为影响周边国家和地区安全的跨国冲突，在更大范围内影响国际和平与安全。在此情况下，一些外部势力会介入他国的内部冲突，使得冲突变得更加复杂。所有这些因素都为冲突的和平解决带来困难。

面对新的形势，联合国开始通过更加主动、积极的方式开展维和行动。维和行动执行的任务和遵循的原则都发生了巨大的变化。后冷战时期建立的维和行动绝大多数都是多维维和行动，也称为多功能或者综合维和行动。联合国开始深度介入冲突管理以图消除冲突的根源。正如《和平纲领》中指出，国家机构特别是警察和司法系统瓦解，造成政府瘫痪、法治崩塌、匪盗横行和天下大乱，意味着国际干预必须超越军事和人道主义的范畴，涉足促进民族和解和重建有效的政府。① 维和任务的增加引起维和行动特派团的结构发生改变，维和部队和军事观察员不再是维和行动的绝对主宰力量。涉及政治、选举、难民、人道主义救援和人权等方面事务的出现，导致民事部门的规模增大；涉及治安、移民管理和安全机构重建等方面新任务出现，导致民事警察成为一支分量越来越重的维和力量。维和特派团中出现了军事、警察和民事三大部门鼎立的格局。

多维维和行动的另一个特点，是遵循的原则出现了变化。尽管维和三原则仍然是指导联合国维和行动的基本准则，但是在新时期联合国并没有僵化地理解和实践传统的维和原则，而是在遵守它们所蕴含的基本精神的同时，结合世界政治的现实需要对它们进行了新的诠释和拓展。首先，后冷战时期新的维和环境促使联合国重新审视中立原则，开始在行动实践中给予公正以更多的考量。多维维和行动的根本目的是帮助东道国恢复并建设可持续和平。为此，联合国若要有效地开展维和行动，就需要团结愿意参与和平进程的各方，并帮助东道国建立起合法的中央政府。但也有一些冲突当事方拒绝参与和平进程，对东道国的稳定以及维和行动的安全环境造成破坏。因此，联合国就需要遵循公正的原则，而不可能在任何情况下都完全保持中立或者平等地对待所有当事方。② 在东帝汶，联合国维和力量帮助当地政府打击破坏国家稳定的亲印度尼西亚民兵势力以及从警察队伍中分裂出的反政府叛军；在海地，帮助平息全国范围内此起彼伏的暴力骚乱。

此外，传统的"同意"原则也有了新的内涵。正如《卜拉希米报告》指出，过去的经验表明在国家内/跨国冲突中，当地的冲突当

---

① 布特罗斯·布特罗斯－加利：《〈和平纲领补编〉：秘书长在联合国五十周年提出的立场文件》，联合国大会文件 A/50/60，1995 年 1 月 3 日。

② United Nations, *Report of the Panel on United Nations Peace Operations*, UN General Assembly Document A/55/305, August 21, 2000.

事方可能并不会认真履行关于同意的承诺，或者滥用同意的权利以便限制维和人员的行动自由。在柬埔寨、达尔富尔和刚果（金）等地，维和行动都曾面临这样的问题。而且，由于一些冲突当事方内部混乱，难以就与联合国方面合作的问题上达成一致。① 在南苏丹，由于政府军和反政府力量双方都不能有效地控制所管辖的部队，所以经常出现一些下级部队不顾上级领导层面与联合国达成的协议，非法设置检查站或者伏击维和人员，为维和行动制造麻烦。因此，在新的维和环境中，联合国难以将众多冲突当事方的一致同意作为建立维和行动的条件。

武力使用原则的演变更是一个非常重大且充满争议的问题。在后冷战时期多维维和行动的迎战原则（rule of engagement）中，武力使用的条件从冷战时期传统维和行动中纯粹的自卫，延伸到了保卫特派团的其他部门和人员以及安理会授权完成的行动任务。维和行动中的武力使用原则从文本上可能比较容易理解，但是在实践层面却是一个非常复杂的问题。进入 21 世纪后，联合国在实践中摸索出了一套做法：面对需要使用武力干预的国家内冲突，首先授权多国部队或者区域/次区域组织建立和平，然后由联合国出面维持和平。这样的分工是为了将武力使用限定在一个相对狭小的范围，避免维和人员直接卷入大规模的暴力冲突之中。尽管进入 21 世纪以来建立的十多项大型维和行动中的绝大多数都得到了《宪章》第七章的授权，可以使用"一切手段"完成安理会决议规定的任务；但是在维和行动的实践层面，受到出兵/警国政治意愿和东道国冲突性质等因素的影响，维和人员使用武力的能力受到限制，并不能完全按照《迎战原则》规定的条件使用。② 特别是近些年联合国在马里、中非和南苏丹等没有和

---

① United Nations, *Report of the Panel on United Nations Peace Operations*, UN General Assembly Document A/55/305, August 21, 2000.

② Carlos Alberto dos Santos Cruz, William R. Phillips and Salvator Cusimano, *Improving Security of United Nations Peacekeepers*: *We Need to Change the Way We Are Doing Business*, December 19, 2017, https://peacekeeping. un. org/sites/default/files/improving_ security_ of_ united_ nations_ peacekeepers_ report. pdf.

平可以维持的地方建立了维和行动，维和人员即便遭遇暴力攻击也难以合法、有效地使用武力。

联合国开展维和行动几十年，得到的一个最重要的经验或者教训，是维持和平的前提要有和平可以维持。这里所说的和平，通常是指冲突各方或者利益攸关方签署的和平协议。和平协议是安理会授权建立维和行动的前提依据。有时和平协议是通过硬性强制促成的，也就是奥利弗·里士满所言的"胜利者的和平"（victor's peace）。[1] 但是自从 20 世纪 90 年代初期带有硬性强制色彩的联合国维和行动在索马里遭遇失败以后，联合国在使用武力干预、寻求"胜利者的和平"上开始变得非常谨慎，转而授权区域组织组建维和部队，或者由地区大国牵头成立多国部队出面干预。

联合国自成立之初便一直在努力克服各种阻力，力图在国际冲突管理中占据主导地位。从 1948 年停战监督组织建立以来至今 71 年里，维和行动的内涵发生了翻天覆地的变化：在形式上，是从冷战时期以维持和平为单一手段的传统维和行动，发展到后冷战时期涵盖维持和平与建设和平等诸多手段的多维维和行动；[2] 在概念内涵上，传统意义上的"维和行动"一词已经难以涵盖多维维和行动中繁杂的任务。如前文所述，《卜拉希米报告》提出了和平行动的概念，用以涵盖包括冲突预防、建立和平、维持和平和建设和平等多项要素的一个完整的冲突管理工具谱系。[3]

第三节　建设和平

联合国开展国际冲突管理工作的重心从维持和平转移到建设和

---

① Oliver Richmond, *The Transformation of Peace*, New York: Palgrave Macmillan, 2005, p. 35.

② 何银：《中国参与联合国维和行动政策浅析》，《武警学院学报》2010 年维和增刊。

③ United Nations, *Report of the Panel on United Nations Peace Operations*, UN General Assembly Document A/55/305, August 21, 2000.

平，是后冷战时期联合国多维维和行动的重要发展趋势之一。正如前联合国秘书长潘基文指出，在联合国向实地派遣的维和特派团和国家工作队里，以及在纽约总部的规划中，建设和平已成为前所未有的焦点。① 随着全球安全治理的发展，建设和平一词的内涵开始变得越来越丰富。

不同的人对建设和平有不同的理解。有人认为是在必要的安全得到保障之后，通过促进社会经济发展以防止战乱再起；② 有人认为是国际或者国家层面的行动者采取的将和平进行制度化的行动；③ 还有人认为是外部世界参与国家内冲突解决并在冲突后的形势中重建或者建设和平文化的一种手段。④ 本书提出，建设和平是一个非常复杂的理念，需要从概念、任务目标、行动者和方法这四个方面进行理解。

一　建设和平的概念

"建设和平"一词是由挪威社会学家、现代和平研究的发起人之一约翰·加尔通于 1970 年提出。他在《和平的三种方法：维持和平、建立和平及建设和平》一文中指出，需要建立起建设和平的架构，通过关注引起暴力冲突的根源和提升当地开展和平管理与冲突解决的能力，推动建立持久和平。⑤ 然而，加尔通提出的建设和平这一概念在很长一段时间里并没有引起学术界和政策界的关注。前联合国秘书长

① 潘基文：《建设和平已成为前所未有的焦点》，2012 年 5 月 7 日，http：//www. un. org/chinese/News/story. asp? newsID = 17707。

② Mike Pugh, *Regeneration of War-Torn Societies*, London：Macmillan, 2000, p. 3.

③ Charles T. Call and Elizabeth Cousens, "Ending Wars and Building Peace：International Response to War-Torn Societies", *International Studies Perspective*, Vol. 9, Issue 1, January 2008.

④ Tom Keating and W. Andy Knight, "Introduction：Recent Developments in Postconflict Studies -Peacebuilding and Governance", in Tom Keating and W. Andy Knight, *Building Sustainable Peace*, Tokyo：United Nations University Press, 2004, p. 31.

⑤ Johan Galtung, "Three Approaches to Peace：Peacekeeping, Peacemaking and Peace-building", in Johan Galtung, ed., *Peace, War and Defense - Essays in Peace Research*, Vol. 2, Copenhagen：Christian Ejlers, 1976, pp. 282 – 304.

加利在《和平纲领》中，首次正式将建设和平的理念引入到联合国和平与安全事务的话语之中。

　　作为世界政治的重要组成部分，联合国和平与安全事务的相关理念和方法总是随着时代的发展而不断演变。建设和平亦是如此，其理念内涵和操作方法自 20 世纪 90 年代初以来发生了重大的变化，成为全球范围内决策者、实践者和学术研究者们探讨的话题。本书无意过多地述评有关建设和平概念的学理论争，而是立足联合国有关的政策文件，分析建设和平在理念和实践方面的发展演变。

　　在《和平纲领》中，冲突后建设和平指的是"确定并支持那些有助于加强和巩固和平的结构，以避免（冲突后社会）重新陷入冲突"。① 1995 年加利又推出《和平纲领补编》，延续了《和平纲领》中"冲突后建设和平"的提法，但进一步诠释指出：冲突后建设和平包括"非军事化、管制小型武器、体制改革、改良警察和司法制度、监测人权、选举改革以及社会和经济发展"。②

　　2000 年推出的具有里程碑意义的《卜拉希米报告》对建设和平进行了重新定义，用"建设和平"一词取代了之前联合国文件中的"冲突后建设和平"。这样，建设和平场域就不再局限于冲突后的国家或者社会。该报告指出建设和平的目的，是"在远离冲突的方面进行活动，重新建立和平的基础以及提供工具，让人们能够在那些基础上建设起一个不局限于无战争的环境"。③ 该报告还进一步明确了建设和平的具体措施。

---

① Butruos Butruos-Ghali, *an Agenda for Peace*: *Preventive Diplomacy*, *Peacemaking and Peace-keeping*, UN General Assembly document A/47/277, January 31, 1992.

② Butruos Butruos-Ghali, *Supplement to an Agenda for Peace*, UN General Assembly document A/50/60, January 3, 1995.

③ 联合国：《联合国和平行动问题小组的报告》，联合国大会文件 A/55/305，2000 年。

建设和平包括但不局限于使前战斗人员重返民间经济，加强法治（例如通过训练和改组当地警察以及司法和刑法改革）；通过检测、教育和调查过去和现在侵犯人权的状况以加强对人权的尊重；提供促进民主发展的技术援助（包括选举援助和支持自由媒体），以提升解决冲突与促成和解的技能。①

2001 年 2 月，建设和平的概念首次得到安理会的确认。安理会发表主席声明指出，建设和平的目的是防止武装冲突爆发、再起或者持续，涵盖了政治、发展、人道主义和人权等方面的方案和机制，需要采取短期和长期行动，处理正陷于冲突或正摆脱冲突的社会的特殊需要。然而令人不解的是，安理会仍然将"建设和平"称作"冲突后建设和平"。

2015 年，联合国秘书长潘基文任命了两个专家小组，分别负责对和平行动问题和建设和平架构进行审查并提出咨询建议。这两个专家小组分别提交了《联合国和平行动问题高级别独立小组报告》（《和平行动问题小组报告》）和《保持和平的挑战：联合国建设和平架构审查专家咨询小组的报告》（《建设和平架构审查咨询小组报告》）。② 这两份报告都提出了"保持和平"（sustaining peace）的概念，指出保持和平就是建设和平，主张给予和平行动东道国以持续的和具有前瞻性的关注和支持，以便建设可持续和平。换句话说，保持和平概念的提出重新确定了一个原则，即建设和平应当体现在东道国的暴力冲突之前、冲突期间及冲突之后的各项活动之中。③

---

① 联合国：《联合国和平行动问题小组的报告》，联合国大会文件 A/55/305，2000年。

② United Nations, *Report of High-Level Independent Panel on Peace Operations on Uniting Our Strength for Peace*: *Politics*, *Partnership and People*, UN General Assembly document A/70/95, 17 June, 2015, United Nations, *The Challenge of Sustaining Peace*: *Report of the Advisory Group of Experts for the* 2015 *Review of the United Nations Peacebuilding Architecture*, UN General Assembly document A/69/968, 30 June, 2015.

③ Ibid., p. 4.

通过将建设和平与其他冲突管理手段进行对比，可以更深入和清楚地认识建设和平。维持和平与建设和平是联合国的两项不同但又密切相关的和平任务。[①] 如前文所述，维持和平是指维护一个安全的环境、确保已签订的和平协议的实施，为包括建设和平在内的其他冲突管理活动创造条件。建设和平是指在维持和平的基础之上，采取包括人道主义援助、恢复公共服务、发展经济和促进民族和解等措施，[②] 消除冲突的根源，推动建设可持续和平。加尔通认为，和平有消极和平（negative peace）和积极和平（positive peace）之分。消极和平指的是"不存在暴力"，积极和平指的是"通过预防性措施建设一个统合社会，促进人与人之间互利合作、和睦相处及社会和谐"。[③] 从维持和平到建设和平是和平观的改变。前者维持消极和平，而后者建设积极和平。

正如坦尼亚·帕芬赫尔兹指出，加尔通和加利两人对建设和平的理解是不同的：加尔通所理解的建设和平，是建立起立足于公正、平等与合作的结构和制度，进而实现积极和平；加利所言的建设和平是自由式建设和平（liberal peacebuilding），主要专注于在冲突之后按照民主的标准开展国家重建。[④] 帕芬赫尔兹认为，与加尔通相比，加利对建设和平的理解要狭窄得多。[⑤]

综合上述观点，本书认为建设和平是各方行动者在可能发生冲突或者业已发生冲突的国家或者社会，通过短期和长期的政治经济行动，消除可能引起冲突发生或者再起的因素，促进建设可持续和平。

---

① 李东燕：《中国参与联合国建设和平的前景与路径》，《外交评论》2012 年第 3 期。

② Rob Jekins, *Peacebuilding: From Concept to Commission*, London and New York: Routledge, 2013, p. 21.

③ Johan Galtung, "Twenty-Five Years of Peace Research: Ten Challenges and Some Responses", *Journal of Peace Research*, Vol. 22, No. 2, June 1985.

④ Thania Paffenholz, "Civil Society beyond Liberal Peace and Its Critique", in Susanna Campbell *et al.*, eds., *A Liberal Peace? The Problems and Practices of Peacebuilding*, London and New York: Zed Books, 2011, p. 139.

⑤ Ibid. .

二 建设和平的类型

学术界对建设和平的类型有不同的认识（见表 3 - 2）。从时效性出发，有人将其分为项目型建设和平（programmatic peacebuilding）和系统型建设和平（systematic peacebuilding）。① 这样的划分也可以理解为建设和平的两种方法或者两个阶段。项目型建设和平，是为应对威胁和平进程的紧急情况而采取的特别行动。也可以理解为"预防性建设和平"或者"工具性建设和平"，其目的是通过特别的项目干预，防出现陷入冲突的境地。② 这样的建设和平活动历时短、见效快。系统型建设和平指的是从和平进程的整体和长远目标考虑，开展涉及多角度、多维度的建设和平活动，形成一个系统性的建设和平框架。威廉·德尔奇指出，冲突预防有两种形式：长期的（战略的）和短期的（与危机相关的）。③ 从这个角度理解，建设和平还可以划分为短期建设和平和长期建设和平。前者是指开展建设和平项目和活动，帮助冲突后社会开启和平进程，防止再度陷入暴力冲突。后者是指开展具有长远意义的行动，帮助冲突后社会消除冲突的根源，为建立社会公正和可持续和平打下基础。

还有人按照开始的时间，将建设和平划分为冲突后建设和平与冲突前建设和平。④ 冲突后建设和平的目标是防止暴力再次发生，而冲突前建设和平是为了寻求消除暴力于萌芽状态。⑤ 在现实中，长期以来国际社会关注的重点是冲突后建设和平。本书研究的建设和平是保

---

① Cedric de Coning, "Complexity, Peacebuilding and Coherence: Implications of Complexity for the Peacebuilding Coherence Dilemma", PhD dissertation, Stellenbosch University, December 2012, p. 26.

② Ibid. , pp. 26 - 27.

③ William Durch, *UN Peace Operations and the "Brahimi Report"*, Washington: The Henry L. Stimson Center, 2001, p. 13.

④ Charles T. Call and Elizabeth M. Cousen, "Ending Wars and Building Peace", *Coping with Crisis Working Paper Series*, New York: International Peace Academy, 2007.

⑤ Rob Jekins, *Peacebuilding: From Concept to Commission*, London and New York: Routledge, 2013, p. 23.

持和平，也就是贯穿整个冲突管理进程始终的建设和平。

表 3 - 2　　　　　　　　建设和平的类型

标准	类型	
时效性	系统型建设和平	项目型建设和平
	预防性建设和平	工具性建设和平
历时长短	长期建设和平	短期建设和平
开始时间	冲突前建设和平	冲突后建设和平
核心任务	制度建设型建设和平	经济发展型建设和平
任务范畴	狭义建设和平	广义建设和平

资料来源：笔者自制。

　　巴尼特等人将冲突后建设和平分为三个维度：稳定冲突后地区、恢复国家制度以及应对社会和经济问题。见表 3 - 3 所示，第一维的目标是创造稳定，并阻止前战斗人员重新回到战争之中。具体任务包括解除武装、复员和重返社会，以及进行安全部门改革；第二维旨在帮助建立和恢复关键的国家功能，以便能够提供基本的公共产品。具体任务包括重建基础设施、公共行政、法制体系、交通和通信网络，并重建文教和卫生设施，以及支援这些领域的能力建设；第三维旨在建立国家和社会层面的能力，以便和平地管理冲突并建设和巩固经济发展亟须的基础设施。具体任务包括进行心理创伤辅导，建立过渡时期司法制度，开展社区和解与对话，加强公民社会建设，以及促进人权、环境保护和经济发展。[①] 但也有学者反对为建设和平设置详尽的任务清单，认为面面俱到效果会适得其反。[②] 本书认为，可以简约地

<hr>

　　① Michael Barnett, Hunjoon Kim, Madalene O'Donnell, and Laura Sitea, "Peacebuilding: What Is in a Name?" *Global Governance*, Vol. 13, No. 1, 2017.

　　② Charles T. Call, "Ending Wars, Building States", in Charles T. Call and Vanessa Wyeth, eds., *Building States to Building Peace*, Boulder: Lynne Rienner, 2008, p. 6.

将建设和平的任务划分为两大支柱领域：制度建设和经济发展。①

表3-3 冲突后重建的维度

	第一维	第二维	第三维
目标	创造稳定	恢复国家制度	关注社会经济问题
任务	解除武装、复员和重返社会 安全部门改革 轻、重武器控制	重建基础设施、公共行政、法制体系、交通和通信网络 重建文教和卫生设施，以及支援这些领域的能力建设	心理创伤辅导 过渡时期司法与和解 社区对话 加强公民社会、促进人权 促进环境保护意识 协助赋予妇女权力 建立社区间沟通之桥 促进经济发展

资料来源：Michael Barnett, Hunjoon Kim, Madalene O'Donnell, and Laura Sitea, "Peacebuilding：What Is in a Name?", *Global Governance*, No. 13, 2017。

表3-4 狭义建设和平与广义建设和平对比

	狭义建设和平	广义建设和平
行动者	联合国建设和平架构参与者	全球安全治理行动者
时间范畴	冲突后	冲突管理全过程
规范框架	联合国建设和平规范	各种和平规范
主要任务	制度建设	东道国的各方面需要

资料来源：作笔自制。

建设和平还可以分为狭义建设和平和广义建设和平。见表3-4所示，狭义建设和平是指由联合国主导的建设和平，通过维和行动、政治特派团和国家工作队实施。狭义建设和平发生在联合国建设和平架构之中，有一个较为明确的规范框架，以及一个大体上统一的任务

① 何银：《联合国建设和平与人的安全保护》，《国际安全研究》2014年第3期。

目标。广义建设和平发生在一个宽泛的全球安全治理架构之中，由不同的行动者根据各自的议程独自开展，没有统一的规范框架，也没有统一的任务目标。狭义建设和平主要关注东道国的制度建设，但是存在一个明显的缺陷：在很大程度上对东道国的经济和社会发展关照不力。广义建设和平的规范框架中既有联合国建设和平规范，也有其他和平规范，能够较全面地关照东道国建设和平的各方面需要。广义建设和平真正践行了保持和平的理念，确保建设和平能够贯穿冲突管理的始终。从时空的角度看，广义建设和平包含了狭义建设和平（见图3－2）。

图3－2　狭义建设和平与广义建设和平的关系

资料来源：笔者自制。

三　建设和平的行动者

　　首先可以根据狭义建设和平与广义建设和平之分来划分建设和平的行动者。狭义建设和平的行动者主要是联合国系统内部的各部门，具体而言包括多维维和行动特派团、政治特派团和国家工作队。多维维和行动特派团由军、警、民三大部门组成。政治特派团由民事人员和少量军、警维和人员组成。联合国国家工作队由联合国各专门机构在东道国的分支机构组成，包括联合国开发计划署（UNDP）、联合国粮农组织（FAO）、联合国难民署（UNHCR）、联合国儿基会（UNICEF）和联合国教科文组织（UNESCO）等。世界银行和国际货币基金组织这两个布雷顿森林国际金融机构，在建设和平事务上与联合国存在协作关系，也可以被看作是联合国建设和平的行动者。

为协调和统合国际上的建设和平工作，2005 年 12 月，联合国大会和安理会同时通过决议，决定建立建设和平架构（Peacebuilding Architecture），下设建设和平委员会、建设和平支助办公室和建设和平基金。建设和平架构的建立标志着联合国正式将建设和平工作制度化，确保了建设和平行动有了政策咨询平台、行动协调机构和资金保障。2019 年联合国重组了和平与安全架构，将政治特派团的工作从政治事务部剥离，与原维和行动部合并组成和平行动部。并且，秘书长将为每一个联合国国家工作队任命一名专任协调员（coordinator），而不再是由联合国开发计划署的代表负责。

广义建设和平的行动者既包括狭义建设和平的行动者，而更多的则是联合国建设和平架构之外的各方行动者。在广义的建设和平架构内，按照建设和平行动者身份的不同，可以划分为内部行动者（internal actors）和外部行动者（external actors）。内部行动者是本土行动者，指的是建设和平行动任务区东道国内参与建设和平的各方，包括政府、政党、公民社会、私营部门甚至个人。外部行动者，也称为国际行动者，包括国际性和地区性的政府间组织和机构、外国政府、国际私营部门和国际非政府组织等。①

按照与东道国的关系不同，可以将建设和平的外部行动者进一步划分为多边行动者（multilateral actors）和双边行动者（bilateral actors）。国际性和地区性的政府间组织和机构按照多边框架与东道国打交道时，是典型的多边行动者。一国政府作为独立的建设和平行动者与东道国打交道时，是典型的双边行动者。但是一国政府在参与东道国的建设和平行动时往往具有双重身份。以中国为例，既参与了联合国框架内的建设和平行动，是联合国这个多边行动者的一部分，又通过各种基于双边协议的援助项目和经济活动为东道国的建设和平做出

① Cedric de Coning, "Complexity, Peacebuilding and Coherence: Implications of Complexity for the Peacebuilding Coherence Dilemma", PhD dissertation, Stellenbosch University, December 1, 2012, p. 3.

贡献，是一个双边行动者。

立足广义建设和平，不难发现长期以来学术界对建设和平的认识存在两个误区。一个是对建设和平国际行动者的认识局限于联合国和西方行动者（包括西方主导的国际组织、主要西方援助国以及西方国家内的非政府组织），忽视了非西方行动者的作用。然而，在建设和平的实践中，非西方建设和平国际行动者不但从来就没有缺位，而且随着它们在国际体系中地位日益上升，在建设和平事务中扮演着越来越重要的作用。以非盟和美洲国家组织为代表的非西方区域组织，以及以金砖国家为代表的新兴国家，都已经成为重要的建设和平国际行动者。本书第四章将深入论述，从总体上看，联合国和西方国际行动者与非西方国际行动者在对和平的理解以及开展建设和平的方法等方面都存在差异。这样的差异也是本书案例研究的出发点。西方行动者和非西方行动者在遭受冲突影响的国家参与建设和平时，传播的是不同的和平规范。在当前的国际规范体系中，这些不同的和平规范中的一部分来自由西方主导的中心规范体系，其他的则来自非西方世界的边缘规范体系。

学术界对建设和平的另一个认识误区，是认为只有外部行动者/国际行动者援助性质的行为才是建设和平行为。本书由于是从广义的视角研究建设和平，所以将国际行动者所有有利于东道国建设持久和平的政治经济行为，都看作建设和平行为。考虑到许多建设和平东道国经济发展落后而亟须国际投资和建设支持，一些外国政府和企业冒着安全风险参与东道国的经济建设，对于建设和平更具有非常重要的意义。

结　语

本章从国际冲突管理和联合国和平行动等角度认识建设和平及其面临的挑战。论述了建设和平的概念内涵、行动任务和行动者，明确了本书研究的是广义建设和平，也就是在全球安全治理这一整体框架中的建设和平。建设和平是全球安全治理的重要实践场域。从实践的角度认识建设和平，最重要的是了解开展建设和平的方法，或者说是影响建设和平行为的规范。不同的建设和平行动者对建设和平这一国际政治概念有不同的认识，会根据自身的判断和利益需求确定建设和平任务，并按照不同的规范开展建设和平行动。在建设和平实践场域中，不同的建设和平规范相遇并发生竞争性互动，会对建设和平的结果产生影响。这就是规范竞争。要深入探讨建设和平中的规范竞争，首先需要弄清楚这几个问题：长期以来全球范围内的建设和平建设了什么样的和平？秉持了什么样的价值理念？现有的相关工作还存在哪些不足？第四章将要尝试回答这些问题。

第四章　西方霸权与自由和平

冷战结束后，现代西方文明的核心国美国确立了单极霸权地位。这个霸权表现为在权力、制度和文化三个领域的绝对优势。有鉴于此，尽管本书承认规范属于制度和文化的范畴，但是在研究规范时，并不局限于制度派或者规范派的分析框架，而是还部分认同权力派的观点，即承认权力对规范的影响。所以，本章和第五章在分析具体的和平规范时，将深入分析推动和平规范生成和传播的权力因素。在后冷战时期，国际建设和平实践的主要是西方自由民主价值理念，传播了一个被称作自由和平的规范。本书认为，要认识自由和平，首先需要认识它的身份，也就是 15—16 世纪以来西方在全球政治中建立起来的制度霸权的一部分。西方制度霸权起源于西欧和北美的地区文明实践。在近代以来的世界历史进程中，西方地区文明实践在权力优势的护持下上升为在国际制度体系中的霸权。自由和平承载着西方普世主义价值理念，主导了建设和平的话语和实践。本章将首先讨论西方霸权与自由和平之间的逻辑关系，然后再深入分析这个和平规范的内涵，以及学术界对它的批判。

第一节　西方霸权

一　霸权的含义

霸权指的是在某一个历史时期一个国家或者国家集团在国际格局

中拥有的压倒性优势地位。霸权的根本表现，是霸权国能够按照自己的意志影响国际政治的结果。在传统的理解中，霸权通常指的是在物质实力特别是军事实力方面的优势。例如，冷战时期美苏争霸，较劲的重点是军事实力，比的是核武器和导弹的质量和数量，以及在太空的优势。然而，物质实力占优仅仅是霸权得以确立并且维持的条件之一。国际关系理论的三大主流学派，分别强调了权力、制度和文化在影响国际行为上的重要作用。霸权国之所以能够主导国际事务，它的优势必然是全面、综合的，具体表现为三个层面：权力霸权、制度霸权和文化霸权。① 根据约瑟夫·奈等人的研究，权力可以划分为以物质实力为基础的硬实力（hard power）、以制度和文化为基础的软实力（soft power）以及通过有效战略将硬实力和软实力结合起来发挥作用的巧实力（smart power）。② 可见，权力是多维的，霸权也是全方位的。在霸权的三个层面上，文化霸权是最高形式。秦亚青教授指出："文化霸权通过主导世界文化结构、确立以霸权国价值观念为基本观念体系来实现对霸权体系的维持和巩固。"③

二 西方霸权的形成

"西方"是一个充满争议的概念，在不同的语境中有不同的维度。在地理上，它主要是指西欧和北美国家（欧美国家）；在意识形态上，它指的是在冷战时期与苏联领导的社会主义阵营对立的欧美资本主义国家；在文明渊源上，它指的是最早经历了现代化的欧美国家。本书研究当代国际关系中的规范问题，将规范看作文明实践的成果，所以对西方的认识侧重于文明和文化的维度。在后冷战时期世界政治舞台上，依然存在以文明、文化和意识形态等身份标识划分的格局。由于冷战时期建立起的一些联盟机制依然存在，来自北美、西欧和大

---

① 秦亚青：《制度霸权与合作治理》，《现代国际关系》2002 年第 7 期。
② Joseph S. Nye, Jr., *The Future of Power*, New York：Public Affairs, 2011, pp. 8 – 24.
③ 秦亚青：《制度霸权与合作治理》，《现代国际关系》2002 年第 7 期。

洋洲等地区的发达国家还是自觉或者不自觉地站队。亨廷顿认为，文明是放大了的文化，是文化的实体形式。① 为方便论述，除非特别说明，本书所言文明与文化指同一事物。

西方文明是人类历史上最先走上现代化道路的文明。在现代化进程上的先发优势使得西方迅速崛起并在实力上超越其他文明。现代化表现在物质和精神两个层面。西方崛起首先发端于精神层面。马克斯·韦伯认为，近代以来西方文明取得超越其他文明成就的原因，最远可以追溯到古希腊文明。韦伯指出，唯有西方世界曾经出现朝着具有普遍性意义及价值方向发展的某些文化现象；而其他文明，如印度、中国、巴比伦与埃及在这方面都显得逊色。② 但是，西方真正意义上的崛起始于文艺复兴时期。文艺复兴打破了中世纪期间套在人身上的精神枷锁，让人在精神上得到了解放。宗教被改革，教义被重新阐释，人取代神成为自己命运的主宰，并成为历史的主角。伴随人在精神层面获得解放的，是人的主动性和能动性由此得到释放，创造力爆发和生产力巨大提高。韦伯认为，基督教清教徒强调节俭和勤劳，激发了早期的科学和资本主义精神。③

需要从过程或者历史的视角认识西方文明。经历现代化的西方文明已经脱胎换骨，而不再是以前的那个西方文明。诺贝特·伊利亚斯对西方国家世俗上层行为变化的研究，④ 以及米歇尔·福柯关于西方社会在中世纪愚昧和荒谬行为规范的描述，⑤ 都说明西方文明在现代化进程中获得了进化。可以说，西方文明开启了现代化，而现代化又

---

① ［美］塞缪尔·亨廷顿：《文明的冲突与世界秩序重建》，周琪、刘绯等译，新华出版社 2010 年版，第 19—24 页。

② ［德］马克斯·韦伯：《新教伦理与资本主义精神》，康乐、简惠美译，广西师范大学出版社 2007 年版，第 1—16 页。

③ 同上书，第 51 页。

④ ［德］诺贝特·伊利亚斯：《文明的进程》，王佩丽、袁志英译，上海译文出版社 2009 年版，第 130—131 页。

⑤ ［法］米歇尔·福柯：《疯癫与文明》，刘北成、杨远婴译，生活·读书·新知三联书店 2007 年版，第 110—147 页。

重塑了西方文明。从 15 世纪开始，西方文明在整个人类文明的现代化进程中起到了引领作用。两次世界大战并没有改变西方文明霸权的格局，只是在西方文明之内促成了权力中心从西欧转移到北美。

三 西方霸权的表现

冷战结束后，人类社会进入一个全新的时代。随着东亚一些国家和地区现代化进程快速而稳定地推进，特别是日本和中国两个大国先后在经济上实现崛起，一些人相信全球权力的中心已经开始向东方转移，国际格局多极化的趋势日益明显。历史学家尼尔·弗格森认为，20 世纪见证了西方的衰落和东方的复兴。[①] 一些权力派学者更是认为美国不得不面对与中国的霸权争夺甚至是战争。[②] 西方保守派智库炒作"中国威胁论"命题，描述了一幅幅有关中国崛起、西方衰落的悲观图景。

随着以中国为代表的新兴国家崛起，特别是自 2008 年金融危机以来，西方在物质实力方面的相对优势有所减弱。尽管如此，但是就绝对实力而言，西方仍然占有巨大优势。也就是说，当前的世界仍然是以美国为首的西方称霸的局面。见图 4-1 所示，2018 年全球国内生产总值排名前十位的国家中，西方大国占据了其中一半，有美国、德国、英国、法国和意大利。而且最为重要的是美国以压倒性的优势占据着榜首的位置。

西方在物质实力领域的优势，还可以通过对比世界上第一大经济体美国和第二大经济体中国的情况得到体现。2010 年中国在国内生产总值上超过日本，成为世界第二大经济体。但是，作为最有可能赶超霸权国美国的崛起大国，中国的物质实力还远远落后于美国。见表 4-1 所示，从 2018 年经济总量和军费开支数据来看，中国的国内生

---

① Niall Ferguson, "In China's Orbit", *The Wall Street Journal*, November 18, 2010.

② ［美］约翰·米尔斯海默：《大国政治的悲剧》，王义桅等译，上海人民出版社 2003 年版，第 542 页。

产总值只有美国的 66.4%；若按人均计算，则只有美国的 15.6%；中国的军费开支只有美国的 26.1%。

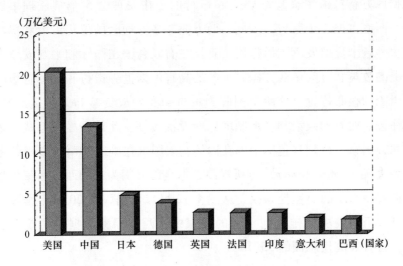

图 4 - 1　2018 年国内生产总值排名前十位国家

资料来源：本书笔者根据世界银行（www. worldbank. com）资料制作。

表 4 - 1　　　　　　　　　**2018 年中美两国硬实力对比**

	美国	中国	中国占美国的比重（%）
国内生产总值（万亿美元）	20. 492	13. 608	66. 4
人均国内生产总值（美元）	62641	9771	15. 6
军费开支（亿美元）	6433	1682	26. 1

资料来源：本书笔者根据世界银行（www. worldbank. com）和美国中央情报局（www. cia. gov）资料制作。

在国际制度领域，西方同样占有绝对优势。正如基辛格指出，近代国际体制是以英美制度为基础的。[①] 王逸舟教授也指出，后冷战时期西方霸权的实质是制度霸权，是一种以制度规范和国际规则为约束

---

① ［美］亨利·基辛格：《论中国》，胡利平等译，中信出版社 2013 年版，第 39 页。

建立起来的、在内部存在明显等级和层次的西方霸权。[①] 在众多全球性国际组织中，包括联合国、世界银行和国际货币基金组织等，都是根据西方新自由主义理念建立和运行的。在安理会5个常任理事国中，西方占据3个席位，因此，西方能够在安理会的议程设置和决议表决等各个环节发挥主导作用，直接左右联合国在国际和平与安全事务上的政策和行为。西方国家推荐的高官占据世界银行和国际货币基金组织的核心位置，这两个国际金融机构在发放贷款和开展援助时，往往按照西方的政治和经济制度标准设置条件。此外，尽管近些年来非西方国家，特别是包括中国在内的新兴国家在国际货币基金组织中的表决权（voting power）有所提高，但是以美国为首的西方国家仍然掌握着该组织的议程控制权。从图4－2可以看出，在2018年国际货币基金组织表决权排名前十位的国家中，西方国家占据多达6个席位，占有表决权总额的35.14%。

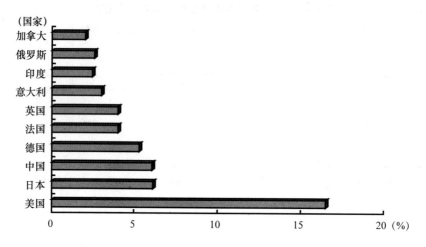

图4－2 2018年国际货币基金组织投票权前十位国家

资料来源：本书笔者根据世界银行（www.worldbank.com）资料制作。

---

① 王逸舟：《西方国际政治学：历史与理论》，中国社会科学出版社2007年版，第348页。

西方还在国际政治的文化层面享有霸权地位。在无政府世界的国际政治生态中，霸权倡导的文化既具有吸引力，也具有强制力。西方自冷战结束以来毫不掩饰地在全世界范围内传播自由民主规范，一方面利用了自由民主价值本身存在的一定合理性，另一方面更是倚仗了在权力上的优势。西方文化霸权的重要表现之一，是以物质霸权和制度霸权为依托，向世界上的其他地方传播普世主义的价值和文化。正如一位西方学者指出："霸权将战后的重建进程当作维护和拓展有利于自己的原则、安全和繁荣的国际秩序。"[1]

第二节　西方文明与普世主义

在人类历史上还没有任何一个文明像西方文明那样，一旦成为霸权文明之后，便迫不及待地向其他文明和社会传播自己的制度和文化。这种使命感式的行为反映了一种布道式的政治文化，也就是普世主义。普世主义的出发点是"西方中心论"。普世主义有各种具体的表现形式，其中最具有代表性的是一元现代性理论。该理论所言的现代化，指的在包括工业化、城市化、识字率、教育水平、富裕程度和社会动员程度等诸多领域的提高或者进步。[2] 国家行政学院竹立家教授认为："'西方中心论'一直是这个文明世界的'基本叙事结构'。他们掌握着'意识形态霸权'，主导着文明世界的'核心话语'，挟持技术、政治、经济、文化和军事优势掌控世界性'文明议题'。"[3]

"普世文明"往往被它的倡导者认为是西方自 18 世纪以来持续进行的现代化进程的结果。亨廷顿认为，普世文明的观点暗示着人类在文化上正在趋同，全世界各民族正日益接受共同的价值观、信仰、方

---

[1] Tim Jacoby, "Hegemony, Modernisation and Post-War Reconstruction", *Global Society*, Vol. 21, No. 4, 2007.

[2] ［美］塞缪尔·亨廷顿：《文明的冲突与世界秩序重建》，周琪、刘绯等译，新华出版社 2010 年版，第 47 页。

[3] 竹立家：《2012 年中国话语权能崛起吗?》，《人民论坛》2012 年第 1 期。

向、实践和体制。① 他进一步指出，在所有的文明之中，唯独西方文明对其他文明产生过重大的、有时是压倒一切的影响。因此，西方的力量和文化与所有其他文明的力量和文化之间的关系就成为文明世界最为普遍的特征。② 西方是开启并最早完成现代化的人类文明实践场域。现代化是精神层面的启蒙运动和物质层面的工业革命共同推动而必然出现的结果。西方在现代化方面取得先发优势之后，便开始以宗教救赎式的精神向世界上其他地方推行自己的实践经验，一元现代性由此产生。一元现代性的本质，就是将现代化等同于西方化，将现代文明与西方文明等同，认为现代社会一定接近于一种单一的类型，即西方类型。③

一元现代性招致了批判之声。其中，亨廷顿的批判最为深刻。亨廷顿驳斥了一元现代性将现代文明与西方文明等同的假设，认为这是完全虚假的同一。西方文明出现在 8—9 世纪，其独有的特征在以后的历史进程中得到了发展，但是它直到 17—18 世纪才开始走上现代化。或者说，西方远在现代化之前就是西方，使得西方区别于其他文明的主要特征实际上产生于西方现代化之前。④ 亨廷顿指出，从人类社会在近代以来的发展历史可以看出，西方化并非是现代化的前提条件，所以现代化并不等同于西方化。自 20 世纪五六十年代以来，东亚一些国家和地区飞速实现了现代化。这些国家和地区在开启现代化之时并没有首先进行西方化，而且也并没有全盘接受西方的自由民主制度。非西方社会在没有放弃它们自身的文化和全盘采用西方价值观、体制和实践的前提下，能够实现并已经实现了现代化。⑤

---

① ［美］塞缪尔·亨廷顿：《文明的冲突与世界秩序重建》，周琪、刘绯等译，新华出版社 2010 年版，第 35 页。

② 同上书，第 43 页。

③ ［以］斯缪尔·艾因斯达特：《反思现代性》，旷新年、王爱松译，生活·读书·新知三联书店 2006 年版，第 47 页。

④ ［美］塞缪尔·亨廷顿：《文明的冲突与世界秩序重建》，周琪、刘绯等译，新华出版社 2010 年版，第 48—49 页。

⑤ 同上书，第 57 页。

以色列政治学者斯缪尔·艾因斯达特在批判了"一元现代性"理论的基础上，提出了"多元现代性"的思想。艾因斯达特指出，一元现代性的理论思想，与包括马克思、涂尔干和韦伯在内的西方主流社会学思想相左。① 这种理论假设的本质，是相信现代欧洲发展起来的现代文化方案和那里出现的基本制度格局，将最终被所有正在现代化的社会和现代社会全盘接受。② 从艾因斯达特的批判中不难发现，英国学派的国际社会理论实际上也体现了一元现代性的思想理念。秦亚青教授指出，英国学派提出国际社会的概念固然值得肯定，但是它存在的不足是将国际社会等同于欧洲国际社会，将国际社会设定为一个固定的实体，将欧洲国际社会的特征看作国际社会的一般特征和属性。③

随着冷战结束，在西方霸权的护持下，承载西方文化和价值理念的普世主义加快了传播步伐。正如亨廷顿指出：

> 共产主义［在苏联和东欧］的崩溃使西方人更加相信其自由民主思想取得了全球性胜利，因而它是普遍适用的……西方，特别是一贯富有使命感的美国，认为非西方国家的人民应当认同西方的民主、自由市场、权力有限的政府、人权、个人主义和法制等价值观念，并将这些价值观念纳入他们的价值体制。

在普世主义的包装下，自由主义价值观通过各种国际制度和国际规范向外传播。苏珊娜·坎贝尔等人指出，随着冷战结束，国际关系翻开了一个新的自由主义篇章；它立足于这样一个共识，即民主、法制和市场经济将在经历战乱或者处于转型期的国家和社会，以及在更

---

① ［以］斯缪尔·艾因斯达特：《反思现代性》，旷新年、王爱松译，生活·读书·新知三联书店 2006 年版，第 36 页。
② 同上书，第 37 页。
③ 秦亚青：《关系与过程：中国国际关系理论的文化建构》，上海人民出版社 2012 年版，第 85 页。

大范围内的国际社会创造持久和平。① 在西方主导的诸多自由主义规范中，一个称作自由和平的规范对冷战结束以来的国际政治产生了重大影响。

第三节　西方的和平观：自由和平

和平是人类最朴素的追求。不同的文明由于在追求和平的道路上有着不同的实践，所以对实现和平的路径有不同的理解。或者说，不同的文明有不同的和平观。西方的和平观是自由和平。本节将首先分析自由和平的理论内涵，然后论述它在建设和平中的应用和传播，最后述评学术界对自由和平的批判。

一　自由和平的理论内涵

自由和平在字面上包含两个概念要素：自由与和平。要认识这个产生于西方文明实践场域的和平规范，首先需要了解植根于现代西方文明的自由主义思想以及西方政治文化中的和平理念。

现代西方文明的内核是自由主义。自由主义在早期表现为文艺复兴时期人文主义反抗宗教压迫的运动。不过，直到启蒙时代，它才逐渐开始有了切实的主张并以一种意识形态的面貌出现。不同历史时期的自由主义有不同的内容。目前对自由主义的历史划分主要有两种：一种是分为传统自由主义和现代自由主义，另一种是分为古典自由主义和新自由主义。

自由主义并不是一个从始至终单一不变的概念。在西方文明的发展过程中，多种形式的自由主义最终融合、演变成为在今天西方政治、经济和文化等领域中基本统一的自由主义价值体系。本书所论的自由和平中的"自由"是新自由主义。新自由主义首先是一种经济

---

① Susanna Campbell, David Chandler and Meera Sabaratnam, eds., *A Liberal Peace? The Problems and Practices of Peacebuilding*, London: Zed Books, 2011, p. 1.

学理论或者思潮。它产生于 20 世纪二三十年代，到 20 世纪 70 年代开始成为主导全球化发展进程的政治经济学理论。中国社会科学院"新自由主义研究"课题组在一份报告中指出："新自由主义极力主张经济领域的'自由化'、私有化和市场化，在政治上否定公有制和国家干预，并在战略和政策方面主张推行霸权国主导的全球化。"①它的兴起"反映了全球化时代资本主义由国家垄断向国际垄断发展的迫切需要"。②

自由主义在政治领域的突出表现是政治民主化。政治民主化主张减少政府对政治活动进行限制的政策，促进自由的政治交流，确立政治参与的权力，通过普选制选择政府首脑和议会。自由主义在经济领域的表现是市场经济。市场经济起源于英国前首相玛格丽特·撒切尔在 1979 年竞选声明中的一个挑战传统的想法，其后发展成为发达国家和发展中国家都竞相采用的一项重要的经济政策。这项政策的本质，是减少政府对经济行为的限制，实行"小政府、大市场、轻赋税"的"新自由主义改革"，以便促进经济交流，或者说是市场化。③

自由主义的倡导者还认为自由主义、战争与和平三者之间存在联系。④ 他们力图将国家经济和政治组织的类型与自由的结果之间扯上联系，认为这样的联系会对国家内外的行为产生影响：在国家内部，自由的经济和民主的国家允许个人表达他们的自由；在对外的国际关系中，自由的国家会回避侵略。⑤ 相关的争论主要围绕一个关于民主与和平的命题——"民主和平论"（democratic peace thesis）展开。这

---

① 中国社会科学院"新自由主义研究"课题组：《新自由主义研究》，《马克思主义研究》2003 年第 6 期。

② 同上。

③ Beth A. Simmons, Frank Dobbin, and Geoffrey Garrett, "Introduction: The International Diffusion of Liberalism", *International Organization*, Vol. 60, No. 4, Autumn 2006.

④ Roger Mac Ginty, *International Peacebuilding and Local Resistance: Hybrid Form of Peace*, New York: Palgrave Macmillan, 2011, pp. 25 – 37; David Roberts, *Liberal Peacebuilding and Global Governance: Beyond the Metropolis*, Abingdon: Routledge, 2011, pp. 10 – 11.

⑤ Roger Mac Ginty, *International Peacebuilding and Local Resistance: Hybrid Form of Peace*, New York: Palgrave Macmillan, 2011, p 27.

个命题的信奉者认为，拥有自由市场和民主政治的自由国家之间不打仗。

有关民主和平论的争论最早可以追溯到现代欧洲早期的一些政治哲学家，其中具有代表性的有伊曼纽尔·康德和业当·斯密。1795年，康德发表了《论永久和平》一书，论述了民主与和平之间的关系。康德指出，与非民主的国家相比，民主国家的民主宪法能够确保这些国家会采取相对和平的行为。[①] 对康德的这句"真言"的解读和求证，催生了民主和平论的命题。迈克尔·多伊尔等人认为，民主国家之间打仗的概率低，因为它们所共享的妥协与合作的规范能够阻止围绕某一个利益的冲突升级为暴力。[②] 鲁道夫·拉梅尔则进一步指出，实行民主制度的国家发生国内冲突的水平也是最低的。[③] 斯密较之于康德更进一步，在民主和平这一因果链上增加了经济自由化的变量，指出民主和经济自由化这两个因素与和平之间存在着相互依赖的关系。[④]

一些人对民主和平论持怀疑态度。罗杰·迈可·金逊指出，尽管如多伊尔所言自由的国家之间的确不打仗，但是这些国家却经常与他们认为是非自由的，甚至被冠以"无赖""失败"或者"邪恶"的国

---

① Thania Paffenholz, "Civil Society beyond Liberal Peace and Its Critique", in Susanna Campbell *et al.*, eds., *A Liberal Peace*?: *The Problems and Practices of Peacebuilding*, London and New York: Zed Books, 2011, p. 139.

② Michael Doyle, "Kant, Liberal Legacies, and Foreign Affairs", *Philosophy and Public Affairs*, Vol. 12, No. 3, Autumn 1983; Mel Small and J. David Singer, "The War Proneness of Democratic Regimes, 1816 – 1965", *Jerusalem Journal of International Relations*, Vol. 1, Summer 1976, quoted from Thania Paffenholz, "Civil Society beyond Liberal Peace and Its Critique", in Susanna Campbell *et al.*, eds., *A Liberal Peace? The Problems and Practices of Peacebuilding*, London and New York: Zed Books, 2011, p. 139。

③ Rudolph Rummel, *Power Kills*: *Democracy as a Method of Nonviolence*, New Brunswick: Transaction Books, 1997, p. 21.

④ Adam Smith, *An Inquiry into the Nature and Causes of the Wealth of Nations*: *A Selected Edition*, edited by Kathryn Sutherland, London: Oxford University Press, 1998, p. 35.

家发生冲突。① 尽管民主和平论引起了很大的争议，但是并没有影响这个理论得到政策界的呼应。第一次世界大战后，有着理想主义情怀的美国第 28 任总统伍德罗·威尔逊试图推动美国建立一种基于自由民主的国际和平秩序。威尔逊总统指出，民主能够让理智战胜冲动，自由主义是通往国际国内政治和平与安全的钥匙。他认为要在战后欧洲建立持久和平，唯一的出路是欧洲不同的民族国家都采用自由民主制度。② 冷战时期，在超级大国对抗的残酷背景下，世界被划分为"自由世界"和"共产主义世界"两个阵营。在很长的一段时间里，民主和平论淡出了国际政治政策层面的话语圈，以美国为首的西方国家并没有把输出自由民主的政治制度作为重要的对外政策。相反，许多实行非民主政治制度的国家得到了美国及其西方盟国的支持，维持了国内稳定。

　　随着冷战结束，民主和平论再次兴起。福山提出历史终结论的命题，将自由民主制度奉为人类意识形态发展的终点和人类最后一种统治形式。③ 福山认为，冷战结束标志着共产主义的终结和西方资本主义的全面胜利，表明历史只有一条道路，即市场经济和民主政治的自由民主制度。④ 与民主和平论的命运一样，历史终结论尽管在学术界引起了很大的争议，但是却得到了政策界的青睐。1993 年，民主党人比尔·克林顿出任美国总统后，提出在全球范围内推行市场民主的"扩展与参与"战略，民主和平的理念正式开始成为以美国为首的西

---

　　① Roger Mac Ginty, *International Peacebuilding and Local Resistance*: *Hybrid Form of Peace*, New York: Palgrave Macmillan, 2011, p. 27.

　　② Woodrow Wilson, 1968, "The Modern Democratic State", in Arthur S. Link, ed., *The Papers of Woodrow Wilson*, Vol. 5, Princeton: Princeton University Press, quoted from Roland Paris, *At War's End*: *Building Peace after Civil Conflict*, New York: Cambridge University Press, 2004, p. 7.

　　③ Francis Fukuyama, "The End of History?" *The National Interest*, Vol. 16, No. 2, Summer 1989.

　　④ ［美］弗朗西斯·福山：《历史的终结及最后之人》，黄胜强、许铭原译，中国社会科学出版社 2003 年版，第 382 页。

方国家进行国际干预的工具。①

在建设和平领域，这样的影响具体表现为一个被称作自由和平的和平规范主导了建设和平的话语和实践。自由和平式建设和平理念的出发点，是一系列带有理想主义和意识形态特征的假定或者愿望。这些假定和愿望植根于西方文明的经验和实践以及西方在制度和文化上的优越感，并且随着冷战结束而被历史终结论式的胜利感觉再确认和强化。正如帕里斯指出："毫无例外的是，后冷战时期建设和平特派团总是企图将自由民主的核心'移植'到边缘地带东道国的内部事务当中。"②

帕里斯是第一位研究自由和平式建设和平的学者。他在 2004 年出版的《战争结束之后：国内冲突后的建设和平》一书中指出，尽管 1989—1999 年开展的 14 项建设和平行动在许多方面存在区别，但它们都有一个惊人的相似之处，即都通过自由和平寻求尽快将遭受战火摧毁的国家转变成为"自由市场民主"国家。帕里斯认为，自由和平包含了一个假设：通过政治和市场的自由化就可以实现自我维系的和平。自由和平的具体实践方法是：在政治上倡导普选式民主，强调法治、人权和公民社会建设；在经济上推行市场经济模式。③ 有关自由和平的定义有很多。里士满论述了欧洲启蒙运动以来出现的四种关于和平的话语：胜利者的和平、制度和平（institutional peace）、宪政和平（constitutional peace）和公民和平（civil peace），认为自由和平是这四种和平的混合物。④ 里士满指出，自由和平是由良政、民主

---

① Bill Clinton，"Confronting the Challenges of a Broader World"，from *U. S. Department of State Dispatch*，Vol. 4，No. 39，September 27，1993，转引自［美］亨利·基辛格《论中国》，胡利平等译，中信出版社 2013 年版，第 452 页。

② Roland Paris，"International Peacebuilding and the 'Mission Civilisatrice'"，*Review of International Studies*，Vol. 28，Issue 4，2002.

③ Roland Paris，*At War's End：Building Peace after Civil Conflict*，New York：Cambridge University Press，2004，p. 5.

④ Oliver P. Richmond，*The Transformation to Peace*，New York：Palgrave Macmillan，2005，p. 25.

选举、人权、法制和市场关系诸多要素构成的一个规范性框架。① 竞争型多党制选举民主是自由和平的核心主张之一。大卫·罗伯茨指出自由和平的倡导者坚信选举民主：

> 选举是国家政府在国内和国际两个层面合法性的源泉；自由的制度提供了最有利于发展的社会组织手段，将有助于绝大多数人尽享和平与繁荣。而且，民主是一个在本质上可以输出的理念；它内在道德与品质，以及它对所有其他政治制度取得的胜利和优势，意味着它将被冲突后国家的社会所采纳。民主限制国家的权力，赋予个人以权力并保护他们，而与此同时提供法制，让自由市场为所有人创造繁荣。②

但是，更多人接受了帕里斯的简约定义。帕里斯深入分析了自由和平的内涵并指出：

> 在政治领域，自由化意味着民主化（democratization），或者推行定期的和真实的选举，依据宪法限制政府的权力，尊重基本公民自由，包括言论和集会自由，以及良知。在经济领域，自由化意味着市场化（marketization），或者朝着以市场为中心的经济模式发展。这个模式包括旨在降低政府干预经济的措施，以及最大限度地保障私人投资者、生产者以及消费者追求他们各自经济利益的自由。③

---

① Oliver P. Richmond, *The Transformation to Peace*, New York: Palgrave Macmillan, 2005, p. 25.

② David Roberts, *Liberal Peacebuilding and Global Governance: Beyond the Metropolis*, Abingdon: Routledge, 2011, p. 18.

③ Ibid., p. 5.

二　自由和平的传播

在后冷战时期的国际权势背景下，自由主义的民主和平思想深刻地影响了国际政治实践。民主化浪潮的实质，是以美国为首的西方国家在全球范围内推行西方标准的自由民主价值观。① 这种行为的主要目的之一，是突破威斯特伐利亚规范有关主权和不干涉内政等原则的制约，开展深层次干预。和平成为最好的借口，冲突后国家成为首选目标。自从在纳米比亚、莫桑比克和柬埔寨等地实践之后，帮助东道国举行选举就逐渐成为联合国维和行动最为重要的任务之一。而与之并行的，是西方援助国通过政府开发援助，以及世界银行和国际货币基金组织等国际金融机构在维和行动任务区东道国推行市场经济制度。

自由和平主要通过民主化浪潮在全球范围内传播。根据亨廷顿在《第三波——20 世纪后期民主化浪潮》一书中的观点，近现代以来世界经历了三波民主化浪潮。② 第一波起源于美国革命和法国革命，发生在 19 世纪初期到 20 世纪初期的大约一个世纪里，这一时期有 30 多个国家建立了民主制度。第二波发生在第二次世界大战后期到 20 世纪 60 年代初期，50 多个国家建立了民主制度，其中大多数是新独立的殖民地国家。第三波开始于 20 世纪 70 年代葡萄牙在弗朗哥独裁政权垮台后逐渐实行民主制。20 世纪 80 年代拉丁美洲国家和东亚一些国家开始实行民主制度，特别是随着东欧剧变和苏联的瓦解，一大批国家实行了民主制度，第三波民主化浪潮达到高潮。

与前两波不同的是，第三波民主化浪潮席卷了一些根本没有任何自由化和民主化经验的国家和地区。特别是由于从 80 年代新自由主

---

① Samuel P. Huntington, *The Third Wave: Democratization in the Late Twentieth Century*, Oklahoma: University of Oklahoma Press, 1993.

② ［美］塞缪尔·亨廷顿：《第三波——20 世纪后期的民主化浪潮》，刘军宁译，上海三联书店 1998 年版，第 15 页。

义市场经济理念开始盛行，政治制度民主化夹带了新自由主义市场化的任务，一大波国家在一夜之间走上市场民主的自由和平道路。正是在这样的时代背景下，建设和平成了全球安全治理的重要手段。向冲突后国家或者有潜在冲突危机的国家传播自由和平，成了建设和平的核心任务。

自由和平的传播者众多，包括一些实行了民主制度的国家、国际组织、非政府组织和个人。西方国家及其主导的国际组织和国际金融机构，以及受西方国家和社会支持的非政府组织，是传播自由和平的主要力量。为双边和多边援助设置附加政治条件，要求受援国进行政治和经济制度改革，是西方国家及其主导的国际组织和国际金融机构传播自由和平的常见手段。世界银行和国际货币基金组织在向包括冲突后国家在内的广大发展中国家提供援助时，动辄设置几十甚至几百项附加政治条件。作为全球性的政府间国际组织，联合国是自由和平最重要的传播者。特别是冷战结束后联合国通过多维维和行动深度参与一些国家内部的冲突管理，帮助东道国建设自由民主的国家制度一直被当作和平行动的核心任务。

三 自由和平的批判

如前文所述，建设和平的话语及实践的兴起始于冷战结束后，因而深深地打上了西方价值和文化的烙印。如果说在 20 世纪 90 年代初关于建设和平理念和方法的论争还能够包容一些西方之外的声音，那么进入 21 世纪之后，国际学术界关于建设和平的论争就已经局限于一种理念或者规范——自由和平。[①] 有一些学者认为，有关自由和平的批判开始于学术界对美国在伊拉克和阿富汗的建设和平事业所遭受挫折的反思。事实上，1994 年发生在卢旺达的种族屠杀，以及 1998 年发生在印度尼西亚针对华人的暴力骚乱，已经促使一些学者思考有

① 参见 David Roberts, *Liberal Peacebuilding and Global Governance：Beyond the Metropolis*, Abingdon：Routledge, 2011, p. 11。

关民主和市场的结合对转型国家的影响。2003 年，美国耶鲁大学华裔法学教授蔡美儿发表著作《燃烧的世界：自由市场民主的输出滋养了种族仇视和全球动荡》，指出在许多发展中国家发生的种族间暴力冲突，是美国推行民主政治制度和市场经济制度的结果。主要原因，是自由的市场经济导致财富集中在少数族裔手里，而自由民主的政治制度（选举）让权力落入多数族裔手里。财富与权力分配不协调是种族间暴力冲突的根本原因。[1]

帕里斯指出，市场民主并非医治国内冲突的灵丹妙药。相反，政治和经济自由化进程具有内在的无序性：它会加剧社会紧张，并破坏在刚刚经历内战国家的脆弱条件下建立稳定和平的前景。[2] 帕里斯的研究引发了西方学术界围绕自由和平的批判性研究。[3] 一些人指出，造成重新陷入冲突的最大风险往往是冲突后的选举。[4] 有人质疑自由和平已经成了建设和平的目的而不是手段。罗伯特·罗斯斯泰因指出，该给这样的想法泼泼冷水了：通过制造一些贫穷、脆弱和潜在的不稳定民主国家，也能给（西方）带来好处特别是短期的好处。罗

---

① Amy Chua, *World on Fire*: *How Free Market Democracy Breeds Ethnic Hatred and Global Instability*, New York: Doubleday, 2003, pp. 6 – 7.

② Roland Paris, *At War's End*: *Building Peace after Civil Conflict*, New York: Cambridge University Press, 2004, p. 4.

③ 有关自由和平的批判及论述"虚幻和平"的文献参见 Mohamed Salih, "A Critique of the Political Economy of the Liberal Peace: Elements of an African Experience", in Edward Newman *et al.*, eds., *Perspectives on Liberal Peacebuilding*, Edinburgh: Edinburgh University Press, 2009; Oliver Richmond and Jason Franks, *Liberal Peace Transitions*: *Between Statebuilding and Peacebuilding*, Edinburgh: Edinburgh University Press, 2009; Roger Mac Ginty and Oliver Richmond, *The Liberal Peace and Post-War Reconstruction*: *Myth or Reality?* London: Routledge, 2009; Oliver P. Richmond, *The Transformation of Peace*, New York: Palgrave MacMillan, 2006; Susanna Campbell *et al.*, eds., *A Liberal Peace? The Problems and Practices of Peacebuilding*, London: Zed Books, 2011。

④ 转引自联合国《保持和平的挑战：联合国建设和平架构审查专家咨询小组的报告》，联合国大会文件 A/68/968, 2015; Dawn Brancati and Jack L. Snyder, "Time to Kill: the Impact of Election Timing on Post-conflict Stability", *Journal of Conflict Resolution*, Vol. 57, No. 5, 2013; Marco Pfister and Jan Rosser, *What Makes for Peaceful Post-Conflict Election?* Swisspeace Working Paper, February 2013。

斯斯泰因认为，民主不是目的，而仅仅是实现其他目标的一种手段。民主不是包治百病的良药，它不能独自解决深远的国内问题。

一些人认为自由和平式建设和平的任务重心并非是建设持久和平赖以存在的基础，而是建立国家（statebuilding），建立起韦伯式的现代国家（Weberian state）。里士满和贾森·弗兰克斯认为，建立国家关注的重点在于政治、经济和安全架构，最终的结果是建成一个拥有领土和主权的新自由主义国家；而建设和平关注的是个人的需要和权利、可持续的社区以及一个能够自我维系并且具有合理代表性的政府。二者之间的妥协达成了自由主义建设和平这一议程。① 里士满和弗兰克斯还进一步指出，尽管在联合国系统和国际社会中的许多人原本是奔着建设和平而来，但是在实际操作过程中，自由主义建设和平的议程偏向了建立国家，建设和平仅仅是被当作一个框架利用，以便使得这样的偏离取得合法性。②

《建设和平架构咨询小组报告》指出，在过去二三十年里，建设和平已经落入了一种模式：首先，通过调解等建立和平手段努力促成一项和平协议；在此之后，是一段有限的过渡期，常常伴有临时的权力分享安排和（或）某种形式的全国对话进程，有时还会起草并通过一部新宪法；最后，举行全国范围的民主选举，联合国和国际社会为大选提供后勤保障。③ 然而，这种模板化的建设和平实际上不过是从制度上帮助东道国建立起了国家。

建立国家以建设和平的面貌出现并成为后冷战时期联合国多维维和行动的中心任务，导致一个最明显的结果是国家制度建设几乎绑架了多维维和行动甚至整个建设和平。换句话说，长期以来建设和平在本质上是建设西方标准的自由民主国家，偏离了加尔通式的和平轨

---

① Oliver Richmond and Jason Franks, *Liberal Peace Transitions*: *Between Statebuilding and Peacebuilding*, Edinburgh: Edinburgh University Press, 2009, p. 182.

② Ibid., p. 1.

③ 联合国:《保持和平的挑战：联合国建设和平架构审查专家咨询小组的报告》，联合国大会文件 A/68/968，2015 年。

道，直接后果是不但违背了"消除冲突根源、建设持久和平"的初衷，制造了"虚幻和平"，而且没能从实质上促进人的安全保护。

大卫·钱德拉将20世纪90年代后期以来针对自由和平的批判分为两类：一类是激进的、基于权力的（power-based）批判；另一类是以政策为中心的基于理念的（ideas-based）批判。钱德拉认为，前一种方法将自由和平的话语看作工具性质的，认为有关自由、市场和民主的言辞掩盖的是西方的私利。西方其实根本就不在乎别的社会的安全和自由。而后一种方法并不否定自由和平本身，而是直接批判有关自由主义政策的普适性假设，质疑的是西方干涉主义，认为通过自由主义的政策对一些经历冲突的国家和社会进行干预的做法是行不通的。① 自由和平之所以盛行，还有一个原因是线性进步理论。福山指出，国家形成（state formation）的线性理论是西方哲学和政治理论中的主导理论，在西方的政治身份和世界观中根深蒂固。② 里士满和弗兰克斯指出，自由和平是一个西方的线性概念，它依赖于行为者沿着一个套路或者说预先确定（preordained）的路径，并最终达到得以解放的自由和平这个终极目标。③

坎贝尔等人指出，当前围绕自由和平的争论出现了批判声音（critical voices）和"解决问题者"（problem solvers）这样的两极分化：批判声音反对能够或者应当通过自由和平实现干预的假定；而解决问题者虽然研究当前建设和平与国家重建努力中存在的过失，但是并不质疑自由和平本身的内在价值。④ 前者具有代表性的有里士满和

---

① David Chandler, "The Uncritical Critique of 'Liberal Peace'", in Susanna Campbell *et al.*, eds., *A Liberal Peace? The Problems and Practices of Peacebuilding*, London and New York: Zed Books, 2011, pp. 176 – 177.

② Francis Fukuyama, *The Origins of Political Order: From Prehuman Times to the French Revolution*, New York: Farrar, Straus and Giroux, 2011, pp. 50 – 51.

③ Oliver Richmond and Jason Franks, *Liberal Peace Transitions: Between Statebuilding and Peacebuilding*, Edinburgh: Edinburgh University Press, 2009, p. 32.

④ Susanna Campbell, David Chandler and Meera Sabaratnam, eds., *A Liberal Peace? The Problems and Practices of Peacebuilding*, London and New York: Zed Books, 2011, p. 1.

金逊等，后者的代表是帕里斯和康宁等。正如帕里斯指出，自由和平在今天面临的挑战并不是被其他和平规范取代，而是如何在现有的（自由和平式）建设和平大框架内革新方式方法。[1]

有人在批判自由和平的同时，尝试寻找它的替代方法（alternative approach）。[2] 巴尼特提出了共和和平（republican peace）的方案，主张改变投票选举的单一方式，通过多种方法和形式实现代议制。巴尼特认为这样做既能够建立具有合法性的国家，又能够最大限度地减少各派之间的冲突。[3] 还有一些人提出了"解放式"（emancipation）建设和平的概念。[4] 但是也有人认为，就它们本质而言，这些概念或者主张拥抱的都还是自由主义价值，所以充其量是有利于自由和平的改良，而非不同于自由和平的替代方法。[5] 有的学者认为，没有更好的方法可以替代自由和平；像冷战时期那样通过支持政治强人建立威权主义政权（authoritarian regime）的方法也是行不通的；只有通过权力共享，或者存在通过不受操纵的政治进程获取权利的合理希望，才能够缓解再现暴力冲突的危险。自由和平唯一需要改变的是具体的施行方法。针对自由和平的改良，帕里斯提出了先制度化后自由化的方案。具体地讲，是市场民主的根本目标不变，变的是技巧，即在引入

---

[1] Roland Paris, "Saving Liberl Peacebuilding", *Review of International Studies*, Vol. 36, Issue 2, 2010.

[2] Micheal Barnett, "Building a Republican Peace：Stabilizing States after War", *International Security*, Vol. 30, No. 4, 2006. 关于自由和平替代方法研究的述评参见 Roland Paris, "Alternatives to Liberal Peace?" in Susanna Campbell *et al.*, eds., *A Liberal Peace? The Problems and Practices of Peacebuilding*, London and New York：Zed Books, 2011, pp. 159–173。

[3] Micheal Barnett, "Building a Republican Peace：Stabilizing States after War", *International Security*, Vol. 30, No. 4, 2006.

[4] Mark Duffield, *Development, Security and Unending War*, London：Polity, 2007, p. 31；Michael Pugh, "The Political Economy of Peacebuilding：A Critical Theory Perspective", *International Journal of Peace Studies*, Vol. 10, No. 2, 2005；Oliver p. Richmond, "Emancipatory Forms of Human Security and Liberal Peacebuilding", *International Journal*, Vol. 62, No. 3, 2007.

[5] Roland Paris, "Alternatives to Liberal Peace?" in Susanna Campbell *et al.*, eds., *A Liberal Peace? The Problems and Practices of Peacebuilding*, London and New York：Zed Books, 2011, pp. 161–162.

选举民主和市场调整政策之前，首先建立起有利于政治和经济制度生效的基础。①

然而，现有寻找替代和平规范的研究并没有跳出自由和平的局限，它们的思维仍然是对立、二分的，即认为任何非民主的和平规范都是不可以接受的，民主与自由是唯一的选择。这些寻找替代和平规范的研究存在两个不足：其一是对建设和平东道国的具体国情考虑不够；其二是局限于西方中心主义，以一种自我优越的态度看待其他文明和文化，否认西方以外其他文明实践也能够产生和平规范。正如本书第二章所述，规范是实践的产物。既然西方文明的实践孕育了自由和平，那么其他文明的实践也可能产生某种具有自在性和合理性的和平规范。如果一味地从西方中心主义的身份立场出发寻找自由和平的替代规范，找到的将仅仅是另一种西方规范。

结　语

本章论述了自由和平的渊源、传播及效果。规范生成于人类文明的实践。以西欧和北美为主要实践场域的西方文明得益于在现代化方面的先发优势，取得了在全球范围内的文明霸权。西方文明的内核是自由主义。受到西方中心主义和民主和平等政治文化理念的影响，源于自由主义的政治经济实践，在西方霸权的护持下上升为普世主义的规范在国际上传播。该规范包含一个理论假设：通过政治和市场的自由化就可以实现自我维系的和平。自由和平反映了西方文明的和平观，成了后冷战时期建设和平实践中的主导性规范。然而，自由和平模板化的和平路径让建设和平陷入了建设虚幻和平的困境。需要放眼全球，从其他文明的成功实践中寻找有助于改善建设和平效果的规范。

---

① Roland Paris, "Alternatives to Liberal Peace?" in Susanna Campbell *et al.*, eds., *A Liberal Peace? The Problems and Practices of Peacebuilding*, London and New York: Zed Books, 2011, pp. 163 – 164.

第五章　中国崛起与发展和平

人类社会由若干实践场域组成。这些不同的实践场域以地域、地区、国家或者文明为界区分开来，让人类文明具有了多元性。不同的实践产生不同的经验、价值、规范或者话语，反映不同地域社会的发展和变迁。正如本书第四章所述，过去几百年里，西方在政治、经济、军事、文化和社会发展等方面取得了让其他文明望其项背的成就。从实践的角度看，这些引人注目的成就反映的是西方作为人类社会一个实践场域的经验，是一种具有地方特征或者个体文明特征的经验。西方霸权使得西方的实践经验上升为国际规范，在全球范围内建构它的普适性。然而，向国际社会提供规范并非西方的专有权，其他文明场域的实践经验也可能上升为国际规范在国际上传播。

20 世纪 60 年代后，东亚的韩国和新加坡两国，以及中国台湾和香港两地区在经济发展方面取得了世界瞩目的成就，促使学术界去探究其中的原因。人们很容易便发现它们在传统上都受到了儒家文化的影响，所以将它们称为东亚"四小龙"。一些学者研究文化与现代化之间的关系，去解释东亚经济崛起和现代化问题。① 正如亨廷顿指出："文明之间在政治和经济发展方面的重大差异显然植根于它们不同的

---

① 苏国勋：《序言》，载［德］马克斯·韦伯《新教伦理与资本主义精神》，康乐、简惠美译，广西师范大学出版社 2007 年版，第 5 页。

文化之中。东亚经济的成功有其东亚文化的根源。"① 随着中国这个东亚儒家文明的核心国快速崛起，学术界将对东亚发展奇迹的关注聚焦到了中国的身上。

中国自20世纪70年代末开始实行改革开放政策，走上了一条快速发展之路，积累了具有地域文化特征的实践经验，而这些经验又在中国不断增强的国力和国际事务参与能力的推动下，上升为国际规范在国际上传播。本书提出，中国崛起的实践经验表现为一个称作发展和平的和平规范，对国际范围内的建设和平产生了影响；在建设和平的实践场域中，发展和平与自由和平是一对存在竞争关系的和平规范。

本章将深入阐述发展和平的理论渊源、权力背景和规范内涵。涉及的问题主要有：发展和平是如何生成的？它的内涵是什么？它为什么能够对建设和平的过程和结果产生影响？发展和平与自由和平存在什么样的区别和联系？

第一节　中国崛起

在汉语里，"崛起"一词意指"突起，兴起"。在英语中，与崛起一词对应的有两个词，一个是rise，另一个是rising。前者指作为结果的崛起，强调"已经崛起"；后者指崛起的过程或者状态，强调"正在崛起"。在大多数关于中国崛起的文献中，崛起一词指的都是一种结果。它的判断标准一般都是将来的某一天中国在物质实力特别是经济实力上超越当前的霸权国美国。常见的方法是通过预测未来几十年中国的国内生产总值年均增长率，判断中国在经济实力上可能超越美国的时间。

---

① ［美］塞缪尔·亨廷顿：《文明的冲突与世界秩序重建》，周琪、刘绯等译，新华出版社2010年版，第10页。

一　中国崛起之辩

中国崛起既是一个政治经济问题，同时也是一个话语问题。长期以来学术界关于中国崛起在概念上的认识，是中国于某一个历史节点在实力上超越美国而成为世界第一。关于中国崛起的学术论争存在两种截然不同的观点：一种看好中国崛起，预测中国能够在经济规模上超越美国，从而实现崛起。在看好中国崛起的一方内部也存在不同的观点，它们之间最大的不同体现在对中国最终实现崛起具体时间的预测上。经济合作组织于2013年预测中国经济将于2016年超越美国成为世界第一。[1] 世界银行预测，中国将于2020年在经济规模上超过美国而成为全球第一大经济体。美国彼得森国际经济研究所研究员阿汶德·萨伯拉马南认为，中国在经济规模上超越美国的时间是2030年。[2] 美国国家情报委员会在2012年推出的一份报告中，也预言中国将于2030年在经济规模上超越美国。[3]

有关中国崛起的另一种观点，是不相信中国能够实现崛起。例如，美国传统基金会研究员兼华盛顿大学经济学教授德里克·西泽斯从经济的角度研究中国崛起，指出中国经济结构存在各种问题，将很难保持目前的高速增长势头，认为对中国的情况不能太过乐观。[4] 如本书第二章所述，布赞从国际社会理论的角度解读中国崛起，认为中国与西方在国际社会观上存在不可调和的矛盾，很难接受西方倡导的以价值为导向的国际制度。所以，布赞认为中国与西方的关系充满冲

---

① OECD, "OECD Economic Surveys: China 2013", March 22, 2013, https://www.oecd-ilibrary.org/oecd-economic-surveys-china-2013_5k9475dt3p6f.pdf? itemId=%2Fcontent%2Fpublication%2Feco_surveys-chn-2013-en&mimeType=pdf.

② Arvind Subramanian, *Eclipse: Living in the Shadow of China's Economic Dominance*, Washington: Peterson Institute for International Economics, 2011, p. 8.

③ National Intelligence Council, *Global Trends 2030: Alternative Worlds*, CreateSpace Independent Publishing Platform, 2012, p. 15.

④ ［美］阿汶德·萨伯拉马南：《关于大国崛起的辩论》，侯晶晶译，《全球化》2013年第5期。

突，中国要实现和平崛起将非常困难。① 伊肯伯里的观点与布赞相似，只不过更为委婉一些。他认为中国崛起是可能的，但只能在西方主导的国际制度体系之内实现。②

在"唱衰"中国崛起的众多声音之中，最极端的是"中国崩溃论"。这种观点认为中国不但不可能崛起，而且情况还将会变得越来越糟。2001 年美国匹兹堡大学经济学教授托马斯·罗斯基发表《中国国内生产总值统计发生了什么?》一文，质疑中国经济统计数据的真实性，提出了"中国崩溃论"的命题。③ 2001 年 7 月，美籍华裔律师章家敦发表《中国即将崩溃》一书，断言中国现行的政治和经济制度最多只能维持五年。④ 2002 年 1 月，美国《中国经济》季刊主编乔·斯塔德维尔在《中国梦》一书中，把中国经济比喻为"一座建立在沙滩上的大厦"，预言中国将出现严重的政治和经济危机。⑤ 美国经济学家、2008 年诺贝尔经济学奖得主保罗·克鲁格曼多次发文或者在各种场合的演讲中大谈中国经济存在的"问题"，认为中国不但自身经济存在很多问题，甚至还是世界经济的麻烦制造者。⑥

在当代国际政治学和国际关系学领域，围绕大国崛起话题的争论从来就不缺乏热度。构建一个整体分析框架，通过宏大叙事的方法解读历史，从而得出普遍适用的"铁律"，是现有关于大国崛起研究的

① Barry Buzan, "China in International Society: Is 'Peaceful Rise' Possible?" *The Chinese Journal of International Politics*, Vol. 3, No. 1, 2000.

② John Ikenberry, "The Rise of China and the Future of the West: Can the Liberal System Survive?" *Foreign Affairs*, Vol. 87, No. 1, January/February 2008.

③ Thomas G. Rawski, "What's Happening to China's GDP Statistics?" *China Economic Review*, Vol. 12, No. 4, 2001.

④ Gordon Chang, *The Coming Collapse of China*, New York: Random House, 2001, p. 5.

⑤ Joe Studwell, *The China Dream: The Elusive Quest for the Last Great Untapped Market on Earth*, London: Profile Books, 2002, p. 3.

⑥ Paul Krugman, "Will China Break?" *New York Times*, December 19, 2011.

重要定式。① 然而，这样的研究存在西方中心主义的缺陷。② 西方国际关系理论的权力派认为，一旦某个国家崛起而变得强大，就必然会打破体系中的权力平衡，崛起国必然挑战霸权国的地位，③ 导致权力转移，进而引发体系冲突或者战争。④ 所以，现有关于中国崛起问题的研究，大多带有权力转移理论（power shift theory）式的焦虑，把重点放在了作为一种结果的崛起，急于弄清楚崛起后的中国将对美国霸权产生怎样的影响。以因果链为理论内核的西方理论，将中国崛起作为一个静态的结果进行认识，最明显的不足是陷入了确定性的陷阱。本书质疑这样的确定性逻辑，认为中国是否会崛起以及将如何崛起，严格地讲是一个不确定性的问题。卡赞斯坦认为："'中国威胁论'和'中国崛起论'都犯了同样性质的错误。视中国为威胁的人从自身利益的角度出发，错误地对中国抱以过于消极的看法，而支持中国崛起观点的中国人则以过于积极的观点看中国。"⑤ 中国要实现崛起，既需要中国人自己努力，也需要一个有利于崛起的外部环境，两个条件缺一不可。

再者，中国崛起后是否会如国际关系理论的权力派所言，必然与现有的霸权国美国陷入残酷的霸权争夺，也是一个具有不确定性的问题。现有大多数于大国崛起问题研究的理论逻辑起点，都是以欧洲为中心的西方的历史记忆。康灿雄的研究表明，来自西方实践经验的理

---

① 具有代表性的文献有，肯尼迪从历史的角度探讨大国兴衰的规律，米尔斯海默从权力转移的角度研究大国崛起。参见［美］保罗·肯尼迪《大国的兴衰》，陈景彪等译，国际文化出版社 2006 年版，第 1 页；［美］约翰·米尔斯海默《大国政治的悲剧》，王义桅等译，上海人民出版社 2003 年版，第 38—40 页。

② 有关"西方中心主义"的评述，参见张志洲《和平崛起与中国的国际话语权战略》，《今日中国论坛》2012 年第 8 期。

③ ［美］约翰·米尔斯海默：《大国政治的悲剧》，王义桅等译，上海人民出版社 2003 年版，第 41—43 页；Zbigniew Brzezinksi and John J. Mearsheimer, "Clash of the Titans", *Foreign Policy*, Vol. 146, No. 1, 2005。

④ Abramo F. K. Organski and Jacek Kugler, *The War Ledger*, Chicago：University of Chicago Press, 1980, p. 5.

⑤ ［美］彼得·卡赞斯坦：《美国帝权下的中国崛起：美国化与中国化》，吉宓译，《世界经济与政治》2009 年第 5 期。

论并不能解释发生在东亚地区的事情。康灿雄在《中国崛起：东亚的和平、权力与秩序》一书中，通过将权力派的核心分析要素"权力"，与规范派的核心分析要素"身份"和"利益"结合起来，采用分析折中主义的方法研究大国崛起的问题。康灿雄指出，伴随中国快速崛起的是东亚地区持续 30 年的和平。这一现象表明，除了日本，东亚地区的大部分国家都接受了中国崛起。中国越强大，东亚地区就越稳定；相反，中国越衰弱，东亚地区就越动荡。究其原因，康灿雄认为东亚地区特殊的历史实践建构了特殊的权力、身份和利益关系。[①]可见，抱着追求确定性的目的，将中国崛起的结果作为研究对象，并不能充分认识中国崛起这一问题的本质。

秦亚青教授立足中国人的思维方式和实践活动，提出了认识和理解国际政治的过程视角，[②] 对研究中国崛起具有启示意义。卡赞斯坦认为中国崛起是世界政治的一个发展趋势。[③] 趋势实际上也是过程。本书提出，将中国崛起看作一个过程，研究与中国崛起相关的问题，从而间接地认识中国崛起的前景以及对世界政治的影响。

二　中国崛起的理性认识

将中国崛起作为一个过程进行研究，首先需要弄清楚一个问题：中国是否正在崛起？回答这个问题，需要明确中国开始崛起的时间点。尽管自新中国成立到开始实行改革开放政策之前的那段历史不容忽视，但是，本书认为，中国真正开始全面融入国际社会并在国家发展的各个领域走上崛起之路，开始于 20 世纪 70 年代末。所以，本书所论"正在崛起的中国"的历史时空，是实行改革开放以来的 40

---

① David Kang, *China Rising*：*Peace*, *Power*, *and Order in East Asia*, New York：Columbia University Press, 2007, p. 18.

② 秦亚青：《关系与过程：中国国际关系理论的文化建构》，上海人民出版社 2012 年版，第 35 页。

③ ［美］彼得·卡赞斯坦：《美国帝权下的中国崛起：美国化与中国化》，《世界经济与政治》2009 年第 5 期。

多年。

大国崛起是国家实力的崛起。不同的人对国家实力的构成有着不同的理解，常见的有两种认识角度：一种是综合的角度，在衡量国家实力时考虑多方面因素，以图得到翔实、准确的理解。沃尔兹认为国家实力主要体现在人口与领土规模、资源条件、经济实力、军事力量和政治等方面。[①]汉斯·摩根索认为，国家实力有九大要素，包括地理条件、自然资源、工业能力、军事准备、人口、民族性格、国民士气、外交质量和政府质量。[②]美国智库兰德公司的学者认为，衡量一个国家的整体实力，除了要看以国家为中心的国内社会政治、国际政治、人口、经济、农业、能源、技术及环境资源这八大因素外，还应当考虑非国家行为体（non-state actors）和软实力因素。[③]理解国家实力构成的另一个角度是聚焦某单一要素。美国历史学家保罗·肯尼迪将经济作为核心分析变量研究大国的兴衰，肯尼斯·奥根斯基聚焦国家税收，布鲁斯·鲁瑟特分析一国的燃料和电力消耗量，伊尼斯·克劳德和卡尔·多伊奇认为军事能力是国家实力构成中最重要的因素。[④]

大国崛起是而且应当是全方位的，所以从综合角度理解一个崛起国的整体实力是非常必要的。但是，本书同时也认为，在理解国家实力时，如果设置的分析要素太多，反而可能陷入复杂的局面并迷失了研究的方向。本书在选取中国崛起的分析要素时，尽量做到在综合与简约之间的折中。据此，将通过观察过去40年里中国在两个主要方

---

① Kenneth N. Waltz, *Theory of International Politics*, Oxford：Basil Blackwell，1990，p. 131.

② ［美］汉斯·摩根索：《国家间的政治：为权力与和平而斗争》，杨歧鸣等译，商务印书馆1993年版，第151—197页。

③ Gregory F. Treverton and Seth G. Jones, "Measuring National Power", Santa Monica：Rand Corporation，2005.

④ Inis L. Claude, *Power and International Relations*, New York：Random House，1962，p. 14；Karl W. Deutsch, *The Analysis of International Relations*, Englewood Cliffs：Prentice Hall，1968，p. 8.

面的发展情况，来判断中国是否正处于一个崛起的过程。这两个方面分别是经济实力和国际影响力。前者反映的是中国的硬实力，后者反映的是中国的软实力。

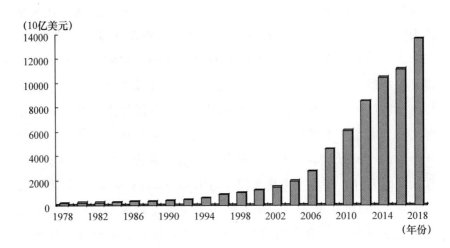

图 5 - 1 1978—2018 年中国国内生产总值

数据来源：本书笔者根据世界银行（www. worldbank. com）资料制作。

（一）中国经济实力的崛起

经济实力无疑是认识中国崛起最重要的视角。过去 40 年，崛起的中国给人最深刻的印象是持续而高速的经济增长。在全球化时代，对于中国这样一个后发的大国来说，完成经济总量的基础积累至关重要。邓小平在设计中国改革开放战略时，明确提出了"以经济建设为中心"的口号。[1] 随着经济实力不断增强，中国才开始有越来越多的资源用于国防、科技、教育和文化卫生等其他方面，以及更为积极地参与国际事务。中国日益增强的经济实力是对外援助规模不断增加和形式不断丰富的前提保障。此外，进入 21 世纪以来，中国开始积极参加联合国

———————————

[1] Deng Xiaoping, "We Shall Concentrate on Economic Development", *Selected Works of Deng Xiaoping*, *Volume III*（1982 - 1992），http：//english. peopledaily. com. cn/dengxiaoping/vol3/text/c1030. html.

维和行动、国际人道主义救援以及在亚丁湾的护航行动等国际非传统安全行动，在很大程度上都是以经济上实力的不断增长为坚强后盾。

　　衡量一个国家的经济实力，最直观的就是看它的经济规模。经济规模有多种衡量标准，包括国民生产总值（GNP）、国内生产总值（GDP）和购买力平价（PPP）。本书选择国内生产总值这一传统的标准。见图 5 - 1 所示，1978—2018 年，中国的国内生产总值持续快速增长。1978 年时还不到 2000 亿美元，到了 2018 年就已经接近 14 万亿美元。见图 5 - 2 所示，自 1978 年以来，中国经济总量的世界排名整体上呈持续上升的趋势。1978 年还处于第 9 位，到了 2010 年已经上升到了第 2 位并一直保持至今。

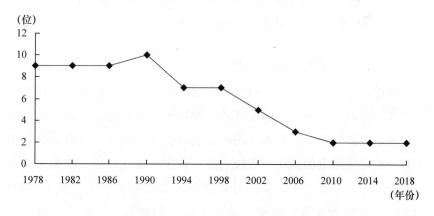

图 5 - 2　1978—2018 年中国国内生产总值世界排名

数据来源：本书笔者根据世界银行（www.worldbank.com）资料制作。

　　美国的经济总量一直排在世界第 1 位，日本自 60 年代以来长期排在第 2 位，直到 2010 年被中国超越。通过将中国与美国和日本进行比较，同样能够发现中国的经济总量呈持续增长的趋势。见图5 - 3所示，自 1978 年以来，中国与排名第 1 位的美国和排名第 2 位的日本之间的差距逐年缩小。自 2010 年超越日本之后，中国与美国之间的差距继续缩小，而与日本之间则拉开了距离。总之，从上述多个角度分析都可以看出，中国的经济实力处于一个持续上升的过程。

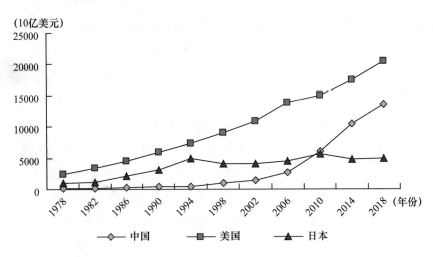

（10亿美元）

图 5 - 3　中美日三国国内生产总值对比（1978—2018）

数据来源：本书笔者根据世界银行（www.worldbank.com）资料制作。

（二）中国国际影响力的提升

衡量一个国家的国际影响力有不同的标准。本书认为，从权力的角度看，是该国家参与、改变或者主导国际议程的能力，是一种强制力。从制度的角度看，是参与国际机制的程度。从规范或者文化的角度看，是在国际上的威望或者吸引力。新中国成立以后，在很长一段时间里都是一个孤立于西方主导的国际社会之外的国家。从20世纪70年代末实行改革开放政策之后，中国开始融入国际社会，逐渐接受其中的制度和规范。迄1999年中国加入的220个国际公约中，1949—1979年只加入了34个，而1979年后则加入了185个。[①] 而在中国参与的众多国际制度组织中，联合国最为重要。联合国是全球最大的政府间国际组织，享有其他国际组织所没有的最高合法性。中国是安理会五个常任理事国之一，拥有深度参与甚至改变国际和平与安

---

① 秦亚青：《国家身份、战略文化和安全利益——关于中国与国际社会关系的三个假设》，载秦亚青《权力·制度·文化：国际关系理论与方法研究文集》，北京大学出版社2005年版，第351页。

全议程的地位。联合国最为重要的使命同时也是它赖以创建的基础，是维护国际和平与安全。而维和行动是联合国维护国际和平与安全的核心手段。据此，本书将把研究的视角进一步缩小，通过聚焦中国参与联合国维和事务，观察中国在国际上的影响力。

自 20 世纪 70 年代以来，中国在联合国维和机制中行为态度的变化经历了三个阶段，从 20 世纪 70 年代坚决反对，到 20 世纪 80 年代至 2012 年开始接受并逐渐积极参与，再从 2013 年开始发挥引领作用。[1] 见图 5 - 4 所示，中国从 1990 年开始派人参加联合国维和行动，直到 2002 年之前，中国都是安理会五个常任理事国中派出维和人员最少的国家。但是，这一状况之后开始发生改变。从 2008 年至今，中国一直都是安理会五个常任理事国中派出维和人员最多的国家。当前中国维和人员的数量超过了其他四个常任国的总数。近些年来，中国在继续派出保障部队的同时开始派出安全部队：2013 年 12 月，中国向联合国马里稳定特派团派出一支 170 人的警卫分队。这是中国首次向联合国维和行动派出安全部队；2015 年年初，向联合国南苏丹特派团派出了一个 700 人的加强步兵营，将派出维和部队的建制从连级提升到营级。2016 年 10 月，向非盟—联合国达尔富尔混合行动派出四架多用途直升机和 140 名陆军航空兵。至此，中国成了当前 123 个出兵/警国中少数几个派出维和人员种类最齐全的国家之一。

见图 5 - 5 所示，2001 年中国承担的维和经费摊款比额只有约 2%，远远低于美国、日本、德国、法国和英国。但之后每三年都有一次明显的增长，2016 年达到 10% 并一举超过日本排名第二位。2019 年又在 2016 年的基础上增加了约 50% 而达到 15%，进一步缩小了与第一名美国之间的差距。实际上，2019 年中国承担的维和经费超过了英国、法国和俄罗斯三个常任理事国之和。并且，有的国家经常以各种理由拖欠应缴费用，而中国却总是能够及时、足额缴纳。[2]

---

[1]　何银：《中国的维和外交：基于国家身份的分析》，《西亚非洲》2019 年第 4 期。
[2]　此观点源于笔者 2019 年 3 月 5 日在纽约对联合国官员和中国外交官的采访。

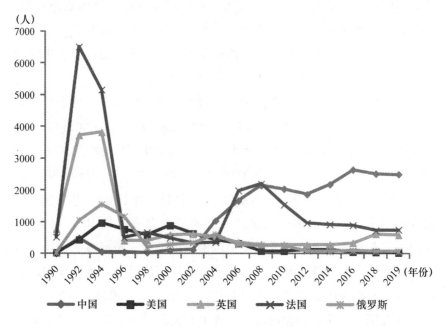

图 5 – 4　1990—2019 年安理会各常任理事国派出维和人员数量

资料来源：笔者根据联合国网站（http://www.un.org）相关资料制作。

2015 年 9 月 28 日，习近平在纽约参加联合国维和峰会期间，宣布了支持联合国维和行动的六项措施，具体内容如下。

第一，中国将加入新的联合国维和能力待命机制，率先组建常备成建制维和警队，并建设 8000 人规模的维和待命部队。

第二，中国将积极考虑，应联合国要求，派更多工程、运输、医疗人员参加联合国维和行动。

第三，今后五年中国将为各国培训 2000 名维和人员，开展 10 个扫雷援助项目，包括提供培训和器材。

第四，今后五年向非盟提供总额为 1 亿美元的无偿军事援助，以支持非洲常备军和危机应对快速反应部队建设。

第五，向联合国在非洲的维和行动部署首支直升机分队。

第六，中国将设立为期 10 年、总额为 10 亿美元的"中国—联合

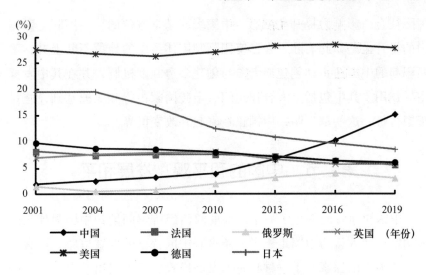

图 5 - 5　2001—2019 年联合国维和行动的主要捐资国占比

资料来源：笔者根据联合国统计司（http://www.unstats.com）资料制作。

国和平与发展基金"，并将其中部分资金用于支持联合国维和行动。

当今的中国以引领者的姿态在政治、财政和人力等方面给予联合国维和事务大力支持，给陷入困境的联合国维和工作带来改变的机遇。在中国的引领下，联合国新的维和待命机制得以顺利建立，迄 2018 年年底已经有 32 个国家效仿中国组建了维和待命警队。① 中国—联合国和平与发展基金于 2016 年 6 月签署设立，下设两个子基金，其中一个是"秘书长和平与安全基金"。这个由联合国秘书长办公室托管的子基金每年得到的资金多达数千万美元，对于在经费上捉襟见肘的维和事务官僚部门来说是雪中送炭。有了经费支持，就可以开展很多具体的工作，包括政策评估、理念讨论、行动指南和培训课程开发以及人员培训等。中国给予维和事务引领式的支持，显著地提升了在联合国的影响力。

中国在维和事务乃至整个联合国系统中影响力的提升，仅仅是在

---

① 该数据源于笔者 2019 年 5 月 9 日在北京对联合国和平行动部警察司官员的访谈。

国际社会中影响力提升的缩影。中国崛起是全方位的，在国际上影响力的提升也是如此。除了在已有国际制度体系中的地位不断上升，不断崛起的中国还主动创建或者参与创建多边制度机制，并在其中发挥主导作用。其中包括上海合作组织、金砖国家银行和亚洲基础设施投资银行等。这些都表明，中国正在崛起并改变世界。

第二节　中国的和平观：发展和平

中国快速崛起催生了一个重要的政治经济学问题：中国为什么能成功？一些人认为中国走出了一条具有中国特色的发展道路，还有一些人认为中国探索出了一种独特的发展模式。本书提出，中国之所以能够快速崛起，最主要的原因是选择了和平发展的道路，中国和平发展的实践生成了中国的和平观。在全球安全治理领域，中国的和平观表现为一种具有地域文明特征的和平范式——发展和平。发展和平通过崛起的中国日益增长的对外援助和国际政治经济活动走出国门，在国际上尤其是在广大处于转型期的国家和冲突后国家传播。

一　和平发展

中国之所以能够快速崛起，是很多因素促成的：既有国内的，也有国际的。就国内因素而言，有国家层面的也有个人层面的。例如，就个人层面的因素而言，邓小平在关键历史节点带领中国走上了改革开放的道路，说明了伟大的政治人物在国家崛起进程中不可或缺的作用。此外，国内的其他因素也很重要，如国家的资源条件。20 世纪70 年代末中国开启改革开放时，是一个幅员辽阔、资源丰富的国家，有几亿劳动力的人口红利。中国的改革开放释放了生产力，充分地使用了这些资源。就国际因素而言，主要是国际环境有利于中国顺利推进改革开放和集中精力搞发展。从 70 年代初开始，美国和苏联之间的争霸出现了美国防守、苏联进攻的态势，中国与美国接触并改善关系，为中国国家战略文化从冲突型转向合作型创造了条件。① 1979 年改革开放伊始，中国与美国建立正式外交关系，中国的国际安全环境有了实质性改善，得以将国家的战略重心从国内外革命转移到国家发展之上。进入 90 年代冷战结束后，国际形势特别是大国之间的关系在整体上是趋于和平，2001 年发生"9·11"事件之后的十多年里，作为后冷战时期唯一超级大国的美国陷入全球反恐战争，有利于中国崛起的战略机遇期一再延长。

国内、国际的各种有利条件固然是中国崛起的重要原因，但并非是最核心的原因。笔者认为，中国之所以能够快速崛起，主要是因为在历史节点利用了国内、国际的各种有利条件，正确地把握住和平与发展这个时代主题，选择了和平发展的道路。② 郑永年教授指出，大国崛起往往都倡导了一种时代精神。大英帝国倡导的是自由贸易，美国倡导的是自由和民主。③ 中国在过去 40 年倡导的时代精神是和平与发展。和平发展的战略选择开始于 1978 年，中国共产党第十一届三中全会确定了以经济建设为中心任务的基本路线；1982 年，中国共产党第十二次全国代表大会认为世界和平是可能的，提出了"建设有中国特色的社会主义"的新命题，对内确定了全面开创社会主义现代化建设新局面的纲领，对外确立了"独立自主的和平外交政策"。邓小平是和平发展道路的设计师和主要阐述者。1985 年，他提出和平与发展是时代的主题，这一论断于 1987 年被写入了中国共产党第十三次全国代表大会报告。④ 和平发展包含两个核心概念，一个是和平，另一个是发展，二者互为条件和目的：和平促进发展，发展反过来又

---

① 关于中国国家战略文化转型参见秦亚青《国家身份、战略文化和安全利益——关于中国与国际社会关系的三个假设》，载秦亚青《权力·制度·文化：国际关系理论与方法研究文集》，北京大学出版社 2005 年版，第 352—355 页。

② 何银：《发展和平：联合国维和建和中的中国方案》，《国际政治研究》2017 年第 4 期。

③ 郑永年：《"丝绸之路"与中国的时代精神》，《联合早报》2014 年 6 月 10 日。

④ 《十一届三中全会以来党的历次全国代表大会中央全会重要文献选编》，中央文献出版社 1997 年版，第 375 页。

促进和平，形成良性互动。从本质上讲，和平是中国崛起的时代底色，而发展则是推动中国和平崛起进程的动力。发展需要和平，也造就和平。正如《人民日报》的一篇社论指出：

> 唯有发展是解决诸多问题的总钥匙。解决发展这个根源性的问题，一切问题都能找到缓冲的空间。以更大的和平努力为发展创造条件，让更多的发展合作为和平提供源头活水，形成两者互相协调、相互促进的良性循环，积极探索以发展促和平……的治理路径。①

认识和平发展，最重要的是看中国是如何实践了这样的国家发展战略。中国崛起的进程中，和平有国内和国际两个层面的含义。国内和平植根于两个要素：一个是中华文明的核心价值，另一个是国家治理策略。换句话说，中国崛起之所以有和平的国内环境，主要是因为中国既有和平的社会文化，也有以维护和平与稳定为优先的政治文化。哲学家陈来教授指出，轴心时代中华文明形成的基本价值成为主导中华文明后来发展的核心价值。中华文明的价值偏好主要有四点：责任大于自由，义务先于权利，社群高于个人，和谐高于冲突。② 这些具有个体文明特征的价值偏好是中国人民心向和平、社会趋向和谐的文化根基。实行改革开放后，中国共产党和国家政府非常重视通过主动的国家治理维护稳定，为国家发展创造和平的内部环境。从 20 世纪 80 年代初主张"严打"到 1989 年"政治风波"后强调"稳定压倒一切"，邓小平对维护国内稳定的态度坚定而明确。③ 在国家发展取得阶段性成就之后，中国依然非常重视

---

① 钟声：《需要认清和平与发展的内在逻辑》，《人民日报》2019 年 2 月 1 日。
② 陈来：《中华文明的核心价值——国学流变与传统价值观》，生活·读书·新知三联书店 2015 年版，第 3—12 页。
③ 参见《邓小平文选》（第三卷），人民出版社 1993 年版，第 421 页。

维护国内稳定。在 2019 年 1 月 15—16 日举行的中央政法工作会议上，习近平强调指出，党的十八大以来，党中央把政法工作摆到了更加重要的位置来抓，作出一系列重大决策，实施了一系列重大举措，维护了政治安全、社会安定、人民安全，促进了经济社会持续健康发展。①其中，开展为期三年的扫黑除恶专项斗争，清除破坏经济社会秩序和侵蚀党的执政根基的社会毒瘤，就是新时期具有中国国家治理特色的维稳举措。

国际和平也有两个方面的渊源：一个是客观存在的和平的国际大环境，另一个是中国通过主动的外交行动去创造有利于中国和平发展的国际环境。和平的国际环境主要由国际格局和国际形势发展演变造就，是国际因素导致的客观局面。例如，20 世纪 80 年代后期冷战局势出现缓和，以及随着冷战结束，在体系层面以意识形态分歧为标识的国际对立减弱，国际局势出现较为和平的局面。尽管中国的和平发展需要这种和平的国际环境，但是并不能从根本上左右这样的局面。这就是中国和平发展所需的战略机遇期。如上文所述，"9·11"事件为中国创造了十多年的战略机遇期。在过去 40 年里中国之所以快速崛起，一个重要的原因就是正确判断并利用好了和平的国际环境，尤其是难得的战略机遇期。

尽管自实行改革开放以来国际环境总体上趋于和平，但是在这期间中国仍然经常面临各种挑战。如果没有采取有效的外交策略积极应对，中国的和平发展就不可能如此顺利。从 20 世纪 70 年代末到 80 年代末，中国主要是通过改善并保持与美国的关系以抵消来自苏联等周边国家的安全威胁。为消除来自越南的安全威胁，确保改革开放有一个和平的周边环境，中国于 1979 年进行了对越自卫反击战。为了融入国际社会，中国于 20 世纪 80 年代初开始调整对联合国维和事务的政策，1990 年向联合国维和行动派出首批维和

---

① 《习近平出席中央政法工作会议并发表重要讲话》，新华网，2019 年 1 月 16 日。

人员，并且在进入 21 世纪之后成为维和行动的积极支持者和参与者。特别是自以习近平为核心的中国新一代领导集体上台执政以来，中国更是成了支持联合国维和事务的引领者。[①] 中国积极支持联合国维和事务的重要原因之一，是为了承担国际责任，维护一个有利于和平发展的国际环境。[②] 中国以坚持改革开放和实现和平发展为根本战略，在处理各种国际危机时展现了战略定力：我们都能够以灵活、忍耐的态度应对，除非核心利益可能严重受损。1989 年春夏之交发生"政治风波"后，以美国为首的西方国家开始制裁和孤立中国。即便是遭遇无理的挑衅，中国也并没有与西方国家针锋相对地对抗，而是在邓小平"二十四字方针"的指导下实行了"韬光养晦"的外交战略。[③] 通过坚持改革开放和务实外交，逐步打破了西方国家的孤立。迈入 21 世纪，中国崛起的车轮切入了快车道。

在过去 40 年里，中国选择了走和平发展的道路，坚持以和平的方式解决国际争端。1979—2019 年，中国仅仅卷入了一次国际军事行动——1979 年进行了短暂的对越自卫反击战，并在之后 10 多年里与越南在边境对峙。1991 年与越南关系正常化之后，中国在长达约 30 年的时间里，再也没有发动或者参与国际军事行动，这在全球大国政治中是非常罕见的。而此间安理会其他四个大国都多次卷入了国际军事行动。其中法国以 20 次居首位，美国 13 次，英国 8 次，俄罗斯（包括苏联）7 次（见表 5－1）。

---

① 何银：《中国的维和外交——基于国家身份视角的分析》，《西亚非洲》2019 年第 4 期。

② He Yin, *China's Changing Policy on UN Peacekeeping Operations*, Asia Paper, Stockholm: Institute for Security and Development Policy, July 2007, pp. 53－54.

③ 邓小平对外战略策略的二十四字方针包括：冷静观察、稳住阵脚、沉着应对、韬光养晦、绝不当头和有所作为。参见《邓小平的治国理念与治国政策》，人民网，2013 年 9 月 18 日。

表 5 - 1   1980—2019 年安理会大国卷入的国际军事行动

国家	参与的冲突/战争	年份	次数
中国	对越自卫反击战及边境对峙	1979—1991	1
法国	出兵中非共和国	1979	20
	出兵乍得	1983—1984、1986	
	出兵科摩罗	1989、1995	
	出兵加蓬	1990	
	索马里"恢复希望"行动	1992—1993	
	卢旺达"绿松石"行动	1994	
	海湾战争及"沙漠之狐"行动	1990、1998	
	科索沃战争	1999	
	阿富汗战争	2001	
	出兵科特迪瓦	2002、2011	
	出兵刚果（金）	1991、2003	
	马里"薮猫"行动	2013	
	中非"红蝴蝶"干预行动	2013—2016	
	萨赫勒地带"新月沙丘"行动	2014 至今	
	空袭叙利亚	2018	
美国	入侵格林纳达	1983	13
	入侵洪都拉斯	1988	
	入侵巴拿马	1989	
	海湾战争及"沙漠之狐"行动	1990、1998	
	入侵海地	1994	
	轰炸南联盟	1999	
	阿富汗战争	2001—2014	
	入侵伊拉克	2003 至今	
	轰炸利比亚	1986、2011、2017	
	参与叙利亚战争	2013 至今	

续表

国家	参与的冲突/战争	年份	次数
英国	马尔维纳斯岛战争	1983	8
	海湾战争及"沙漠之狐"行动	1990、1998	
	科索沃战争	1999	
	出兵塞拉利昂	2000	
	阿富汗战争	2001	
	伊拉克战争	2003	
	空袭叙利亚	2018	
俄罗斯	阿富汗战争（苏联）	1979—1989	7
	车臣战争	1994—1996、1999—2000	
	出兵科索沃	1999	
	俄罗斯—格鲁吉亚战争	2008	
	收复克里米亚	2014	
	叙利亚战争	2013 至今	

资料来源：笔者根据瑞典乌普萨拉大学"冲突数据项目"（http：//www. ucdp. uu. se）数据库制作。

在和平发展的战略设计中，发展主要是指经济发展。1978 年党的十一届三中全会作出了停止使用"以阶级斗争为纲"的口号、把党和国家的工作重心转移到经济建设上来的重大决策。1980 年 1 月 10 日，邓小平在中央召集的干部会议上正式指出：要把经济建设当作中心。①

以经济建设为中心体现的是一种国家治理理念。其根本出发点，是立足历史唯物主义观，以实事求是的态度认识中国的国情，解决社会主义初级阶段的基本矛盾，即人民日益增长的物质文化需要同落后

① 《以经济建设为中心》，人民网，2019 年 7 月 1 日。

的社会生产之间的矛盾。这个矛盾，是中国从传统的农业社会向现代化工业社会转型时期的主要矛盾。以经济建设为中心的根本目标，是通过抓经济发展这一条国家现代化进程中的主线，快速、有效地提升综合国力中最核心的部分——经济实力，为国家全面发展打下坚实的物质基础。

为落实以经济建设为中心，中国实行了务实和开放的国家治理战略。这个战略的基本思路体现在两个方面：一个是集中精力发展经济，另一个是坚持改革开放。集中精力发展经济，不仅仅指将国家的战略重心放到经济发展之上，还包括将有限的资源用于经济领域。为确保完成经济发展目标，中国甚至不惜适当放缓其他方面的发展。例如，实行改革开放之后，中国政府坚持国防建设服从和服务于国家经济建设的大局，较大幅度地减少了国防投入。1985 年中国裁减了上百万的军队；1979—1994 年，中国的军费绝对值年平均增长 6.22%，低于同期国家经济增长速度和全国商品零售价格总指数年平均增长幅度。[1]

坚持改革开放，让中国摆脱了意识形态政治经济学教条的束缚，探索出了社会主义市场经济模式。邓小平是社会主义市场经济的设计者，他首先将发展问题与社会主义联系起来，明确指出社会主义的本质，是解放生产力和发展生产力。[2] 从 20 世纪 80 年代后期开始，邓小平多次针对计划与市场之间的关系发表谈话，逐步奠定了社会主义市场经济的理论基础。[3] 据此，中国在宏观政策上抛弃了纯粹的计划经济模式，循序渐进地发展社会主义市场经济：从最初以计划经济为主、市场调节为辅，到后来在坚持社会主义制度的前提下，全面推进

---

① 中华人民共和国国务院新闻办公室：《中国的国防》，1998 年 7 月 1 日，http：//www. china. com. cn/guoqing/2012 - 11/03/content_ 26989651_ 2. htm。

② 《邓小平文选》第三卷，人民出版社 1993 年版，第 370 页。

③ 卫兴华、李先灵：《我国确立社会主义市场经济体制的曲折历程——纪念改革开放40 周年》，《宁夏党校学报》2019 年第 2 期。

市场化改革。① 进入新时期，社会主义市场经济理论得到进一步完善。习近平在十八届中央委员会第十五次学习会上指出：

> 在市场作用和政府作用的问题上，要讲辩证法、两点论，"看不见的手"和"看得见的手"都要用好，努力实现市场作用与政府作用有机统一、相互补充、相互协调、相互促进的格局，推动经济社会持续健康发展。②

坚持改革开放，还表现为一种不断学习和探索的精神，走开放、包容的发展道路。在坚持以公有制为主的同时，鼓励发展多种所有制的经济；在以追求共同富裕为最终目标的前提下，允许一部分人和地区先富起来。除了学习市场经济的理念，中国还善于向其他国家和地区学习先进的发展经验，其中具有代表性的是向新加坡学习。潘启亮和曹云华研究指出，自 1978 年改革开放以来至今 40 年里，中国出现了多次向新加坡学习的运动。③ 为了找到适合国情的发展道路，中国避免了激进地照搬过往经验的做法，而是在实践中不断试验、探索，通过"摸着石头过河"寻找合适的方法。

二 "中国方案"

学术界对中国崛起规范意义的认识存在不同观点。有些人认为中国和平发展的实践生成了国家治理的"中国模式"（Chinese model），而另一些人则认为不存在模式化的东西，中国和平发展的成功仅仅是因为选择了符合国情的"中国道路"（Chinese road）。

---

① 洪银兴：《40 年经济改革逻辑和政治经济学领域的重大突破》，《经济学家》2018 年第 12 期。

② 习近平：《在十八届中央政治局第十五次集体学习时的讲话》，《人民日报》2014 年 5 月 28 日。

③ 潘启亮、曹云华：《学习新加坡经验的源起、形态及反思》，《暨南学报》（哲学社会科学版）2018 年第 6 期。

1. "中国方案"之辩

在认识中国崛起的原因时，不同的人有不同的观察角度。有人从政治制度的角度分析，将中国的成功主要归因于"威权主义政府"和"举国体制"等因素。[①] 这样的认识容易让人误解，认为要做到中国式的成功，威权主义政府或者举国体制是必要条件，进而忽视了中国改革开放 40 多年来一再强调国情的做法及其意义。这样的认识还容易让一些人产生错觉，错误地认为中国是反民主、反自由的。[②] 例如，威廉·卡拉汉在评论赵汀阳的"天下体系"哲学构想时，就认为它是非民主的，是"赞同以精英为主导的、和谐的政治秩序而不是喧嚣的大众政治"。[③] 有学者对威权主义的提法进行了批评，认为这是善于制造概念的西方学者在民主和极权之间刻意制造的一个概念，目的是否认中国政治制度的合理性，幻想中国最终会走从威权到民主化的道路。[④]

也有人从经济制度的角度分析，指出中国之所以成功，主要是因为一方面通过投资，特别是基础设施建设投资拉动经济高速增长；另一方面是发挥政府有形之手的干预作用，做强做大国有企业，以加强对经济系统的控制。[⑤] 支持这种观点的人认为，市场经济并不等同于私有化。在 2013 年博鳌亚洲论坛上，一些国际上的企业家和投资人指出，中国的国有企业在中国的经济成功中扮演了重要作用。但问题不在于公有化还是私有化，而在于经济是否能摆脱政府官员不恰当的

---

　① Harold Meyerson, "A Flawed American Political Model Aids China", *Washington Post*, March 31, 2010.

　② 李世默：《中国崛起与"元叙事"的终结》，《南华早报》2013 年 7 月 3 日。

　③ William A. Callahan, "Tianxia, Empire, and the World: Soft Power and China's Foreign Policy Discourse in the 21st Century", British Inter-University China Center Working Paper Series, No. 1, May 2007. 引自［美］彼得·卡赞斯坦《美国帝权下的中国崛起：美国化与中国化》，吉宓译，《世界经济与政治》2009 年第 5 期。

　④ 王鸿明、杨光斌：《关于"中国模式"的争论与研究》，《教学与研究》2018 年第 5 期。

　⑤ 封禹丁：《博鳌论战：激辩"中国模式"》，《南方周末》2013 年 4 月 11 日。

干预，按照市场经济模式运行。① 中国香港前财政司司长梁锦松认为，不应把国有企业和私营部门对立起来讨论。香港有世界上最自由的市场，但是由于没有强大的本地银行，政府在需要进行干预的关键时刻就感到困难重重。在 1997 年亚洲金融危机中，面对以索罗斯为代表的国际金融大鳄的攻击，是得益于中央政府的救助才使得香港免遭劫难。② 即便索罗斯自己也承认，1997 年自己之所以在东亚和东南亚的金融危机中得手，主要是因为这些国家和经济体的经济制度太过自由（出现了制度漏洞），从而给了他以可乘之机。③

还有人认为中国之所以成功，政治体制改革的贡献不可忽视。春秋研究院李世默研究员认为，许多人在谈论中国的发展成就时，都将成功归因于经济改革，是重经济而轻视政治，甚至认为中国模式就是一种纯粹的经济发展模式，而忽视了中国在政治体制改革方面取得的成就。李世默指出，中国进行了根本性的政治改革；忽视中国在政治改革方面取得的成就，"隐藏着政治偏见的话语陷阱，这个话语陷阱预设了哪些变革才是所谓的政治改革"④。

实际上，上述争论的焦点是中国模式及其内涵。关于中国模式概念的起源，学界存在两种观点：一些人认为是邓小平最早提出了这个概念。中国社会科学院徐崇温研究员指出，邓小平在 20 世纪 80 年代曾多次谈到了中国模式的问题。⑤ 还有一些人认为，真正意义上的中国模式，是雷默在提出"北京共识"的概念时一并提出的。⑥

中国模式在中国和平发展的语境中涉及的概念范畴有广义和狭义

---

① 封禹丁：《博鳌论战：激辩"中国模式"》，《南方周末》2013 年 4 月 11 日。
② 同上。
③ 刘薇等：《索罗斯出没中国》，《南方周末》2013 年 4 月 11 日。
④ 李世默：《中国崛起与"元叙事"的终结》，《南华早报》2013 年 7 月 3 日。
⑤ 徐崇温：《中国道路和中国模式》，《毛泽东邓小平理论研究》2016 年第 1 期。
⑥ 江文清：《"中国模式"的理论分析》，《理论建设》2017 年第 6 期；黄宗昊：《中国模式与发展型国家理论》，《当代世界与社会主义》2016 年第 4 期。

之分：狭义上仅仅聚焦于中国经济发展的经验，广义上则是将中国的
政治、经济和社会发展全部涵盖其中。① 由于本书研究的和平规范涉
及国家治理的各个方面，所以从广义的角度探讨中国模式。

　　关于是否存在中国模式，学界存在三种观点。包括北京大学俞可
平教授和潘维教授在内一些学者认为存在中国模式。② 尽管如此，也
有人认为中国模式虽然客观存在，但是还没有完全定型，还处于探
索、发展之中。以原中央党校副校长李君如为代表的一些人则不同意
中国模式的提法，认为使用"经验"或者"道路"等词语更为准
确。③ 李君如在《学习时报》上发文指出：

　　　　但中国改革开放到今天，我们的体制还没有完全定型，还在
　　继续探索。讲"模式"，有定型之嫌。这既不符合事实，也很危
　　险……因此，我赞成"中国特色"，而不赞成"中国模式"。"中
　　国特色"，指的是在社会主义发展过程中形成具有中国自己特点
　　的体制机制。其中，包含了不断探索的含义和要求。④

　　还有学者认为没有必要刻意去区分"中国模式"和"中国道
路"。中国社会科学院徐崇温研究员指出：

　　　　中国模式和中国道路原本是在不同语境中所指其前提和内核

　　① 江文清：《"中国模式"的理论分析》，《理论建设》2017 年第 6 期；黄宗昊：《中
国模式与发展型国家理论》，《当代世界与社会主义》2016 年第 4 期。
　　② 俞可平：《"中国模式"并没有完全定型》，《社会观察》2010 年第 12 期；潘维：
《当代中华体制——中国模式的经济、政治、社会解析》，载潘维主编《中国模式：解析人
民共和国的 60 年》，中央编译出版社 2009 年版，第 15 页；徐贵相：《中国发展模式研究》，
人民出版社 2008 年版，第 25 页；韩保江：《中国奇迹与中国发展模式》，四川人民出版社
2008 年版，第 10 页；江金权：《"中国模式"研究》，人民出版社 2007 年版，第 23 页；郑
永年：《中国模式——经验与困局》，浙江人民出版社 2010 年版，第 1 页。
　　③ 李君如：《慎提"中国模式"》，《学习时报》2009 年 12 月 7 日；陈月红、李会杰：
《为什么是"中国道路"而不是"中国模式"？》，《经济研究导刊》2019 年第 10 期。
　　④ 李君如：《慎提"中国模式"》，《学习时报》2009 年 12 月 7 日。

相同的事情：中国道路侧重从纵断面综述中国的发展历程，而中国模式则侧重从横断面叙述中国的行为方式，他们是同一件事情的两个侧面。①

本书认为"中国模式"和"中国道路"这两种不同的提法，都仅仅反映了中国人从自身角度对中国和平发展的国际规范意义的认识。中国模式强调了普世性和排他性，而中国道路则主张独特性。然而，中国和平崛起是客观事实，它对全球治理规范体系的影响具有那在性，并不受中国自身主观意愿的左右。正如有学者指出，像中国这样的大国在短短几十年间取得了其他一些国家需要上百年才能完成的成就，仅仅用中国经验或者中国道路这些内涵太小的词语进行概括是不合适的。② 一些人不认同"中国模式"的提法，主要原因是受到"韬光养晦"思想的影响，不愿意承认中国经验的普适性。据此，本书使用"中国方案"（Chinese approach）这个更为中性的词语，用来指代生成于中国和平崛起实践的经验。实际上，在中国的语境中，中国方案就是中国模式或者中国道路，这三个概念的本质都是中国在和平发展过程中探索出的既具有中国特色、又可以被学习借鉴的成功经验。

2. 中国方案的内涵

不同的人对中国方案内涵的理解有不同的角度。有人侧重于从经济发展的角度理解中国方案，认为中国方案经历了一个发展过程，从最初类似于"市场社会主义"——只是部分地引入市场机制修补计划经济的不足，到当前"深化改革"阶段，进一步奠定市场在资源配置中的核心地位。③ 有人侧重于从政治上认识中国方案。中国社会科学院房宁研究员认为，中国模式是一种民主政治模式，

---

① 徐崇温：《中国道路和中国模式》，《毛泽东邓小平理论研究》2016 年第 1 期。

② 胡键：《争论中的中国模式：内涵、特点和意义》，《社会科学》2010 年第 6 期。

③ 黄宗昊：《中国模式与发展型国家理论》，《当代世界与社会主义》2016 年第 4 期。

中国发展人民权利的根本之道是以经济建设为中心，大力发展社会生产力，通过不断促进经济、社会、文化发展来为人民权利的发展创条件，逐步地发展和扩大人民的权利。① 王鸿明和杨光斌认为，中国模式就是一种政治模式，民主集中制是中国模式的内核，是中国模式的最大特色。②

　　黄宗昊梳理了关于中国模式的研究发现，更多的人是从多方面认识中国模式的内涵。③ 斯特凡·哈尔珀认为中国模式是指在非西方的民主政治体制下实行市场经济。④ 丁学良认为中国模式包括政治、经济和社会三个方面：列宁主义、受政府支配的市场经济、具有中国特色的社会控制系统。⑤ 张宇等人认为中国模式体现在四个方面：以公有制为主体，包含多种所有制经济，与社会主义基本制度相结合；以新型工业化和体制创新为动力；独立自主的对外开放战略；渐进式转型。⑥ 还有人从历史、政治经济秩序、制度、运作特征、增长模式、信息管理和援外方式这七个方面讨论了中国模式。⑦

　　一个国家成功的发展必然是多方面的，大国崛起尤其如此。据此，笔者相信中国和平崛起生成的国家发展模式涵盖政治、经济、社会、文化等各个方面。并且笔者也相信，其中某些方面的特征更为典型。本书从马克思主义政治经济学的角度认识中国方案，聚焦政治和经济两个方面，以求学理上的简约。中国方案就是既具有中国特色，又具有地域文明特征的国家政治和经济发展方案。综上所

---

① 房宁：《民主的中国模式》，《中央社会主义学院学报》2017 年第 4 期。

② 王鸿明、杨光斌：《关于"中国模式"的争论与研究》，《教学与研究》2018 年第 5 期。

③ 黄宗昊：《中国模式与发展型国家理论》，《当代世界与社会主义》2016 年第 4 期。

④ Stefan Halper, *The Beijing Consensus: How China's Authoritarian Model Will Dominate the Twenty-First Century*, Philadephia: Basic Books, 2010, p. 68.

⑤ 丁学良：《中国模式：赞成与反对》，牛津大学出版社 2014 年增订版，第 137 页。

⑥ 张宇、张晨、蔡万焕：《中国经济模式的政治经济学分析》，《中国社会科学》2011 年第 3 期。

⑦ Ming Wan, *The China Model and Global Political Economy: Comparison, Impact and Interaction*, New York: Routledge, 2014, p. 19.

述，本书提出中国方案的基本内涵特征表现为三个方面的主张：其一，主张强势的国家政府开展有效的治理，确保国家发展有良好的国际环境和国内秩序，并且国家发展能够服务于广大人民；其二，主张以经济建设为国家发展的中心任务，在国家政府的引导和调节下根据国家发展的远期规划和近期目标调整经济发展策略；其三，主张国家独立自主、循序渐进地推进改革和转型，避免在外部势力的影响下实行激进的变革。

三 发展和平

随着中国崛起进程不断深入和国际格局发生变化，中国在全球治理体系中的地位不断提高，中国的国际政治经济行为呈现出与许多其他国家特别是西方国家不同的实践和理念。有学者注意到具有中国特色的实践和理念对建设和平产生的影响。加拿大多伦多大学学者丹妮拉·斯库瑞里对比了中国和欧洲在非洲的维和行为和相关原则，指出双方在非洲传播的是两种不同的维和模式或者规范。[①] 斯库瑞里认为，中、欧在非洲维和模式的不同体现在主权原则和治理理念上：欧洲模式立足于倡导有限主权，将人权和善治设定为和平的前提条件；中国立足于主权平等原则，将经济发展设定为和平的前提条件。[②] 郭俊逸研究中国在非洲的政治经济活动指出，中国立足自身的发展经验及中非关系需要，主张帮助非洲发展经济，反对干涉内政。郭俊逸认为，中国倡导了一个称作"中国和平"（Chinese peace）的规范。[③] 郭俊逸的研究具有开创性，第一次提出了一个中国特色的和平范式。此外，

[①] Daniela Sicurelli, "Competing Models of Peacekeeping: The Role of the EU and China in Africa", paper prepared for the Fifth Pan-European Conference on EU Politics, Porto, June 23 – 26, 2010.

[②] Ibid. .

[③] Steven C. Y. Kuo, "China's Understanding of African Security: Context and Limitations", *African Security*, Vol. 5, Issue 2, 2012; Steven C. Y. Kuo, *Chinese Peace in Africa: From Peacekeeper to Peacemaker*, Abingdon: Routledge, 2020, p. 5.

还有一些学者也探讨了中国建设和平行为的特点，指出中国的建设和平模式给予了发展问题以更多关照。①

中国和平崛起的实践反映了中国的和平观——经济发展是和平的前提条件。这个和平观通过中国日益增长的对外援助和其他国际政治经济活动走出国门，在国际上尤其是那些历经冲突尚在探索和平道路的国家传播了一个称作发展和平的规范。② 与自由和平以制度建设优先不同的是，发展和平以经济发展优先。从中国国内实践经验来看，发展和平还有一个前提假定，即首先要确保国内政治和社会稳定，有一个基本的和平局面。发展和平包含中国模式的所有内涵，实际上就是走向国际的中国模式。为了理论上的简约，本书提出发展和平包含一个开放式假设：在保持国内政治和社会稳定的前提下，不论实行什么样的政治制度，只要以经济建设为中心谋求发展，都可以实现和平。

需要强调的是，发展和平这个和平规范中的中国特征，并没有如斯库瑞里所言的"中国维和模式"和郭俊逸所言的"中国和平"那么明显。发展和平有两个特征，一个是以经济建设为中心，另一个是不为援助设置政治条件，但都并非中国独创。东亚发展型国家和地区，包括新加坡、韩国和中国台湾地区的成功，也都是得益于经济发

---

① ［南非］克瑞斯·艾登、［英］丹·拉吉：《中国对非洲和平与安全政策的演进：一种建设和平的新范式?》，《非洲研究》2013 年第 1 期；Shogo Suzuki，"Why Does China Participate in Intrusive Peacekeeping? Understanding Paternalistic Chinese Discourses on Development and Intervention"，*International Peacekeeping*，Vol. 18，No. 3，2011；Lei Xue，"China's Development-Oriented Peacekeeping Strategy in Africa"，in Chris Alden *et al.*，eds.，*China and Africa*：*Building Peace and Security Cooperation on the Continent*，New York：Palgrave Macmillan，2017，p. 99。

② 何银：《联合国建设和平与人的安全保护》，《国际安全研究》2014 年第 3 期；何银：《规范竞争与互补：以建设和平为例》，《世界经济与政治》2014 年第 5 期；He Yin，"China-EU Cooperation on UN Peacekeeping：Opportunities and Challenges"，in Frauke Austermann *et al.*，eds.，*Europe and China in 21st Century Global Politics*：*Partnership*，*Competition*，or *Co-Evolution?* London：Cambridge Scholars Publishing，2013，p. 55。

展优先的战略。① 中国企业在非洲一些发展中国家建设经济开发区的行为，也在一定程度上学习了中国香港在毛里求斯的做法。中国在非洲投资和购买矿产资源的经济活动，在一定程度上沿用了 20 世纪八九十年代日本在中国的做法，即以贷款和技术换取资源，是一种互利双赢行为。② 不为援助设置政治条件也不是中国独有的。正如庞珣的研究表明，众多南方援助国也都不愿意为援助设置政治条件。③ 所以，与其说是中国崛起为国际规范体系贡献了具有中国特色的规范，还不如说是由于中国崛起之力作用于国际权势格局，推动了以中国为中心的地区文明实践经验上升为全球治理国际规范，从而对国际规范体系产生影响。

四 发展和平的传播

发展和平最基本的传播方式，是通过中国不断和平崛起的成功故事激发其他国家主动学习。发展和平首先是通过中国的对外援助在国际上传播。中国外交遵循和平共处五项原则，反对"政权更迭"和"人道主义干涉"等国际干涉主义理念和行为。在开展对外援助时，中国并不像西方国家那样为援助设置苛刻的政治条件。④ 上海国际问题研究院张海冰研究员认为，中国对非洲的援助结合中国对发展问题的认识和经验总结，将中国发展经验与非洲实践相结合，是"发展引

---

① "发展型国家"（developmental state）一词最早是由美国学者查默斯·约翰逊于 1982 年在对日本崛起的认识之上提出，之后被用于泛指在工业化方面起步较晚但是成绩斐然的东亚国家。参见 Chalmers Johnson, *MITI and the Japanese Miracle*：*The Growth of Industrial Policy*, *1925 - 1975*, Stanford：Stanford University Press, 1982, p. 31；Meredith Woo-Cumings, ed. , *The Developmental State*, Ithaca：Cornell University Press, 1999, p. 1.

② Deborah Brautigam, *The Dragon's Gift*：*The Real Story of China in Africa*, New York：Oxford University Press, 2009, p. 47.

③ 庞珣：《新兴援助国的"兴"与"新"——垂直范式与水平范式的实证比较研究》，《世界经济与政治》2013 年第 5 期。

④ Deborah Brautigam, *The Dragon's Gift*：*The Real Story of China in Africa*, New York：Oxford University Press, 2009, p. 150.

导型"援助。[①] 庞珣认为，中国和广大南方国家一样，对非援助实践的是一种基于平等互惠和不干涉内政的水平模式，与传统援助国实践的立足于"给予—接受"的不平等关系和干涉原则的垂直模式形成鲜明对比。[②] 唐晓阳研究发现，中国对非援助出现将商业利益与无偿援助相结合的趋势，在国际上开创了一种新的对外援助模式。[③] 发展和平框架中的援助有助于推动长期以来受到自由和平主导的国际援助机制的变革。中国的援助行为契合了许多受援国的真实需要，在对外援助中加入了市场元素，将援助与互利共赢的正常经济交往相结合，实践了一种平等、可持续和以结果为导向的援助模式。

中国对外投资等经济活动也充分应用国内经验，传播了发展和平。例如，中国利用在国内搞经济开发区的经验，在肯尼亚和埃塞俄比亚等非洲国家搞工业园区；在进出口银行等国家金融机构信贷资金和政策的支持下，通过以服务换资源等方式，帮助安哥拉、乌干达和东帝汶等国改善基础设施。不但帮助这些国家发展了经济，而更为重要的是传播了发展和平的理念。中国主导建立的亚洲基础设施投资银行，为发展和平通过国际经济活动传播拓展了空间并打下了制度化基础。发展和平式的中国投资还对国际援助体系产生了影响。一名德国前资深外交官指出："援助将会继续失去重要性，而贸易和投资将驱动发展——与过去二十年我们在亚洲看到的非常相似。"[④] 在一个关于"2015 年后发展议程"的国际学术会议上，联合国非洲经济委员会下属非洲经济发展与规划研究所主任阿迪巴约·奥鲁科西指出，现在非洲需要的不是更多的援助，而是另一种援助模式，一种有助于非

---

① 张海冰：《发展引导型援助》，上海人民出版社 2013 年版，第 250 页。

② 庞珣：《新兴援助国的"兴"与"新"：垂直范式与水平范式的实证比较研究》，《世界经济与政治》2013 年第 5 期。

③ 唐晓阳：《中国对非洲农业援助形式的演变及其效果》，《世界经济与政治》2013 年第 5 期。

④ Albrecht Conze, "Emergence and Emancipation: A Fresh Look at Africa", May 20, 2015, http://programs.wcfia.harvard.edu/fellow/publications.

洲经济和社会发展的援助模式。他的观点得到了一些与会非洲官员和学者的认同。①

建设和平东道国往往历经了多年的国内冲突或战乱，亟须在外部力量的帮助下恢复并建设持久和平。如前文所述，长期以来受自由和平主导的建设和平行动并没有帮助这些国家建设起持久和平。发展和平为变革现有的建设和平机制带来机遇。发展和平主张坚持威斯特伐利亚规范，不干涉主权国家的内政，以经济建设为国家发展战略的中心，通过国家主导的投资（包括外来投资）拉动经济发展。在建设和平行动东道国传播时，发展和平包含的不干涉理念为东道国在政治、经济和社会领域的本土规范和实践留下了生存空间，能够在一定程度上减缓因自由和平提倡激进的制度变革而带来的冲击。此外，发展和平对经济和社会发展的重视，能够有效地弥补自由和平对这方面问题关注的不足。

当前，包括广义建设和平在内的全球安全治理体系正经历重大转型，这样的局面有利于发展和平在建设和平中发挥作用。2015 年，联合国推出了关于和平行动和建设和平架构的两份专家小组报告，连同《2030 年可持续发展议程》，都强调了经济和社会发展的重要性。联合国秘书长安东尼奥·古特雷斯领导了对整个建设和平架构进行的改革。尽管联合国面对的是一个很长的任务清单，但其成立 70 多年来的实践表明，维护和平与促进发展才是核心事务。2015 年推出的对联合国和平与安全架构的审查报告提出了保持和平的理念，打破了长期以来联合国和平行动遵循的从冲突预防到建立和平、维持和平及建设和平的线性逻辑进程，主张将建设和平提前到冲突预防阶段并贯穿冲突管理的全过程。要做到这一点，就需要改进现有的建设和平工作，改变长期以来建设和平被制度建设绑架的状况，从局限于建设国家的狭义建设和平，回到有利于政治、经济和社会全面发展的广义建

---

① 2014 年 3 月 17—18 日，笔者在上海国际问题研究院参加了此次会议。

设和平轨道上来。

第三节　发展和平与自由和平比较

发展和平与自由和平都是生成于某一地域文明实践的和平规范，都包含一个关于转型国家实现和平的理论假设：见图5-6所示，自由和平坚持以制度建设优先，认为民主的政治制度和新自由主义的经济制度是一个转型国家实现和平的根本条件；发展和平坚持以发展经济优先，主张在保持政治和社会稳定的前提下，发展经济是一个国家实现和平的根本任务。在现代化成为大趋势的时代，许多处于国际体系边缘地带的国家，在制度建设和发展模式等方面都经历着转型。时代的全球化特征决定了任何一个国家的发展都会受到国际体系的影响。发展和平与自由和平都是国际规范体系中的和平规范，在国际体系发展演变的过程中，必然对广大转型国家的建设和平进程产生影响。

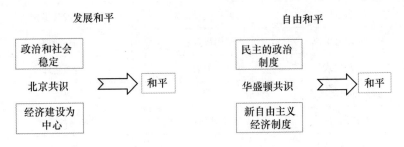

图5-6　发展和平与自由和平的理论假设比较

资料来源：笔者自制。

发展和平与自由和平是两个存在重大差异的和平规范。见表5-2所示，自由和平生成于以西欧和北美为中心的西方文明实践场域，发展和平生成于以中国为中心的儒家文明实践场域。在价值观上，自由和平信奉一元主义价值观，坚信以自由主义为内核的西方价值理念具有排他性的普世性，任何与自由主义不一致的价值理念都应当被排斥和反对；发展和平秉持多元主义价值观，认为世界是多元和多维的，每一种文明或者文化的发展和存在都有自在的合理性，不同的文明或者文化之间需要交流和互鉴。两个和平规范在国家实现现代化的路径上有着不同的逻辑。一个处于转型期的国家要走向现代化之路，往往面临制度建设和经济发展这两项核心任务的挑战。自由和平主张制度建设优先，认为只有按照西方自由民主的标准建立起民主的政治制度和新自由主义的经济制度，也就是建立起韦伯式的现代国家，才能够确保国家走上现代化之路并实现持久和平；发展和平主张经济建设优先，相信每一个国家都有选择政治制度和经济制度的权力。

表 5-2   **自由和平与发展和平内涵比较**

	自由和平	发展和平
实践场域	西方文明	儒家文明
价值观	一元主义	多元主义
现代化逻辑	制度建设优先	经济发展优先
国家政府地位	弱势政府	强势政府
治理模式	善治	有效治理
援助的政治条件	有	没有
东道国地位	不平等的接受者	平等的伙伴
国家社会转型方式	激进式	渐进式
规范的主要传播者	美国和西欧	中国
规范传播策略	传授与强加	学习与模仿

图表来源：笔者自制。

发展和平与自由和平对国家政府地位的理解存在不同：自由和平主张限制政府的权力和建立弱势政府，强调个人权利和公民社会建设，主张全盘私有化，反对政府干预市场；发展和平主张建立强势政府，强调中央政府在宏观经济政策、国家基础设施建设和稳定就业等方面发挥积极作用，反对激进的私有化，重视公有经济在维护政治、经济和社会稳定方面的作用，主张政府在必要时积极干预市场。见图5-7所示，自由和平与发展和平呈现的是两种截然不同的政府—社会结构。自由和平主张小政府、大社会，而发展和平主张大政府、小社会。

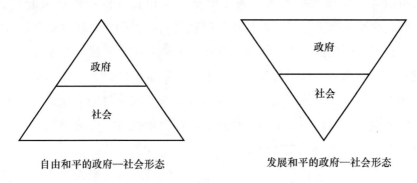

自由和平的政府—社会形态   发展和平的政府—社会形态

图5-7 自由和平与发展和平的政府—社会结构对比

资料来源：笔者自制。

自由和平与发展和平倡导了两种不同的治理理念。自由和平倡导善治（good governance），实际上是用西方自由民主的标准来衡量治理模式的好与坏，认为所有不符合西方自由民主标准的治理模式都是不好的，都应该被抵制并排斥在全球治理制度之外；发展和平倡导有效治理（effective governance），认为每一个国家都有探索和选择符合自身国情治理模式的权利，将治理的效果看作衡量治理水平最重要的标准。在对外援助上，自由和平往往设置苛刻的政治条件，要求受援国按照自由民主的标准对政治和经济制度进行改革；发展和平不设置这样的条件，反对通过援助干涉受援国的内政。在自由和平主导的援助中，受援国处于低人一等的地位；在发展和平主导的援助中，受援国与援助国是平等的伙伴关系。就国家转型的方式而言，自由和平提倡激进式变革，要求受援国对政治和经济制度进行彻底改造，实行经济休克疗法（economic shock therapy）和即刻民主（instant democracy）；① 发展和平反对激进式变革，主张各国根据自身国情决定国家社会转型的步调。

就规范传播者而言，从宏观上讲，自由和平的主要传播者是美国和西欧国家，发展和平的主要传播者是中国。从微观上讲，自由和平的传播者包括西方国家政府、它们主导的国际组织和西方社会的非政府组织等；发展和平的传播者主要是"走出去"的中国国有企业、私营企业甚至个人。就规范传播策略而言，自由和平有明确的传播议程，有明确的政治目的，规范传播主要依赖强制和报偿等基于后果性逻辑的激励机制，行为特征是传播者居高临下地传授甚至是强加；发展和平则没有明确的传播议程，也没有明确的政治目的，规范传播主要依赖学习和模仿等基于适当性逻辑的社会化机制，行为特征是规范接受者以平等的身份主动学习。

结　语

本章论述了中国和平崛起的伟大实践生成的一个称作发展和平的规范。该规范主要通过中国不断增加的对外援助以及国际政治经济活动在国际上传播。与自由和平一样，发展和平也包含一个关于和平路径的理论假设：在保持国内政治和社会稳定的前提下，不论实行什么样的政治制度，只要以经济建设为中心谋求发展，都可以实现和平。自由和平与发展和平都是人类文明在实践中探索出的和平规范。尽管这两个和平规范在内涵上存在的不同之处远远多于相同之处，但是都会通过参与转型国家建设和平的方式，对全球安全治理产生影响。值得关注的问题是：当这两个和平规范相遇，将会

---

① Fareed Zakaria, "The Self-Destruction of American Power: Washington Squandered the Unipolar Moment", *Foreign Affairs*, Vol. 98, No. 4, 2019.

出现怎样的结果？根据现有西方主流学术界的理论逻辑，当生成于非西方实践场域的规范与生成于西方实践场域的规范相遇，必然出现结果为零和的竞争性互动。在建设和平实践中发生的实际情况果真是这样的吗？第六章、第七章和第八章将通过案例研究，论证发展和平与自由和平互动的性质及结果。

第六章　自由和平独霸下的海地

　　自由和平与发展和平分别由当前国际格局中两个最重要的权势力量倡导。在建设和平的实践场域中，这两个和平规范相遇会出现什么样的结果？研究发现，并非在所有建设和平场域中，这两个和平规范都同时存在。中国崛起是最近几十年才出现的一种趋势。由于崛起的中国在世界上某些建设和平东道国还没有展示出足够的影响力，以至于发展和平不能对这些国家建设和平的进程和结果产生明显的影响。换句话说，在某些建设和平东道国，发展和平可以被认为是处于缺失状态，因而自由和平独霸了建设和平的规范领域。而在其他一些建设和平东道国，两个和平规范同时存在并发生互动。本书认为，通过比较两个和平规范之间发生竞争和不发生竞争两种情况，可以深入认识规范竞争的本质和结果，从而验证本书提出的基本理论假设。研究发现，海地和利比里亚存在两种不同的建设和平情况：在海地，发展和平缺失而自由和平独霸；在利比里亚，两个和平规范同时存在并发生竞争性互动。本章将论述自由和平独霸下海地的建设和平情况。

第一节　海地和平面临的挑战

　　研究一个国家的建设和平，首先要了解是什么构成了这个国家通往和平道路上的挑战，然后再探讨需要采取什么样的措施来应对这些挑战，从而建立持久和平。认识海地和平道路上的障碍，需要认识这个国家的过去和现在，了解使这个国家长期陷入冲突和动荡的各种新老问题。本节将介绍海地的基本情况，并分析这个国家通往和平道路上面临的主要挑战。

一　海地概况

海地的全称是海地共和国，首都太子港。位于西半球加勒比海北部伊斯帕尼奥拉岛的西部，国土面积27797平方千米。东与同在一岛上的多米尼加接壤，西与古巴和牙买加隔海相望，南面是加勒比海，北面濒临大西洋，是一个三面环海的国家，属于热带季风性气候。[1]当前海地人口中黑人占95%，其他5%是混血人种和以阿拉伯人为主的少数民族。海地的官方语言为法语和克里奥尔语。绝大部分人信奉天主教，另有一些人信奉基督教新教。在农村地区，有不少人信奉一种本土巫术——伏都教。

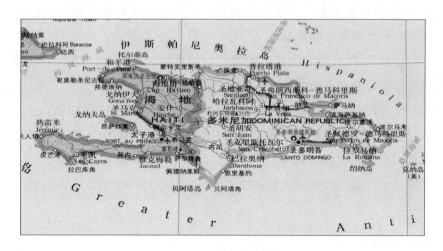

图6-1　海地地图

资料来源：地之图，http：//map. ps123. net/world/11153. html。

---

[1] 赵重阳、范蕾编著：《列国志——海地、多米尼加》，社会科学文献出版社2009年版，第3页。

在印第安语里，"海地"意为"多山的地方"，呈东西走向的连绵山脉为国内各地区间的交通带来困难。山地面积占国土总面积的四分之三，平原占四分之一。富饶的北部平原在法国殖民时期曾经有非常发达的种植园经济。海地曾一度被热带雨林覆盖，后来由于砍伐严重，森林面积迅速减少，土地沙漠化现象非常严重。海地矿产资源比较贫瘠，几乎没有可以进行大规模商业开采的矿产。①

海地是西半球人口密度最大的国家之一，2018 年全国人口大约为 1112 万人。② 由于自 20 世纪 90 年代中期以来动乱不断，造成全国各地的大量人口向首都太子港聚集，或者通过非法的途径移居海外。据称全国 30% 的人口都有亲属生活在海外。仅仅在美国就生活着 200 万海地移民和海地裔美国人。③ 居住在海外的海地侨民每年汇入大量侨汇，极大地帮助了许多贫困的海地家庭维持生活，同时也为海地的经济发展做出了贡献。2006 年汇入海地的侨汇达 16.5 亿美元（加上实物约 20 亿美元），占同年海地国内生产总值的 25%，远远超出同期国际社会对海地的援助。

自 1991 年杜瓦利埃家族独裁政权垮台以来，海地一直处于政局不稳、暴力冲突不断的状态，国家挣扎在动荡与贫穷的泥潭。然而，在研究海地存在的问题时，如果将分析的视野仅仅局限于 1991 年以来的这段历史，那么将很难深入认识海地问题的本质。一位美国学者指出，尽管有关海地的描述总是少不了"西半球最贫穷的国家"这样的语句，但是大部分这样的描述都忽略了这样一个事实，即海地今

---

① 赵重阳、范蕾编著：《列国志——海地、多米尼加》，社会科学文献出版社 2009 年版，第 5—9 页。

② World Bank："Country Profile：Haiti"，October 1，2019，https：//databank. worldbank. org/views/reports/reportwidget. aspx？Report_ Name = CountryProfile&Id = b450fd57&tbar = y&dd = y&inf = n&zm = n&country = HTI.

③ 赵重阳、范蕾编著：《列国志——海地、多米尼加》，社会科学文献出版社 2009 年版，第 11—12 页。

天的贫穷是一段漫长历史的产物。① 所以，尽管本书无意深入研究海地的历史，但是仍然认为简要梳理海地的近现代史，有助于认识海地建设和平所面临的障碍。

海地的近代史始于 1492 年。哥伦布在地理发现的途中首先到达了今天海地所在的伊斯帕尼奥拉岛并建立了定居点，之后很长一段时间里西班牙人在该岛进行殖民扩张和统治。西班牙开始在伊斯帕尼奥拉岛殖民之后，原本生活在岛上的印第安人分支泰诺人因殖民者的屠杀、压迫以及由他们带来的疾病而很快绝迹，只留下很少一些与殖民者的混血后裔。到了 17 世纪中叶，法国人开始在该岛的西部占据优势。1679 年，位于伊斯帕尼奥拉岛西部的西班牙殖民地圣多明克被割让给法国。到了 17 世纪末，圣多明克成了欧洲人在美洲众多殖民地中最富裕的地方之一。②

为了种植欧洲需要的棉花、甘蔗、咖啡和蓝靛等热带经济作物，大量黑人被从西非贩运到伊斯帕尼奥拉岛充当奴隶。白人奴隶主对黑人奴隶的残暴压迫激起了后者的激烈反抗。受到法国大革命的鼓励，从 1791 年，圣多明克爆发了 20 万黑人参加的大起义。起义军最终于 1798 年在黑人领袖杜桑·卢维杜尔的领导下建立了革命政权。1801 年，圣多明克革命政权颁布了第一部宪法，宣布永远废除奴隶制。1804 年，海地共和国宣告成立。在奴隶出生的让·雅克·戴沙林将军的发动下，全国境内在独立战争中幸存下来的白人几乎被尽数屠杀。③

海地是世界上第一个独立的黑人国家，也是美洲大陆继美国之后

---

① Peter Hallward, *Damming the Flood: Haiti and the Politics of Containment*, London: Verso, 2010, p. 1.

② 赵重阳、范蕾编著:《列国志——海地、多米尼加》，社会科学文献出版社 2009 年版，第 37—42 页; Central Intelligence Agency, "The World Factbook-Haiti", October 1, 2019, https://www.cia.gov/library/publications/the-world-factbook/geos/li.html。

③ 赵重阳、范蕾编著:《列国志——海地、多米尼加》，社会科学文献出版社 2009 年版，第 37—42 页。

第二个独立的殖民地。然而，独立后海地并没有像美国那样建立起高效的民主制度并走上现代化之路，而是陷入了政治独裁和社会动荡反复交替的旋涡。除了海地国内各种力量围绕国家权力的血腥、混乱的争夺，还有两个外部因素在很大程度上左右了海地近现代史的进程。一个源于法国，另一个源于美国。1825年，法国波旁王朝复辟后签署了皇家法令，要求海地人因赢得叛乱和解放了他们自己而向法国赔偿1.5亿金法郎。在停靠于太子港外海强大的法国舰队的威逼下，急于获得法国承认的海地总统让·皮埃尔·布瓦耶被迫答应了法国人的要求。①

1915年7月28日，美国海军侵入海地，占领了首都太子港及其他重要城市和港口，将海地直接置于美国的军事统治之下。1931年11月，亲美的斯特尼奥·文森特当选海地总统后，美国开始从海地撤军，并逐步向海地归还部分政府机构的控制权，但是，依然控制着海地的财政、贸易、金融和武装力量等部门。② 从20世纪50年代开始，美国资本大量涌入海地，造成美国垄断集团全面控制了海地国民经济的命脉。

1986年，杜瓦利埃家族统治倒台之后，海地陷入了政治混乱。反复举行的选举并不能平衡各方的利益诉求，以军队为代表的杜瓦利埃残余势力和代表富人阶层的反对派动辄以各种理由推翻政府。1990年，在国际社会的监督下，海地举行了建国186年以来第一次民主选举。代表海地平民阶层政党"拉瓦拉斯运动"（Lavalas）参选的黑人神父让·贝特朗·阿里斯蒂德当选总统。海地国内和国际社会都对阿里斯蒂德的当选寄予厚望，希望他的上台能够将海地带入一个新时代。但是，阿里斯蒂德上台后采取的一系列务实的改革措施损害了海

---

① Justin Podur, *Haiti's New Dictatorship*: *The Coup*, *the Earthquake and the UN Occupation*, London：Pluto Press, 2012, p. 12.

② 赵重阳、范蕾编著：《列国志——海地、多米尼加》，社会科学文献出版社2009年版，第49—51页。

地军方和保守势力的利益。1991 年 9 月，海地武装部队发动军事政变，阿里斯蒂德总统被迫流亡美国。军方对海地民主进程的干预遭到海地民众的反对，并引起了联合国、拉美各国和包括美国在内西方国家的强烈反应。1994 年 10 月，以美国为首的多国部队进驻海地，将阿里斯蒂德重新扶持上台。重新执政的阿里斯蒂德由于反对激进的私有化而与美国发生矛盾，未能在 1995 年任满之后参加大选。他于 1996 年组建了新的政党"拉瓦拉斯之家"，并于 2000 年 11 月以压倒性的优势再度当选海地总统。然而，海地的反对派拒绝接受大选结果，加之没有了西方国家的支持，阿里斯蒂德政府的施政努力举步维艰。与此同时，海地国内治安形势恶化，暴力事件时有发生。2004 年 2 月 5 日，海地发生了反政府武装叛乱。叛乱势力很快控制了全国大部分地区，并对首都太子港形成合围之势。2 月 29 日，阿里斯蒂德被迫宣布辞职并前往中非共和国避难。①

2004 年 4 月 30 日，安理会通过第 1542 号决议，授权建立联合国驻海地稳定特派团（联海团），帮助海地实现社会稳定并支持海地的民主政治进程。随着联海团进驻海地，来自国际上的各种援助资金和援助组织开始大量涌入，海地成为国际社会关注的一个焦点，这个国家的建设和平也由此进入一个新阶段。

二　海地建设和平面临的挑战

一个处于转型期的社会通往和平的道路上常常存在各种各样的障碍。综合前文所述，本书认为海地和平主要面临三个方面的挑战。

首先是制度上的挑战。海地还没有建立起一套适合自身国情的国家制度。1804 年海地共和国的建立，是一场具有革命性质的黑人农

① 有关阿里斯蒂德下台的过程有不同的说法。包括联合国在内的国际官方消息和主流媒体都认为是阿里斯蒂德在各方压力面前被迫辞去总统职位。但是也有一些人相信他是被美国武力挟持到了中非共和国。参见 Peter Hallward, *Damming the Flood: Haiti and the Politics of Containment*, London: Verso, 2010, pp. 235 – 249。

奴起义成功的结果。与之前发生在美国以及之后发生在拉丁美洲各地由白人资产阶级发动的殖民地独立战争不同，海地独立是由黑人奴隶发动并主导的。在整个美洲其他地方的独立战争之后都建立起了白人资产阶级民主政权，而像美国还创建了符合自身社会文化特点的"三权分立"民主制度。然而在海地，由于参加革命的黑人绝大多数是没有自由身份的农奴，而且还有许多人都出生于非洲，他们在很大程度上受到非洲部落文化的影响。法国殖民者为了有效管理种植园经济而在海地实行极权统治，[①] 加深了极权文化对海地的影响。大部分当权者常常难以抗拒极权甚至是独裁的诱惑，他们对政治和权力的理解往往还停留在封建社会甚至奴隶社会的层面。例如，奴隶出身的海地第一任总统戴沙林当政后就开始实行独裁统治，到了 1805 年更是自封为海地皇帝，大肆强迫人民劳动。[②] 尽管海地建国伊始便模仿美国和欧洲国家建立起了民主政体，但是有名无实。实际上，自获得独立后两个多世纪以来，海地一直在苦苦探索属于自己的现代政治和经济制度。在此过程中，尽管也曾在建国初期出现像佩蒂翁政权（1809—1818）那样带有乌托邦性质的政府，[③] 以及 1990 年第一次举行了真正意义上的民主选举，但是极权和独裁压迫一直是海地政治的主旋律。由于没能建立起适合自身的现代政治和经济制度，发生在不同党派或者利益集团之间的权力争夺难以找到平衡点。海地的政权更替频繁，不但严重影响了国家的发展，更是直接导致暴力冲突。

其次是经济上的挑战。极度贫困和贫富不均分裂了海地社会，引

① Robert Fatton, "The Fall of Aristide and Haiti's Current Predicament", in Yasmine Shamsie and Andrew S. Thompson, eds., *Haiti: Hope for a Fragile State*, Waterloo: Wilfrid Laurier University Press, 2006, pp. 15 – 17.

② 赵重阳、范蕾编著：《列国志——海地、多米尼加》，社会科学文献出版社 2009 年版，第 42 页。

③ 1809 年，海地东部（今多米尼加）被西班牙殖民者控制，海地西部（现在的海地）出现南北分治的局面。黑人将军克里斯多夫在北方实行具有军事封建制特征的独裁统治，混血种人佩蒂翁在南方建立了共和制政权。佩蒂翁深受法国资产阶级革命思想熏陶，将小块土地分配或者出售给个人，人民获得了一定程度的个人自由。他被尊为"好心的父亲"（Father Good Heart）。

发了严重的阶级和阶层对立。海地自独立以来一直挣扎在贫困之中。1971 年，海地被联合国开发计划署列为全球最不发达国家（least-developed countries），同时也是西半球国家中唯一的最不发达国家。2012 年海地人均国内生产总值仅为拉美其他国家的十分之一。① 根据联合国开发计划署发布的 2018 年人类发展指数报告，海地在全球的国家和地区中排名第 168 位。② 战乱、飓风和地震等天灾人祸不断。由于市场经济的冲击，以家庭小规模种植为基础的传统乡村农业体系崩溃。在这些因素的影响下，大量来自全国各地的人口涌向首都太子港，聚集在太阳城等贫民窟以及首都周边地区沦为难民。2010 年海地的失业率高达 40.6%。绝大多数海地民众极度贫困，全国约 80% 的人口生活在贫困线以下，其中 54% 生活在绝对贫困线以下。而占全国人口 1% 的富人阶层的收入却占国民总收入的 44%。③ 贫困和贫富不均引发了严重的阶级阶层对立，并表现为政治层面的冲突。伦敦金斯敦大学教授彼得·霍华德指出，自 1986 年杜瓦利埃家族垮台以来，海地的政治实际上是阶级政治，是拉瓦拉斯运动与反拉瓦拉斯力量之间的斗争。前者得到广大贫穷的海地百姓的参与，后者得到海地富人、垄断集团和国际保守势力的支持。④ 选举不但不可能调和海地严重的阶级阶层对立，甚至还有可能加重这样的对立。

最后是主权方面的挑战。长期以来国外势力的影响和干涉侵蚀了海地的国家主权。海地于 1804 年成为第一个获得解放的黑人殖民地国家，让那些醉心于在世界各地进行殖民开拓的欧洲殖民者恐慌不

---

① 参见 World Bank，"Least Developed Countries：UN Classification"，October 1，2019，http：//data. worldbank. org/region/LDC。

② United Nations Development Programme，"Human Development Indices and Indext：2018 Statistical Update"，2018，p. 24，http：//hdr. undp. org/sites/default/files/2018_ human_ development_ statistical_ update. pdf.

③ 赵重阳、范蕾编著：《列国志——海地、多米尼加》，社会科学文献出版社 2009 年版，第 64 页。

④ Peter Hallward，*Damming the Flood：Haiti and the Politics of Containment*，London：Verso，2010，pp. 39 – 73.

已。自独立之后，海地长期遭到以欧洲为中心的国际社会的孤立，欧洲列强和美国不但迟迟不肯从外交上承认海地，还一直伺机通过武力侵略等方式将海地重新变为它们的殖民地。1805 年和 1809 年，法国和西班牙先后占领了海地东部（今多米尼加）。1825 年法国强迫海地布瓦耶政府答应赔偿 1.5 亿金法郎的赔款后，海地前后总共用了 122 年，直到 1947 年才偿清这笔巨额赔款。① 对法赔款成为原本就财政拮据的海地政府的沉重负担，严重拖累了海地的发展，对这个国家独立以后的近现代史造成了深远的影响。此外，随着美国在 19 世纪开始崛起，这个北方强国成为影响海地的主导性外部力量。从 1915—1934 年对海地进行了直接军事占领和统治，到冷战时期对杜瓦利埃父子独裁统治的支持，再到 1986 年之后以各种方式干涉海地的政治进程，无不显示出美国对海地历史进程的严酷控制。②

通过分析海地和平面临的挑战不难看出，在海地开展建设和平，需要解决国家制度脆弱、经济发展落后和国家主权不完整这三个最为突出的问题。本书的第四、第五章分别论述了影响建设和平进程与结果的两个和平规范——自由和平与发展和平。自由和平偏重制度建设，发展和平偏重经济发展。发展和平所主张的独立自主原则正好能够平衡自由和平宣扬的干预原则。所以，从理论上讲，自由和平与发展和平的结合似乎可以较好地消除海地冲突的根源。然而，海地建设和平的实际情况并非如此。研究发现，由于多方面的原因，发展和平对海地建设和平的影响非常小，以至于可以被认为是处于缺失的状态。而与发展和平缺失形成鲜明对比的，是自由和平独霸海地建设和平的规范领域，成为影响海地建设和平进程和结果的唯一和平规范。

---

① Justin Podur, *Haiti's New Dictatorship*: *The Coup*, *the Earthquake and the UN Occupation*, London: Pluto Press, 2012, p. 12.

② Peter Hallward, *Damming the Flood*: *Haiti and the Politics of Containment*, London: Verso, 2010, pp. 12 – 16.

第二节　发展和平缺失

在海地建设和平进程中，发展和平的影响很小。这就造成海地建设和平对有利于发展经济和改善民生的领域关注不够，以及海地作为一个国家实体不能主导自己建设和平的进程。

发展和平在海地建设和平中缺失有诸多原因。关于最主要的原因，目前存在两种观点：一些人认为由于缺乏一个安全的环境，包括中国资本在内的国际资本都不愿意进入海地；另一些人认为海地自然资源贫乏，缺乏对国际资本的吸引力。[①] 然而，本书认为这些都不是发展和平在海地缺失最根本的原因。首先，就上述第一种观点而言，不可否认，自20世纪90年代中期以来海地一直处于社会动荡的局面，加之天灾人祸不断，安全环境不容乐观，的确容易成为国际资本进入海地的障碍。然而纵观世界上其他一些安全形势同样不容乐观的地方，例如阿富汗、伊拉克、利比里亚和南苏丹，动荡和不稳定并没有吓退以逐利为目标的国际资本。所以将海地缺乏国际投资主要归因于安全环境差的观点是站不住脚的。再者，第二种观点的可靠性同样值得质疑。虽然如本章的第一节所述，海地矿产资源比较贫乏，几乎没有可以进行大规模商业开采的矿产，而且这的确可能使得像海地这样一个动荡的国家显得缺乏吸引力。但是，有大量的事实证明，矿产资源并非是吸引国际资本的唯一条件。加勒比地区的许多其他岛屿国家同样缺乏矿产资源，然而这些国家照样能够吸引大量国际投资，发展水平也要远远高于海地。海地殖民时期发达的种植园经济的历史表明，这个处于热带地区的岛国并不缺乏吸引国际资本的自然条件。相反，海地实际上拥有一些吸引国际资本的优越条件。例如，根据海地与美国的关税协议，原产于海地的商品进入美国可以享受零关税的优

---

① 2012年3月至2015年12月，笔者通过电话、电子邮件和面谈对中外学者和曾在海地执行维和任务的中国警察的访谈。

惠条件。这对包括中国在内需要转移产能的国家是一个不小的诱惑。而且,从海地的人口结构看,劳动力资源丰富,有利于发展劳动密集型产业。尽管如此,海地并没有吸引来自包括中国在内的新兴经济体的大规模投资。

那么,什么造成了发展和平在海地建设和平中缺失呢?本书认为有两个方面的原因:一方面是由于海地已经陷入了过度自由化的陷阱,另一方面是中国与海地之间没有建立外交关系。海地陷入过度自由化,主要是受到该国历史、地缘环境和地域文化等多方面因素的影响。本章的第二节"自由和平独霸及其后果"将会深入论述这一点。本节主要分析第二个方面的原因。

中国同海地无外交关系。海地于1956年与中国台湾当局建立了所谓"外交关系"。在中国台湾当局"金元外交"的影响下,海地一度在联合国等国际场合力挺台湾。尽管如此,1991年海地发生推翻民选总统阿里斯蒂德的政变之后,中国并没有在安理会为海地的和平进程设置障碍。1994年7月31日,安理会通过第940号决议,要求国际社会尽力帮助阿里斯蒂德回国执政。中国在该决议的表决中投了弃权票。1996年2月,海地总统普雷瓦尔致函中国国家主席江泽民,感谢中国政府支持海地民主进程,并希望加强双边对话。7月,中国常驻联合国代表秦华孙应邀访问海地。9月,中海两国政府签署互设贸易发展办事处(商代处)协议。中海两国互设商代处之后,两国的交往有了一套正式的机制,双方开展了一些官方访问、商务考察和学术交流活动。但是,双边交流层次还不高,中海之间的建交事宜迟迟难以取得进展。

2004年中国担任安理会轮值主席国期间,支持建立了联海团,并且向联海团派出了一支125人规模的维和警察防暴队以及一支20人的维和警察单警分队。之后,中国在安理会审议联海团延长任务期事宜时都投下了赞成票。不可否认,中国的一系列善意举动的主要目的之一,是希望海地政府断绝与中国台湾的非法"外交关系",转而承认一个中国政策。然而，在中国台湾"金元外交"的影响下，海地的当政者并不为中国的善意所动。颇具讽刺意味的是，当装备精良的中国维和警察防暴队冒着生命危险，协助海地国家警察维护社会稳定时，时任海地过渡政府总统亚历山大·伯尼非斯正计划于 2005 年 7 月访问中国台湾。① 2006 年 5 月普雷瓦尔第二次出任总统之后，明确表示海地将继续执行亲台政策。从 2005 年开始，海地国内也曾一度出现与中国台湾"断交"、与中国建交的声音。2005 年 1 月，中联部副部长蔡武率领中国共产党友好代表团访问海地期间，海地临时政府总理吉拉德·拉托尔蒂会见代表团时表示，海地临时政府愿意积极发展同中国的关系。海地外交部长在会见代表团时表示，目前虽然两国还没有建交，但他相信这种状态不会太持久。② 然而，在一心推动"台独"的陈水扁担任中国台湾地区领导人期间，海地错失了与中国建交的良机。随着 2008 年 5 月马英九当选中国台湾地区领导人，两岸关系出现缓和。2010 年 7 月 15 日，海地工商部总司长在参加上海世博会活动期间表示，希望中国企业到海地投资，帮助促进海地经济发展。③ 但是，在马英九担任中国台湾地区领导人时期，两岸以"九二共识"为基础进行了"外交休兵"，中海两国建交事宜被搁置下来。2017 年蔡英文当选中国台湾地区领导人之后推行"台独"政策。遗憾的是，海地政府迄今都还没有抓住契机与中国建交。

　　应当指出的是，虽然中海之间没有建交，但是中国并没有对海地的困苦袖手旁观。如上文所述，中国不但支持联合国主导下的海地和平进程，还向海地派出维和警察。2004—2012 年，中国总共向海地派出了 8 支维和警察防暴队和 9 支维和单警警队，人数总计 1170 余人次。在 2010 年 1 月发生的海地大地震中，有 4 名中国维

---

① Philippe Rater, "Haiti Gets Caught up in China-Taiwan Standoff", *Caribbean Net News*, May 30, 2005.

② 《海地总理：愿发展与中国关系》，新华网，2005 年 1 月 23 日。

③ 林凌：《世博会：海地工商部总司长称欢迎中国投资者》，国际在线（CRI online），2010 年 7 月 15 日。

和警察和 4 名正在访问联海团的公安部官员牺牲。地震发生后，中方向海地派出了救援队和医疗队，并累计向海地提供了价值人民币1.03 亿元的援助。

此外，中国与尚未建交的海地也有一些经贸往来。自 1997 年中国在太子港设立商代处以来，中海之间的贸易量逐年增加，2012年，双边贸易额为 2.94 亿美元。此外，一些中资公司也在海地开展业务活动。华为和中兴两家公司都在海地承揽了一些电信服务项目。2005 年 8 月，中兴通讯在海地获得了价值 3900 万美元的合同。① 华为公司于 2019 年承包了海地电信公司通信设备升级项目。中国水利水电建设股份有限公司和温岭宏远交通工程有限公司等中资企业在海地承揽了一些建设项目，一家中国公司还投资 1300 万美元在海地建设了一个免税工业园，生产平板电脑和手机。然而，无论是派出维和警察参加海地维和行动和提供巨额救灾援助，还是双边经贸往来，都仅仅是普通意义上的国际政治和经济行为，而不是能够传播发展和平的中国常规官方援助，以及包含援助因素的以进出口信贷为支撑的大规模投资。

可能有人会指出，虽然中国没有对海地进行大规模援助和投资，但是，包括西方国家在内的其他国家在海地却有这样的活动。例如，美国通过国际开发署等援助平台，向海地提供了涉及农业、能源、教育和经贸等多方面的援助。然而，正如本章的后面部分将要深入论述的，以美国为首的西方国家对海地的援助是在自由和平的规范框架下开展的，它们在海地的投资往往青睐金融等高端垄断领域，而对基础设施、农业和社会服务等有助于促进海地经济和社会发展以及改善民生的领域缺乏兴趣。另外，中国以外的其他一些非西方国家在海地也有一些援助和投资活动。韩国一家服装制造商牵头在位于海地北方的卡拉科尔投资建设免税工业园，该工业园目前已经获得了超过 3 亿美

---

① 鲁东海：《中兴通讯 CDMA 产品成功应用海地》，《世界电信》2006 年第 11 期。

元的投资，建成后能够创造了 2 万个工作机会。^① 韩国公司雇用海地人，支付海地法律规定的最低工资的下限——5 美元一天。实际上，最近几年国际资本在海地建设了 10 余个免税工业园和投资项目。^② 此外，中国台湾这些年为了维持与海地的"邦交"关系，给予了数量可观的援助，搞了一些农业和基础设施项目。古巴政府向海地提供了医疗卫生援助。委内瑞拉在乌戈·查韦斯执政期间派出玻利瓦尔国际旅帮助海地修建了一些道路，并给予了海地一些石油援助，等等。这些援助和投资活动的确都有助于海地的经济和社会发展。但是，没有中国这个世界第二大经济体和国际格局中崛起力量的直接参与和推动，这些中小国家和地区在海地的援助和经济活动无论规模大小，都只能停留在普通意义的援助和经贸活动层面，不能上升为国际和平规范的实践而对海地建设和平的进程和结果产生本质上的影响。

海地所在的拉美地区长期受到"华盛顿共识"影响，原本就很难接触非西方的规范。中海之间没有建交，影响了中国官方援助和附带援助成分的巨额信贷资本进入海地。更值得关注的是，由于海地与中国之间没有正常的政治、经济和人文交流，中国的国家发展理念没有传播到海地，海地的精英没有机会了解发展和平的理念及其创造的奇迹。这就造成了发展和平没能进入海地建设和平的规范框架和话语系统。在此背景下，自由和平成了海地建设和平中唯一重要的和平规范，主导了海地建设和平的进程。

第三节　自由和平独霸及后果

自由和平是唯一对海地建设和平产生重大影响的和平规范。在海

---

① United States Department of State, "Western Hemisphere Affairs Fact Sheets 2011: North Industrial Park in Haiti", January 11, 2011, http://www.state.gov/p/wha/rls/fs/2011/154287.htm.

② 中国海地贸易发展办事处：《海地投资情况简介》，2015 年 4 月 7 日，http://ht.chinacommercialoffice.org/chn/tzzn/t1252835.htm。

地，自由和平的国际传播者众多，既有联合国、欧盟和美洲国家组织等政府间国际组织，也有国际货币基金组织、世界银行和泛美银行等国际金融机构；既有美国等国家政府，也有国际人权组织这类的非政府组织。本书从简约的目的出发，将仅仅选取在海地建设和平中扮演着最重要角色的传播者进行论述。

一　联合国传播自由和平

在参与海地建设和平的众多国际行动者中，联合国的作用最为突出。自 1993 年联合国开始参与海地冲突管理以来，先后在海地建立了 6 项维和行动，见表 6 - 1 所示。这 6 项维和行动尽管各自在建立背景、任务内容和特派团规模等方面存在不同，但是都有一个共同的特点：核心任务都是建设和平，指导建设和平的规范都是自由和平，具体表现为按照自由民主的标准开展国家政治和经济制度建设。尽管像联合国海地支柱团等维和行动也在一定程度上关注了海地国家经济复苏问题，但是，帮助海地发展经济显然不是这些维和行动的主要任务。也就是说，自由和平在联合国海地维和行动中占据主导地位。

联合国为海地和平倾注了大量人力、物力和财力。1993—2019年，联合国在海地的维和行动一直以不同的任务授权而存在。迄今为止，联合国总共只在拉丁美洲建立了 10 项维和行动，而在海地就建立了多达 6 项。联合国在海地花费了数十亿美元的维和经费，部署了十多万人次的维和人员和国际文职人员。实际上，海地已经成为联合国开展以建设和平为核心任务的多维维和行动耗时最长的国家。2004 年，时任联合国秘书长安南在《华尔街日报》上撰文指出，海地需要国际社会倾注大量的关注和资源，海地的维和行动需要打持久战。[①]

---

① 　Kofi Annan, "In Haiti for the Long Haul", *Wall Street Journal*, March 16, 2004.

表 6 – 1 联合国在海地的维和行动

联合国 和平行动	时间	主要任务	特派团规模
联合国海地 特派团	1993 年 9 月 —1996 年 6 月	协助海地武装部队实现现代化并协助建立一支新的警察部队;协助海地合法宪政当局建立一种有利于组织自由公正议会选举的环境	6000 名军事人员 900 名维和警察 460 名文职人员
联合国海地 支柱团	1996 年 7 月 —1997 年 7 月	协调联合国系统促进包括海地国家警察专业化在内的政治体制建设、民族和解和经济复苏等项活动	600 名军事人员 300 名维和警察 119 名文职人员
联合国过渡 时期特派团	1997 年 8 —11 月	培训海地国家警察	50 名军事人员 250 名维和警察
联合国海地 民警特派团	1997 年 12 月 —2000 年 3 月	协助海地政府促进海地国家警察专业化;协助培训海地国家警察的管理层和特警队;监测和指导海地国家警察的警务工作业绩	300 名维和警察 212 名文职人员
联合国海地 稳定特派团	2004 年 4 月 —2017 年 10 月	确保海地安全、稳定的环境;协助监测、整顿和改革海地国家警察;协助实施全面、持久的解除武装、复员和重返社会方案;协助海地恢复和维持法治、公共安全和公共秩序;保护联合国人员、设施、装置及设备,并保护平民;支持宪政和政治进程;协助组织、监测和举行自由、公正的市政、议会和总统选举;保护人权	5986 名军事人员 2436 名维和警察 1435 名文职人员
联合国海地 司法支助特派团	2017 年 10 月— 2019 年 10 月	协助海地政府进一步建设海地国家警察队伍;加强海地法治机构建设;促进和保护人权	1275 名民事警察 351 名文职人员

数据来源:本书笔者联合国网站（www. un. org）数据制作。

尽管如此,许多海地民众都抱怨联合国并没有解决他们的实际问题,他们认为联合国并没有将庞大的维和预算用于帮助海地发展经济、改善基础设施和提供社会福利。一些海地学者甚至认为维和特派团自身就是海地的不稳定因素之一,因为联合国的做法非常不公正,将拉瓦拉斯这个最受海地民众欢迎的政党排斥在了海地的政治进程之外。[①] 2004 年联海团成立以后的十多年里，海地的安全形势没有发生根本好转，政治进程也没有取得可圈可点的进展，海地的冲突似乎已经成为难以治愈的顽疾。这一切表明，就目前情况来看，联合国在海地开展的自由和平式建设和平是不成功的。

二　西方国家和国际组织传播自由和平

参与海地建设和平的重要国际行动者还有以美国为首的西方国家，主要是指西方国家政府以及由它们主导的国际金融机构。西方国家在海地的建设和平行为传播的是自由和平。与联合国一样，西方国家也主张在海地建立自由民主的政治制度。比联合国走得更远的是，西方国家还通过各种方式，迫使海地调整经济结构，接受西方标准的新自由主义市场经济制度。

美国是对海地现代史影响最大的西方国家，同时也是自由和平最有影响力的倡导者。美国很早就通过单边干预和双边协议，让海地接受了市场经济制度，进而将海地纳入美国的经济势力范围。尽管按照相关协议，原产于海地的商品进入美国市场可以享受零关税，但是对于一个传统上以农业为主的发展中国家来说，海地的工业基础非常薄弱，并不能充分利用这样的关税优惠政策。相反，新自由主义市场经济制度对海地的传统产业结构造成了冲击。政府对农业领域的支持乏力，以及早在 1986 年就开始的降低或者取消农产品进口保护性关税等结构调整改革措施，[②] 让原本就比较落后的海地农业不断衰退。20世纪 60 年代，海地基本上能够实现粮食自给，70 年代需要进口19%，1981 年进口 23%，之后急剧攀升，到了 1993 年，需要进口

---

① 2012 年 1 月 20 日，笔者通过电子邮件对一名研究海地问题的美国学者进行访谈。

② Alex Dupuy, *Haiti: From Revolutionary Slaves to Powerless Citizens: Essay on the Politics and Economics of Underdevelopment*, *1804 - 2013*, Abingdon and New York: Routledge, 2014, p. 104.

42%，而到了 2013 年，海地的粮食进口率达到了 60%，而其中大米的进口率更是高达 80%。① 通过对大米问题的分析，有助于深入地了解市场经济对海地农业的冲击及带来的严重后果。

由于大米在海地人的口粮结构中占有重要地位，大米生产一直是海地传统农业重要的一部分，海地曾经长期都基本上能够实现大米自给。然而，由于从 20 世纪 90 年代开始，海地被迫降低关税向美国开放市场，大量美国大米进入海地。1995 年，海地的大米进口关税一夜之间从 50% 降到了 3%，而同期加勒比地区其他国家的大米进口关税则是 20%—35%。② 来自美国的大米由于实行大规模现代化种植并且得到美国政府的高额补贴，价格优势非常明显。海地依靠小农经济生产的本土大米很快失去竞争力退出市场，水稻种植面积迅速萎缩。到了 1995 年，海地农民生产的大米只能够满足本国所需的 50%。加之海地从 90 年代后期开始陷入动荡，美国的粮食援助大量涌入，进一步冲击了海地本土大米生产。美国大米还改变了海地的粮食消费结构。到了 20 世纪 90 年代中期，海地家庭对大米的消费量增加了一倍，海地从而成为西半球人均消费大米最多的国家。③ 2010 年海地大地震后，美国前总统克林顿出任美国政府海地问题特使。他很快就为自己担任美国总统期间迫使海地降低农产品关税以进口美国补贴农产品的做法进行了道歉：

> 自 1981 年以来到去年前后我们开始反思期间，美国采取了一项政策，即，我们富国生产了太多粮食，应当把它们卖给穷国，将穷国从自己生产粮食的负担中解放出来，这样，谢天谢地，它们将大步跃进工业时代。这项政策没有奏效。它可能对我

---

① Alex Dupuy, *Haiti: From Revolutionary Slaves to Powerless Citizens: Essay on the politics and economics of underdevelopment, 1804 – 2013*, Abingdon and New York: Routledge, 2014, p. 105.

② Ibid., p. 123.

③ Ibid., p. 104.

的那些在阿肯色州的农场主们来说是好事，但是它没有奏效。它是一个错误，一个我曾经参与制造的错误。我不是在指责谁，那是我造成的。由于我的所作所为，我不得不每天承受这些结果，即，海地丧失了生产大米以喂养自己人民的能力。①

在美国大米的冲击下，海地有许多世代以大米生产为生的米农失去了生计。他们一方面失去了做农民的营生，另一方面又不能在城市里找到工作。许多人最后沦为国内难民，成为海地冲突根源的一部分。如今人口仅仅略超过千万的海地已经成为排名世界第四位的大米进口国。大量进口大米消耗了海地原本就非常有限的外汇，拖累了国家经济和社会的发展。更为严重的是，海地成为了国际粮食危机的受害者。2008年爆发的全球粮食危机波及海地，大米零售价在6个月内涨了大约一倍，一些海地人不得不吃泥土做成的"饼"充饥。② 难以填饱肚子的海地民众寄望政府出面干预米价，但是财政拮据的海地政府根本无能为力。愤怒的海地民众开始发泄不满，最终导致全国范围内的骚乱，造成许多人死亡，其中包括4名联合国维和人员。

除了西方国家政府，一些由西方主导的国际组织也在海地建设和平中传播自由和平。其中具代表性的是世界银行、国际货币基金组织和泛美开发银行。这些国际金融机构通过各种带有"华盛顿共识"特征的经济援助项目，迫使海地从结构上调整国家经济制度，实现彻底的自由化。1994年，海地政府因财政困难与西方援助国和国际金融机构签署了"巴黎计划"。根据该援助计划，西方国家、世界银行和国际货币基金组织等承诺向海地提供总额7.7亿美元的援助和贷

---

① Amy Goodman and Juan Gonzalez, "'We Made a Devil's Bargon', Fmr: President Clinton Apologizes for Trade Policies that Destroyed Haitian Rice Farming", April 1, 2010, http://www. democracynow. org/2010/4/1/clinton_ rice.

② Rory Carroll, "Haiti: Mud Cakes Become Staple Diet as Cost of Food Soars beyond a Family's Reach", *The Guardian*, 29 July, 2008.

款。作为条件，海地须大幅度降低关税，冻结工资水平，裁减大约一半的公务员，并将国有的电话公司、电力公司、机场、港口、水泥厂、面粉厂、食用油厂以及两家银行进行出售。① 艾米·古德曼和胡安·冈萨雷斯指出，西方附带政治条件的援助"从长远来看伤害了海地的经济"。② 以关税为例，早在20世纪70年代初，海地的关税还高达28%，之后开始降低，到2002年就已经降到了2.9%，成了拉美地区最开放的市场之一，同时也是联合国公布的48个最不发达国家中市场最开放的国家。随着市场开放度不断加深，海地也越来越深地陷入贫困。根据联合国开发计划署提供的数据，1990—2005年，海地经济年均增长率为－2%。③ 降低关税的结果是国家财政收入减少，促使海地政府提高消费税，但是这样做的受害者往往是贫穷的底层民众。④

　　西方国家以及由它们主导的国际金融机构以提供援助为条件，迫使海地的历届政府削减公共开支，将国有企业私有化。这样的做法为社会动荡埋下了祸根。如前文所述，海地的贫富分化非常严重。公立的教育和医疗部门被私有化之后，广大贫苦百姓根本没有能力支付私营医疗机构和私立学校昂贵的费用，许多贫穷家庭因此而不能就医，孩子不能上学。并且，一些国有企业原本为海地民众提供了大量就业机会，但是它们被私有化以后，往往紧接着就是大规模裁员，许多原本属于中产阶层的海地家庭因此失去了稳定的收

① Peter Hallward, *Damming the Flood: Haiti and the Politics of Containment*, London: Verso, 2010, p. 56.

② Amelie Gauthier and Madalena Moita, "Vulnerability and Causes of Fragility in Haiti", *FRIDE Project Report*, March 1, 2010, http://www.fride.org/publication/744/vunerability-and-causes-of-fragility-in-haiti.

③ United Nations Development Programme, "2007/2008 Human Development Report", Haiti Country Profile, October 1, 2019, http://hdrstats.undp.org/countries/data_sheets/cty_ds_HTL.html.

④ Amelie Gauthier and Madalena Moita, "Vulnerability and Causes of Fragility in Haiti", *FRIDE Project Report*, March 1, 2010, http://www.fride.org/publication/744/vunerability-and-causes-of-fragility-in-haiti.

入来源而陷入贫困。

三　国际非政府组织传播自由和平

国际非政府组织也是在海地传播自由和平的重要行动者。海地被称为"非政府组织共和国"。美国和平研究所在一份报告中指出，早在 2010 年海地大地震发生之前，就有 3000—10000 个非政府组织在海地活动。[①] 克林顿指出，若是按照人口平均数算，海地是世界上非政府组织第二多的国家，仅次于排名第一的印度。[②] 若是考虑到许多印度的非政府组织都是本土的这一点，那么海地可能是人均外国非政府组织最多的国家。[③]

尽管不同的国际非政府组织有不同的背景、目标和运作方式，但是活跃在海地的国际非政府组织绝大多数都具有一个共同的特点，即它们总体上都是按照西方自由主义价值理念行事，活动资金大多来自西方国家的官方援助机构，如美国国际开发署。它们是西方国家在海地传播自由和平这一宏大工程的"分包商"。不可否认，在海地国家政府弱小无力的情况下，国际和国内的非政府组织主导了海地的公共卫生、社会福利、教育甚至经济发展等领域，为广大海地民众提供了大量公共服务。2010 年大地震发生后，非政府组织在地震救援和震后重建等方面发挥了重要作用。[④] 但是，需要认识到国际非政府组织泛滥对海地建设和平的负面影响。这些负面影响主要表现在以下两个方面。

一方面，国际非政府组织架空了海地政府。海地 80% 的基本公共

---

①　Madeline Kristoff and Liz Panarelli，"Haiti：A Republic of NGOs?"*Peace Brief*，Washington：United States Institute of Peace，April 26，2010.

②　Daniel Trenton and Jacqueline Charles，"Bill Clinton Tells Diaspora：'Haiti Needs You Now'"，*The Miami Herald*，August 10，2009.

③　Justin Podur，*Haiti's New Dictatorship：The Coup，the Earthquake and the UN Occupation*，London：Pluto Press，2012，p. 29.

④　Madeline Kristoff and Liz Panarelli，"Haiti：A Republic of NGOs?"*Peace Brief*，Washington：United States Institute of Peace，April 26，2010.

服务都是由非政府组织提供。国际组织和传统的西方援助国政府在派发援助资金时，往往都不愿意相信海地政府，所以绝大部分资金都流入了非政府组织的账户。根据联合国海地问题特使办公室提供的数据，在截至 2011 年 3 月发放的总额为 24.3 亿美元的震后重建资金中，海地政府只得到了1%，而其余的99%都分发给了各种非政府组织和机构。① 并且，在优厚待遇的诱惑下，包括大量政府雇员在内的有限海地人才争相到国际非政府组织和机构谋职。在强势的国际非政府组织面前，海地政府面对的是既缺钱又缺人的窘境，难以在国家发展和建设和平方面发挥应有的作用。

另一方面，国际非政府组织参与建设和平的性价比值得质疑。在海地活动的国际非政府组织的雇员特别是外国雇员，享受的都是西方标准的工资和福利待遇。② 因而，国际非政府组织援助资金的很大一部分都最终落入了他们自己人的腰包，各种援助项目的效果也因此大打折扣。自由和平的根本理念之一是培植"民主的公民社会"，建立"小政府、大社会"的政府社会结构。从海地的情况来看，政府的确很小，但是"公民社会"也没有做大。如果说海地有一个公民社会，那么也不过是由外国政府和国际非政府组织支撑起来的虚幻的公民社会。建立这样一个虚幻的公民社会，让海地和国际社会都付出了高昂的代价。

综上所述，联合国和西方国家在海地传播自由和平的努力是失败的。2010 年 12 月 21 日，美洲国家组织特别代表理查多·塞腾福斯在接受瑞士一家报纸采访时指出，海地是国际社会援助失败的一个例证。塞腾福斯认为，国际援助不能代替国家的功能。面对从基础设施到失业等每一个问题，联合国所做的就是派来更多的部队。当失业率

① Office of the UN Special Envoy for Haiti, *Has Aid Changed: Channeling Assistance to Haiti before and after the Earthquake?* June 1, 2011, http://www.lessonsfromhaiti.org/download/Report_Center/has_aid_changed_en.pdf.

② 2012 年 1 月 20 日，笔者通过电子邮件对一名研究海地问题的美国学者进行采访。

高达80%时，部署一个稳定特派团是难以承受的。没有什么需要稳定，而什么都需要建设。①

第四节　自由和平的失败：海地地震后重建

在发展和平缺失的情况下，自由和平并没有为海地带来真正的和平。而且不难发现，在海地建设和平进程中，国家制度建设非常需要经济和社会发展作为支撑。2010 年海地大地震充分暴露了海地建设和平中存在的诸多问题，其中最为突出的是自由和平独霸给海地建设和平制造的结构性缺陷。

2010 年 1 月 12 日，海地爆发了里氏七级地震，造成超过 31.6 万人死亡，35 万人受伤，150 多万人无家可归。② 地震造成的财产损失高达 140 亿美元，是该国过去 46 年国家预算的总和。③ 这场地震将海地面临的困局充分暴露并放大。正如一些西方媒体和学术界人士指出，一场相对而言烈度并不算非常大的地震夺去那么多人的生命，固然有震源浅等客观原因，但是深层次的社会问题才是大幅度推高地震死亡人数的主要原因。④ 加拿大学者贾斯廷·珀杜尔指出：

> 房屋建筑的质量以及缺乏对建筑法的执行、稠密的人口居住

---

① 参见 Crawford Kilian, "Haiti's Misery, Our Disgrace", January 4, 2011, https://thetyee.ca/Opinion/2011/01/04/HaitisMisery/。

② 关于 2010 年海地地震的伤亡数据，国际上存在争议。根据联合国人道主义事务协调厅提供的数据，地震造成222570人死亡，300572人受伤。海地政府公布的数据是31.6万死亡，35 万人受伤，150 多万人无家可归。本书使用海地政府的数据。

③ Care and Save the World, "An Independent Joint Evaluation of the Haiti Earthquake Humanitarian Response", October 1, 2010, http://www.alnap.org/pool/files/1192.pdf; Justin Podur, *Haiti's New Dictatorship: The Coup, the Earthquake and the UN Occupation*, London: Pluto Press, 2012, p.138.

④ Justin Podur, *Haiti's New Dictatorship: The Coup, the Earthquake and the UN Occupation*, London: Pluto Press, 2012, p.138; Lucy Rodgers, "Why Did So Many People Die in Haiti's Quake?" *BBC News*, February 14, 2010.

在这些靠近震中不安全的建筑物里，以及缺乏应对（地震）的基础设施，都比（引起）这场灾难的地质因素在更大程度上决定了最终的死亡人数。[1]

英国广播公司记者露茜·罗杰斯将 2010 年海地地震与 2008 年发生在中国四川的地震进行对比，揭示抗震救灾资源缺乏的严重后果。罗杰斯指出，尽管中国的地震震级高达里氏 7.9 级，同样也造成了数万人死亡，但是在中国的那场地震中，受灾者与死亡者人数之比是 959：1，受灾者与从废墟中获救者的比率为 690：1；然而在海地的地震中，受灾者与死亡者的人数之比高达 15：1，受灾者与从废墟中获救者的比率仅仅为 16588：1。[2]

震后发生的一系列原本可以尽可能减少甚至避免的悲剧表明，这场大地震给海地造成了严重的生命和财产损失，还仅仅只是一场灾难的序幕，更多的不幸很快接踵而至。首先是地震之后的救援不得力。海地自己的震后救援力量严重匮乏，主要依靠国际救援。但是，等到国际救援力量从世界各地赶到海地时，往往已经错过了最佳的震后救援时机。有学者指出，美国军方在震后控制了太子港机场，一度拒绝让包括联合国粮农组织和无国界医生组织在内的国际救援力量的包机降落。更有甚者，地震之后第五天，也就是 2010 年 1 月 16 日，在美国与海地政府和联合国达成协议得到控制海地的港口、机场和道路的权利之后，搜救地震幸存者的工作便突然停止。[3] 而在 2010 年中国汶川大地震之后的第八天，救援队还发现并救出了幸存者。[4]

---

① Justin Podur, *Haiti's New Dictatorship*：*The Coup*，*the Earthquake and the UN Occupation*，London：Pluto Press，2012，p. 138.

② Lucy Rodgers，"Why Did So Many People Die in Haiti's Quake？" *BBC News*，February 14，2010.

③ Justin Podur, *Haiti's New Dictatorship*：*The Coup*，*the Earthquake and the UN Occupation*，London：Pluto Press，2012，p. 139.

④ 刘卫宏：《汶川地震幸存者马元江坚持 179 小时获救的背后》，新华网，2008 年 6 月 6 日。

由于受自由和平式国际援助制度弊端的制约，震后重建工作进展缓慢。尽管国际社会承诺了130多亿美元的援助，但是震后一年里，首都太子港90%的废墟瓦砾都还没有清理。与此同时，多达300万的海地人无事可做，处于失业状态。仅仅在太子港周边的临时安置营地里，就住着80万人。而与此同时，大量用于震后重建的资金迟迟花不出去。① 最具有代表性的例子是，截至2011年1月9日，也就是震后1周年，由克林顿和海地总理马克思·贝勒里夫担任共同主席的海地临时重建委员会掌管的近百亿美元国际援助资金，花出去的还不到10%。② 人类学家蒂姆·斯瓦兹不无遗憾地指出，堵塞于太子港各处的地震瓦砾原本可以被当作改变海地状况的良机。比如，如果国际援助机构出资，让海地人自己通过肩挑手推来做，不但可以很快完成瓦砾清理工作，还能够让震后重建资金被海地人通过劳动挣得，从而刺激海地经济发展。然而，绝大部分海地人只能坐在一旁，看着这些钱都进入了使用大型机械设备从事灾害清理的外国公司的腰包。③

2010年美国国会追加拨款11.4亿美元支持海地震后重建，其中6.51亿美元委托给了美国国际开发署，用于在太子港、圣马克和海地角三地修建15000套安置房。后来美国国会收到的一份审计报告指出，截至2013年6月，美国国际开发署只修建了2649套安置房，并且每套房的造价超出了最初报价的一倍至两倍，使计划安置人数从8万降到了1.4万。此外，使用美国援助资金在海地角建设发电厂和港口计划的落实工作进展也非常缓慢。为此，美国国会举行了听证会，

---

① Justin Podur, *Haiti's New Dictatorship*: *The Coup*, *the Earthquake and the UN Occupation*, London: Pluto Press, 2012, pp. 140 – 146.

② Alex Dupuy, "Foreign Aids Keeps the Country from Shaping Its Own Future", *The Washington Post*, January 9, 2011.

③ Justin Podur, *Haiti's New Dictatorship*: *The Coup*, *the Earthquake and the UN Occupation*, London: Pluto Press, 2012, pp. 144 – 145.

其间传出了不少丑闻。①

震后防疫工作不得力，造成霍乱疫情暴发。2010 年海地报告感染霍乱病例 17 万例，死亡 3600 人。严重的疫情让这个刚刚经历强震国家的脆弱局势雪上加霜。霍乱暴发后，许多海地人纷纷将愤怒的矛头指向联海团，认为是某国维和部队士兵将霍乱带入了海地。震后海地的霍乱源自哪里？迄今为止这仍然是一个没有明确答案的问题。但不可否认的一点是，海地震后的防疫工作没有得到足够重视。大灾之后防大疫，是救灾减灾的基本常识。海地人和震后忙碌在海地的国际救援力量并非不明白这一点。然而，由于面对多达 150 万因地震而流离失所的灾民，脆弱的海地政府和缺乏统一协调的国际救援力量没能够为海地灾民们提供符合基本生存需要和卫生要求的临时居所，这成了霍乱暴发最主要的原因。②

不可否认，近些年在国际社会的帮助下，海地建设和平开始重视经济发展。在全国建设了 10 余个免税工业园区，在一定程度上促进了就业。而且海地也开始制定规划，重视农业等第一产业的发展。但是，这并不表明发展和平已经开始在海地建设和平中得到重视。发展和平要求国家政府担当起责任，主导经济和社会发展。海地弱势的国家政府不能根据自身国情主导经济和社会发展，而仅仅依靠免税投资，并不能从根本上改变自由和平独霸的局面，也不能解决建设和平中存在的结构性问题。

结　语

在海地这样一个多灾多难的国家，建设和平是一项复杂艰巨的任

---

① Unite States House of Representatives Foreign Affairs Committee, "Haiti: Is U. S. Aid Effective?" Hearing before the Committee on Foreign Affairs, House of Representatives, One Hundred Thirteenth Congress, first session, Serial No. , 100 – 113, October 9, 2013.

② Mark Schuller, "Met Ko Veye Ko: Foreign Responsibility in the Failure to Protect against Cholera and Other Man-Made Disasters", Port au Prince: Institute for Justice and Democracy in Haiti, January 22, 2011, http://ijdh.org/archives/16896.

务。作为西半球少有长期处于动荡的国家，海地获得了国际社会的高度关注。由于海地没有与正在崛起的中国建立外交关系，常规的中国援助和带有援助成分的信贷资本不能进入海地，加之与中国缺乏人文交流，造成发展和平在海地建设和平进程中处于缺失状态。这样，自由和平就成为了影响海地建设和平过程和结果的唯一和平规范。在自由和平的独霸下，海地建设和平对制度建设重视有余，而对经济发展关注不足。自 20 世纪 90 年代初期以来，联合国、西方国家政府以及由西方控制的国际组织和非政府组织，一直致力于帮助海地建立自由民主的政治制度和新自由主义市场经济制度。然而，由单一和平规范主导的建设和平并不能有效地消除海地冲突与动荡的根源，所以尽管建设和平的规模不断增大，海地并没有走上和平之路。2010 年海地震后救援和重建工作的混乱和失败，充分暴露了海地以自由和平为单一和平规范的现有建设和平模式的缺陷。通过对海地建设和平的分析不难发现，由于自由和平独霸而缺乏其他和平规范参与竞争，建设和平的效果并不理想。这样的事实促使人去思考，若是自由和平与发展和平这两个和平规范同时存在，建设和平的效果又将是怎样的呢？本书的第七章将以利比里亚为例，分析两个和平规范同时存在于建设和平中并发生竞争性互动的过程与结果。

第七章　自由和平与发展和平竞争的利比里亚

　　海地建设和平进程的一个突出特点，是缺少不同和平规范之间的互动或者竞争。值得思考的是，规范竞争缺失是海地建设和平效果不佳的主要原因吗？要回答这个问题，最好的办法是在海地建设和平中引入不同于自由和平的和平规范，然后再观察建设和平的效果是否有所改观。然而，这显然是不现实的。没有迹象表明短期内自由和平之外的其他和平规范能够影响到海地建设和平的实践。所以，需要通过间接的办法来回答这个问题。初步研究发现，利比里亚作为一个建设和平东道国，在许多方面与海地有相似之处。而这两个国家的建设和平最明显的区别，是影响利比里亚建设和平实践的和平规范除了有自由和平，还有发展和平。在存在不同和平规范竞争的利比里亚，建设和平的效果会比海地好吗？对这个问题的回答，不但有助于回答不同和平规范之间的竞争是否会影响到建设和平效果这个问题，更为重要的是，将有助于回答本书的核心问题：规范竞争是否一定会出现零和的结果？本章将论述利比里亚建设和平中的规范竞争。分为四个小节。第一节分析利比里亚通往和平的道路上面临的挑战。第二、第三节分别论述自由和平与发展和平在利比里亚建设和平中的传播情况。第四节对比建设和平在海地和利比里亚出现的不同效果。

第一节　利比里亚和平面临的挑战

与海地一样，利比里亚通往和平的道路上同样面临许多挑战。这些挑战同样有深层次的原因。本节将首先介绍利比里亚的概况，然后分析这个国家建设和平面临的主要挑战。

一　利比里亚概况

利比里亚全称利比里亚共和国，首都蒙罗维亚。位于非洲西部大西洋东海岸，国土面积 111369 平方千米，是非洲面积最小的国家之一。北接几内亚，西北接塞拉利昂，东邻科特迪瓦，属热带季风性气候。

利比里亚处于西非几内亚高原南部的倾斜面上，从南部沿海到北部内陆分为地形地貌分明的四个地带：沿海地带、中部丘陵、切割高原和北部高原。水资源丰富，河流众多，水电潜力巨大。矿产资源丰富，最重要的是铁矿砂，储量估计有 18 亿吨。另外有钻石、黄金、铝矾土和铜矿等。[①]

2018 年利比里亚的人口约为 481 万人。人口结构中，24 岁以下的年轻人超过人口总数的 60%。全国约一半的人口生活在城市。有 17 个族体，其中美国移民后裔占人口总数的 2.5%，16 个本土族体占 96%，另外 1.5% 为其他族裔移民后裔。利比里亚有许多民族语言，但官方语言是英语。讲标准英语的人主要是美国裔利比里亚人。大部分人都能讲由英语变种而来的利比里亚英语。利比里亚的宗教除了本土传统宗教，还有伊斯兰教和基督教。[②]

---

① 李文刚编著：《列国志——利比里亚》，社会科学文献出版社 2006 年版，第 8—16 页。

② Central Intelligence Agency, "The World Factbook - Liberia", October 1, 2019, https：//www. cia. gov/library/publications/the-world-factbook/geos/li. html.

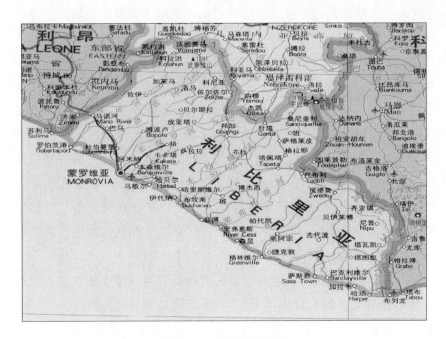

图 7－1 利比里亚地图

资料来源：地之图，http：//map. ps123. net/world/11235. html。

利比里亚的近代史始于 15 世纪末期。循着地理发现路线而来的葡萄牙人打破了西非地区原始部落社会的宁静，随后荷兰、英国、法国和德国等西欧国家的殖民者相继到来。起初，这些西欧人到西非的主要目的，是用轻工业产品换取非洲人的谷物、黄金、象牙和珍贵木材等农产品和矿产品。随着美洲被"发现"以及殖民地对奴隶需求量增大，欧洲人与西非海岸居民之间的正常贸易很快被大西洋奴隶贸易取代。来自欧洲的贩奴者通过暴力、欺骗或者拉拢当地酋长等手段，掠夺西非海岸地区人口。[①] 利比里亚似乎将要和非洲的绝大多数其他地方一样，开始一段由西欧白人主导的近现代殖民史。然而，发

_____

① 李文刚编著：《列国志——利比里亚》，社会科学文献出版社 2006 年版，第 40—44 页。

生在北美大陆的殖民地独立运动让利比里亚的历史发生了转向。美国独立后，废奴运动逐渐兴起，那些获得解放的黑人在美国政治、经济和社会生活中的身份问题开始困扰白人。一些人提出解决问题的办法是将自由的黑人遣返回非洲。随着北美废奴运动的深入，大批北方工业州的黑人以同意回到非洲为条件获得自由并被遣返，而另有一些被在贩奴船上截获的黑人被直接遣返回非洲。① 在负责遣返工作的"美国殖民协会"的运作下，被遣返的黑人得以在西非海岸落脚并建立殖民定居点。1824 年这个定居点被命名为利比里亚，在英语里意为"自由之邦"。各殖民地于 1838 年成立了利比里亚联邦，由"美国殖民协会"派遣总督。1847 年 7 月 26 日，利比里亚获得独立，成为非洲第一个共和国。

回到西非的美国黑人定居者以统治精英自居，将生活在利比里亚 16 个族体的土著黑人看作"土人"，或者说是未开化的野蛮人。1860 年，美国黑人定居者建立真正独立党，并从 1869 年开始执政百余年。美国黑人定居者对待土著黑人的残暴程度，与欧洲白人在非洲其他地方对待本土人相比有过之而无不及，这在广大土著黑人中累积起了深重的仇恨。②

1944 年 1 月，威廉·杜伯曼出任总统之后，为了打破长期以来存在于美裔利比里亚人社团与土著非洲人之间的社会和政治壁垒，推出了后来被称作"统一政策"和"门户开放政策"的两项政策。尽管杜伯曼总统的开明政策没能从根本上消除存在于利比里亚社会的身份鸿沟，但是在他长达 29 年的执政期间，利比里亚总体上是一个政治

---

① Mary H. Moran, *Liberia: Violence of Democracy*, Philadelphia: University of Pennsylvania, 2006, pp. 2 – 53.

② Steven C. Y. Kuo, "Am I My Brother's Keeper? An Examination of the Emerging Chinese Model of Peacebuilding in Africa", PhD Dissertation, University of St. Andrews, 2012, pp. 184 – 185; Adekeye Adebajo, *Liberia's Civil War: Nigeria, ECOMOG and Regional Security in West Africa*, Boulder: Lynne Rienner Publishers, 2002, pp. 21 – 23.

稳定、经济发展、社会进步和外交活跃的现代国家。[①] 1971 年 7 月杜伯曼总统去世，威廉·托尔伯特继任。尽管托尔伯特总统尽量保持了杜伯曼总统执政时期政策的连续性，比较成功地应对了国际能源危机和经济衰退对利比里亚经济造成的冲击，但是 1979 年爆发的"大米危机"严重动摇了托尔伯特政权的执政基础。

1980 年 4 月 12 日，土著克兰族人塞缪尔·多伊军士长率领 17 名士兵发动军事政变，打死托尔伯特总统，结束了美国裔黑人的统治，建立了军政府。多伊政府采取了一些促进工业和农业发展的措施以稳定局势，并于 1985 年经选举建立起了文官政府。但是，随着党禁解除，代表各种利益诉求的政党纷纷登记成立，暴力和非暴力的反政府活动此起彼伏，利比里亚从此陷入了 20 余年的内战。在漫长的内战中，受到国内外势力支持的各方军阀围绕权力和财富展开血腥争夺。战乱造成的人道主义灾难以及对地区和平与安全的影响引起了国际关注。1990 年 8 月末，西非经济共同体在会员国的支持下组建维和部队出面干预利比里亚局势。1993 年，联合国安理会批准成立了联合国利比里亚观察团（联利观察团）。尽管在国际社会的敦促和斡旋下，和平协议多次签署，过渡政府反复建立，但是总有一方或者多方力量拒绝参与和平进程，冲突和战事从未间断。

1997 年，在西非维和部队和联合国的庇护和监督下，利比里亚进行了自 1980 年美裔黑人统治被推翻以来的第二次大选。最终，查尔斯·泰勒当选总统。[②] 1997 年 9 月，联利观察团结束任务撤出，仅在蒙罗维亚保留了一个建设和平支助办公室。1998 年，由利比里亚武装部队前参谋长查尔斯·朱鲁领导的反政府武装"利比里亚人和解与民主联盟"（"利民联"）在几内亚的支持下，开始与泰勒的政府军对抗。而另一支反政府武装"利比里亚民主运动"（"利民运"），在

---

① 李文刚编著：《列国志——利比里亚》，社会科学文献出版社 2006 年版，第 68—73 页。

② 同上书，第 68—69 页。

科特迪瓦的支持下也向泰勒政府发难。反政府武装控制了首都蒙罗维亚以外的大部分地方，并在 2003 年 7—8 月围困蒙罗维亚。连年战火，老百姓对泰勒政府怨声载道，利比里亚国内外要求泰勒下台的呼声日益高涨。最终在以美国和西共体为代表的国际力量的压力下，2003 年 8 月 11 日，泰勒宣布交出总统职位流亡尼日利亚。① 随后，在国际社会的斡旋下，2003 年 8 月 18 日，利比里亚政府同两支反政府武装——"利民联"和"利民运"在加纳首都阿克拉签署了《全面和平协议》。该协议呼吁国际社会在利比里亚部署一支联合国领导的国际稳定部队。联合国安理会迅速做出回应，于 2003 年 9 月 19 日通过第 1509 号决议，授权建立联合国利比里亚特派团（联利特派团）。2018 年 4 月 30 日，联利特派团结束任务关闭。

二　利比里亚和平面临的挑战

关于利比里亚建设和平道路上面临的挑战，不同的人有不同的观点。一些学者在研究利比里亚建设和平时，往往将 1989—2003 年内战的根源作为分析的重点，认为只要消除了这些根源就能够建立持久和平。罗伯特·卡普兰提出了"新野蛮主义"（new barbarism）的命题，指出人口增长、生态恶化、根深蒂固的部落仇恨以及在全球化经济中被边缘化，足以让任何社会陷入混乱和无政府状态。② 利比里亚就存在着这些问题。斯蒂芬·伊利斯认为利比里亚内战的独有形式和特征，是关于权力和生死等宗教思想问题引起的结果。③ 有利比里亚学者认为，利比里亚爆发内战原因主要是族群对立、精英滥权、政治

---

① Steven C. Y. Kuo, "Am I My Brother's Keeper? An Examination of the Emerging Chinese Model of Peacebuilding in Africa", PhD Dissertation, University of St. Andrews, 2012, pp. 187 – 190；李文刚编著：《列国志——利比里亚》，社会科学文献出版社 2006 年版，第 68—69 页。

② Robert Kaplan, "The Coming Anarchy: How Scarcity, Crime, Overpopulation, and Disease Are Rapidly Destroying the Social Fabric of Our Planet", *Atlantic Monthly*, Vol. 273, No. 2, 1994.

③ Stephen Ellis, *The Mask of Anarchy: The Destruction of Liberia and the Religious Dimension of an African Civil War*, New York: New York University Press, 1999, p. 230.

腐败和经济不平等。① 本书认为，在研究利比里亚建设和平时，不能仅仅看是什么原因导致了内战，还需要关注内战本身对利比里亚造成的影响。换句话说，从 2003 年利比里亚内战结束以后开始的利比里亚建设和平，需要致力于解决的主要问题，既包括内战结束之前存在于利比里亚社会根深蒂固的老问题，还包括内战本身引起的新问题。结合利比里亚的历史和现状，本书认为，利比里亚冲突的新老问题主要反映在政治和经济两个方面，它们构成了利比里亚通往和平道路上的主要障碍。

政治上，利比里亚和海地一样，缺乏成熟的现代国家政治文化。利比里亚是非洲第一个建国的殖民地国家，建国之初仿效美国宪法和民主政治制度建立了联邦制。例如，在 1980 年以前的 133 年里都定期举行各级选举。② 然而严格地讲，利比里亚并没有建立起真正意义上的现代国家。这主要有两个方面的原因：一个是存在于美国裔黑人与利比里亚本土黑人之间的身份鸿沟；另一个是在非洲国家政治中常见的"新父权主义"（neo-patrimonialism）社会结构。

就身份鸿沟而言，早在黑人定居者回到非洲之时就埋下了祸根。正如非洲学者阿德克耶·阿德巴约指出，美国裔黑人定居者把他们在美国看到的欧洲白人统治黑人奴隶和印第安人的做法带回了非洲，娴熟地用于压迫非洲本土黑人。③ 他们建立起的强迫劳动制度一直延续到 20 世纪。④ 一些学者指出，自 1847 年以来的一个多世纪里，利比里亚实际上一直是由大约 300 个关系交织的家庭构成的一个统治精英

---

① Patrick Vinck, Phuong Pham and Tino Kreutzer, "A Population-Based Survey on Attitudes about Security, Disputed Resolution, and Post-Conflict Reconstruction in Liberia", Berkley: Human Rights Center, University of California, June 2011.

② Mary H. Moran, *Liberia: Violence of Democracy*, Philadelphia: University of Pennsylvania, 2006, p. 4.

③ Adekeye Adebajo, "Liberia: A Warlord's Peace", in Stephen John Stedman *et al.*, eds., *Ending Civil Wars: The Implementation of Peace Agreements*, Boulder: Lynne Rienner Publishers, 2002, p. 35.

④ George Dalton, "History, Politics, and Economic Development in Liberia", *Journal of Economic History*, Vol. 25, No. 4, 1965.

集团在实行"封建寡头统治"。① 造成的结果是，与欧洲白人在世界各地统治的殖民地一样，利比里亚存在殖民者与被殖民者之间的身份鸿沟。不同的是，在其他殖民地，身份鸿沟通常存在于欧洲白人与其他肤色的人种之间，而在利比里亚，身份鸿沟存在于同一肤色的黑人之间。更为不同的是，在非洲的绝大部分其他地方，是被殖民者主导了殖民地独立运动，殖民者与被殖民者之间的身份鸿沟因欧洲白人退出统治舞台而消失；但是在利比里亚，由于是美国裔黑人殖民者主导了殖民地独立运动，存在于美国黑人殖民者与被殖民的土著黑人之间的身份鸿沟保留下来，并且在过去一个多世纪里一直成为影响利比里亚历史进程最为重要的因素。尽管杜伯曼和托尔布特两位总统都曾经采取了有力措施去消除这样的身份鸿沟，但是 1980 年多伊发动政变后取得旋风式的胜利表明，存在于利比里亚社会美国裔黑人精英阶层与土著族黑人之间有关身份的结构性矛盾并没有消失。

除了身份鸿沟，新父权主义是影响利比里亚政治文化的另一重要因素。根据《国际政治科学百科全书》的定义，新父权主义指的是一种由非正式的政治关系和交换混杂而成的统治模式。在一个新父权主义政权中，政治首脑和他的代理人主要通过个人奇想（personal whim）和物质激励而非意识形态或者法制行使权力。在新父权主义国家里，公私利益被刻意混淆，官员们当官的主要目的是获取个人财富和地位。② 非洲的强人（big man）统治者们希望通过新父权主义统治来弥补他们的政权在合法性方面存在的缺陷。③ 在利比里亚，不论是 1980 年以前美国裔黑人统治时期，还是 1980 年以后多伊和泰勒统

---

① Abiodun Alao, John Mackinlay, and Funmi Olonisakin, *Peacekeepers, Politicians, and Warlords: The Liberian Peace Process*, Tokyo: United Nations University Press, 1999, pp. 12 – 14.

② Michael Bratton, "Neo-Patrimonilism", in Betrand Badie *et al.*, eds., *International Encyclopedia of Political Science*, October 4, 2011, http://knowledge. sagapub. com/vie/intlpoliticalscience/n386. xm, p. 1679.

③ Ian Taylor, "What Fits for the Liberal Peace in Africa?" *Global Society*, Vol. 21, No. 4, 2007.

治时期，新父权主义都是国家政治的主要特征。非洲裔黑人统治者为了自己的族群利益，将占人口绝大多数的其他族群排斥在利益分配体系之外。

无论是存在于美国裔黑人与利比里亚本土黑人之间的身份鸿沟，还是新父权主义，都是从利比里亚的历史中沉淀下来的非现代性政治文化的一部分。文化是历史的记忆，是很难被抹去或者改变的社会事实。不难想象，这些都是利比里亚通往和平道路上的巨大障碍。

如果说利比里亚缺乏成熟的现代国家政治文化是历史造成的老问题，那么这个国家在经济和社会发展方面的极度落后，则是一个由各种新老因素共同造成的复杂问题。尽管早在 1847 年就获得了独立，但是在欧美列强主宰国际政治舞台的时代，独立后的利比里亚随即进入寻求生存和真正独立的 100 年。19 世纪下半叶，英国和法国先后通过武力威胁和侵略蚕食利比里亚的领土。20 世纪初英国开始影响和控制利比里亚的海关、司法、财政和军事部门。第一次世界大战之后，英、法、美三国加紧了对利比里亚的瓜分。美国更是明言要将利比里亚变成美国的工业原料来源地、资本的投资场所和军队的重要海上基地。[①] 在美国政府的支持下，美国最大的橡胶生产商哈维·费尔斯通在利比里亚建立了大型橡胶园，改变了利比里亚的传统农业种植结构，使得这个国家逐渐沦为一个种植单一经济作物的国家。利比里亚也因此从粮食基本自给的状态，转为需要大量进口各种粮食，在经济上沦为了美国的附庸。[②] 尽管从 20 世纪中期开始到 70 年代末，杜伯曼和托尔布特两位总统施行的一些开明政策在一定程度上促进了经济发展，但是由于利比里亚的主要经济行业都被国内外利益集团控制，加之经济作物种植和矿产品出口对传统农业生产的冲击，利比里亚的经济发展变得愈发脆弱。

---

① 李文刚编著：《列国志——利比里亚》，社会科学文献出版社 2006 年版，第 53—61 页。

② 同上书，第 65—68 页。

    1980—2003 年内战对利比里亚的经济和社会发展造成了致命的破坏。战争造成了 15 万人丧生，国内大部分人流离失所，其中 85 万人逃到邻国沦为难民。国家法律和秩序全面崩溃，[①] 大部分基础设施遭到毁坏，国家经济基本陷入瘫痪。1980 年，利比里亚的人均国内生产总值曾高达 444 美元。但是到了 1990 年降为 180 美元，并被联合国开发计划署列为全球最不发达的国家。[②] 到了 1995 年，利比里亚人均国内生产总值降到了自有数据可查的 1960 年以来的最低点，仅为 64 美元。[③] 2000 年，全国 85% 的人生活在贫困线以下。2003 年，失业率高达 80%，[④] 其中 15—24 岁的年轻人失业率更是高达 85%。即便从 2005 年开始利比里亚的经济进入了一个平稳的持续增长期，但是到了 2011 年，利比里亚的人均国内生产总值也只有 374 美元，排名全球第 187 位。[⑤] 根据联合国开发计划署发布的 2018 年人类发展指数，利比里亚在全球国家和地区中排名第 181 位。[⑥] 与贫穷相对应的是国家基础设施非常落后。全国宽轨和窄轨铁路总长只有 345 千米，硬化公路只有 657 千米。2010 年，全国只有 18% 的人口能够享受医疗卫生设施，每 10 万人只有 1 名医生。严重的贫富不均加剧了利比里亚的贫困和落后状况，人口总数不到 5% 的美国裔黑人拥有利比里亚财富总量的 60%。总之，极度贫穷和落后是利比里亚通往和平道路上的又一大障碍。要建设持久和平，利比里亚亟须发展经

---

① United Nations, "UNMIL: Background", https://unmil.unmissions.org/background.

② 参见 World Bank, "Least Developed Countries: UN Classification", October 1, 2019, http://data.worldbank.org/region/LDC。

③ Index Mundi, "Liberia: GDP per Capita (current US $)", October 1, 2019, http://www.indexmundi.com/facts/liberia/gdp-per-capita.

④ Central Intelligence Agency. "The World Factbook: Liberia", October 1, 2019, https://www.cia.gov/library/publications/the-world-factbook/geos/li.html.

⑤ Index Mundi, "GDP per Capita (current US $) - Country Ranking", October 1, 2019, http://www.indexmundi.com/facts/NY.GDP.PCAP.CD/rankings.

⑥ The United Nations Development Programme, "Human Development Indices and Indext: 2018 Statistical Update", 2018, http://hdr.undp.org/sites/default/files/2018_human_development_statistical_update.pdf.

济和改善民生。

上述分析表明，利比里亚和平道路上存在政治和经济两个方面的障碍。若要在利比里亚建立持久和平，就需要采取有效措施消除这些障碍。建设和平是国际社会为帮助利比里亚走上和平之路而采取的重要措施。正如本书第四章所述，建设和平的行动者众多，各方行动者因身份背景、价值理念、资金来源和运作方法等方面不同，开展建设和平的具体方法也存在差异。研究发现，在利比里亚的众多建设和平国际行动者的活动至少表现出两种和平规范：一种是侧重国家制度建设的自由和平，另一种是侧重经济和社会发展的发展和平。在利比里亚建设和平实践中，这两个在内涵上存在巨大差异的和平规范同时存在，对建设和平的结果产生了怎样的影响？本章的第二、第三节将回答这个问题。

第二节　利比里亚建设和平中的自由和平

在利比里亚传播自由和平的众多国际行动者中，最重要的有两个：一个是联合国，另一个是西方国家以及由他们主导的国际金融机构。

一　联合国传播自由和平

联合国参与利比里亚建设和平主要是通过维和行动特派团、政治特派团和建设和平支助办公室等平台实现。从 1993 年至今，联合国先后在利比里亚部署了两个维和行动特派团、一个政治特派团和一个建设和平支助办公室。

利比里亚内战爆发后，安理会授权建立了联利观察团。从安理会的两次授权——1993 年第 866 号决议和 1995 年第 1020 号决议可以看出，联利观察团是根据《宪章》第六章授权，带有明显的传统维和行动特征，主要任务是支持西非经济共同体军事观察组实施克托努和平协议。① 在具体的建设和平方面，联利观察团主要是通过监督和确认等有限手段，督促利比里亚开展民主选举。

联利观察团于 1997 年 9 月 30 日结束任务撤出利比里亚。同年 11 月，根据安理会决议，联合国设立了联合国利比里亚建设和平支助小事处（联利支助处）。联利支助处是一个在利比里亚开展冲突后重建的政治特派团，主要任务是协助促进民族和解、加强民主制度、发动国际社会为利比里亚的国家复苏和重建提供资源，以及协调联合国在利比里亚的其他建设和平活动。

2003 年 9 月 19 日，安理会一致通过第 1509 号决议，授权建立联利特派团。联利特派团是一项大型的多维维和行动，主要任务除了监督《全面和平协议》的实施之外，还包括支持利比里亚开展安全部门改革，协助按照民主的标准监督和改组利比里亚国家警察和军队，帮助重建各个层次的国家行政机构和法制框架，为将于 2005 年年末举行的大选做准备。② 2012 年 9 月 17 日，安理会通过第 2066 号决议，更新了联利特派团的任务。特派团新的任务除了维护安全之外，还包括帮助利比里亚政府完成以下工作：改革和重组司法部门；开展国家和解、宪法改革和去集权化；支持安全部门改革和法制改革；加强能力建设，打击各种暴力犯罪活动；提升妇女的地位。③ 2018 年 3 月，联利特派团结束任务。2019 年 1 月，联合国批准了 500 万美元的资金，用于利比里亚建设和平相关项目。联合国建设和平支助办公室表示将会继续全力支持利比里亚建设和平进程。

不难看出，联合国在利比里亚开展和平行动的工作重心是建设和平，而建设和平的重点是开展制度建设。从 2003 年以来，联利特派

---

① 1989 年利比里亚内战爆发后，引起了西非经济共同体的关注。1990 年，西共体中讲英语的会员国组建了西非经济共同体军事观察组（简称西非观察组）进入利比里亚维持和平。1993 年，在西共体的促成下，利比里亚冲突各方在贝宁首都科托努达成和平协议。2001 年，西非观察组结束任务撤出利比里亚。

② United Nations Security Council Resolution 1509, September 19, 2003.

③ United Nations Security Council Resolution 2066, September 17, 2012.

团与其他联合国机构一道，支持利比里亚成功地举行了两次大选，并帮助建立起了立法、行政和司法制度框架。不可否认，联合国也采取了一些措施帮助利比里亚重建经济、建设基础设施和建立社会基本保障体系，但是，它在利比里亚建设和平中的主要角色还是帮助利比里亚建立起自由民主的国家制度，传播的和平规范是自由和平。

二　西方国家传播自由和平

西方国家在利比里亚传播自由和平，主要通过政府援助项目以及世界银行与国际货币基金组织的援助和贷款，促使利比里亚通过政治和经济领域的改革建成自由的市场民主国家。

在所有援助利比里亚的西方传统援助国中，美国的援助规模最大，它的援助方式也最具有代表性。美国援助利比里亚的主要机构是美国国际开发署。该机构援助利比里亚的主要任务之一，是帮助利比里亚提升在民主、人权和治理等方面的水平。例如，它通过"经济管理支持项目"，促使利比里亚政府改善公共管理。具体措施包括：与利比里亚相关部门和机构合作，改善该国的财政管理和政策实施工作；加强利比里亚公共管理学院培训公务员的能力；改革经营许可管理制度。此外，它还与利比里亚内务部、国家传统理事会以及信息部下属相关机构合作，推动《信息自由法案》的实施，增强利比里亚民众参与国家事务的能力。美国国际开发署还通过"建设利比里亚可持续选举管理制度"项目，帮助利比里亚提升国家选举委员会工作的效率、效果、公正性和可持续性。该机构还为利比里亚的公民社会和媒体提供支持，以提升民众参与公共事务的水平。[①]

尽管美国也对利比里亚的经济和社会等领域进行援助，而且这些援助也有助于利比里亚的经济和社会发展，但是，这些援助大多带有自由和平的色彩，主要目的之一是促使利比里亚建立自由的市场民主

---

① USAID, "Liberia: Democracy, Human Rights and Governance", September 25, 2019, http://www.usaid.gov/liberia/democracy-human-rights-and-governance.

制度。例如，作为美国在全球开展的"未来粮食保障计划"（Feed the Future）的一部分，美国国际开发署帮助利比里亚完善一项国家主导的综合粮食安全计划。但是，美国要求这项计划按照市场经济模式运行。[①] 该机构还设立了些项目，帮助利比里亚改善乡村道路状况、农业基础设施和能源状况。2019 年美国宣布将通过美国国际开发署向利政府提供 1.12 亿美元无偿援助，用于机构和政策改革，以促进全面经济增长、增强政府执政能力、改善教育和医疗制度。但是这些都不是美国援助利比里亚的重点领域。而且，在提供这些与经济建设相关的援助时，美国国际开发署要求利比里亚进行关税制度改革和保护知识产权。[②]

西方国家还通过它们主导的国际金融机构向利比里亚传播自由和平规范。援助利比里亚的主要国际金融机构是国际货币基金组织和世界银行。国际货币基金组织通过提供宏观层面的金融和财政援助，世界银行则提供包括金融、税务、治理、农业、基础设施、资源和紧急救助等涉及各个领域的援助项目，参与利比里亚的冲突后重建。这两个机构提供的资金和项目有助于改善利比里亚的经济和社会发展状况。世界银行于 2019 年 7 月宣布国际开发协会（IDA）向利比里亚提供一笔 4700 万美元的贷款。该项目的目标是改善初中生特别是女生的教育质量，提升学生获得高中教育的机会。此外，世界银行还批准了 2500 万美元贷款额度支持利比里亚的农业发展。

国际金融机构提供的援助往往附加了条件，要求利比里亚进行政治和经济制度改革。例如，国际货币基金组织向利比里亚发放中期贷款时，要求利比里亚进行金融和财务体制结构改革。主要改革

[①]　USAID，"Liberia：Agriculture and Food Security"，September 25，2019，https：//www.usaid.gov/liberia.

[②]　USAID，"Liberia：Economic Growth"，September 25，2019，http：//www.usaid.gov/liberia/economic -growth.

内容包括：重组财政部，实行银行监管，制定中期宏观计划，改革海关和贸易制度，以及对国有企业进行监管，等等。① 从世界银行援助利比里亚的"经济治理与制度改革项目"，可以了解它对利比里亚制度建设的影响。该项目的主要目的，是改善利比里亚政府在公共金融资源和人力资源管理方面的效率和透明度，其中要求利比里亚政府对税务管理、公共采购、预算执行和工资管理等方面进行改革。世界银行在向利比里亚提供援助时，也常常设置与制度改革相关的条件。如在"农业与基础设施发展项目"中，要求利比里亚政府取消大米进口关税。② 国际货币基金组织执行董事会于2019年5月与利比里亚政府进行磋商时指出，利比里亚的经济面临许多挑战，需要进行财政政策调整，加强国内税收征管以增加收入，同时合理调整政府支出特别是政府雇员薪资，以保持政府预算符合国家实际情况，维持一定的贷款总额以确保债务可持续性，谨慎选择非优惠贷款。

　　总之，尽管西方国家以及由它们主导的国际援助机构向利比里亚提供了各种援助，并且这些援助中的一部分也可以落实到利比里亚的经济和社会发展领域，但是，由于在这些援助中明显地附带了制度改革的条件，要求利比里亚根据自由市场民主的标准，全面、深入地建设和改革国家政治和经济制度。所以，与联合国一样，西方国家参与利比里亚的建设和平时，传播的也是自由和平规范。

第三节　利比里亚建设和平中的发展和平

　　发展和平的基本理念是发展经济以实现和平。如本书第五章所

---

　　① International Monetary Fund, "*Liberia: Economic Reform Strategy and PFM*", April 1, 2012, http://www.imf.org/external/country/LBR/rr/2011/040111.pdf.

　　② World Bank, "Liberia: Economic Governance & Institutional Reform", December 23, 2015, http://documents.worldbank.org/curated/en/795531468191353043/Liberia-Economic-Governance-and-Institutional-Reform-Project.

述，中国的对外援助和经济活动传播的是发展和平。但是，在包括利比里亚在内的冲突后国家，中国并非发展和平的唯一传播者。其他一些非西方国家，如印度、巴西和东亚一些国家和经济体，它们的国际援助和投资行为也带有发展和平的特点。但是，无论从政治上还是经济上衡量，中国都是所有非西方国家中实力最强的国家，同时它自身的发展为发展和平的生成做出了最为引人注目的贡献，因而也是发展和平最重要的传播者。甚至可以说，是中国崛起推动了国际体系边缘地带的实践上升为发展和平这样的国际规范。所以，本章讨论发展和平在利比里亚建设和平中的传播，将重点论述中国这个最重要的传播者。中国在利比里亚传播发展和平主要有三种方式：援助、投资和参加联合国维和行动。

一 中国对利比里亚援助与经贸合作

利比里亚于 1977 年 2 月与中国建交，之后中利关系几经反复。2003 年 10 月 11 日，中国与利比里亚过渡政府签署复交联合公报和谅解备忘录，两国恢复了大使级外交关系。之后，中国通过各种形式的援助和经贸合作，在教育与人力资源开发、农业、医疗卫生、基础设施建设等领域积极帮助利比里亚开展战后重建。

就对利援助而言，中国主要是在双边或中非合作论坛框架内，对利援建公共基础设施，提供无偿的资金和物资设备援助，以及提供技术和服务援助、奖学金、优惠贷款和减免债务等。援建公共基础设施是中国对外援助的一大特色，对利援助也不例外。中国为利比里亚援建了巴里克糖厂、综合体育场、塔佩塔医院、卫生部大楼、部委综合大楼、职业培训中心和农业技术示范中心等。其中，由中国政府援建、广东新广国际集团有限公司承建的塔佩塔医院，位于距离首都蒙罗维亚 360 多千米的宁巴州塔佩塔市，于 2009 年 3 月 25 日正式开工，2010 年 7 月竣工。医院占地面积 2.3 万平方米，总建筑面积约 7200 多平方米，项目建设工程主要包括门诊楼、医技楼、住院楼、综合楼和连廊以及其他辅助用房。塔佩塔医院是一所有 100 个床位的综合性医院，包括内科、外科、妇产科、儿科、五官科和急诊等，并配套建有专家公寓住房，是利比里亚规模最大的医院。中国政府不但承担了该医院的基建费用，还提供了比较齐全的医疗设备。

2012 年中国签约援建的利比里亚部委综合楼，是中国在非洲援建的第二大建筑物，规模仅次于位于埃塞俄比亚首都亚的斯亚贝巴的非盟总部大楼。① 2015 年 11 月 18 日，中国援建利比里亚职业技术培训学校扩建项目移交仪式在蒙罗维亚隆重举行。利总统瑟利夫在致辞中表示，中国独立自主的发展经验给她留下深刻印象，职业技术培训学校的建成体现了"授人以渔"的理念。2013 年 11 月，中国援助利比里亚 3600 万美元，让利政府用于支付中国援建的塞缪尔·坎雍·多伊体育场、蒙罗维亚职业培训中心、国会大楼附属楼和部委综合楼这四个项目所需资金。

中国政府为利比里亚中高级官员、技术骨干和青年提供了 1000 多个培训机会。通过向利派遣医疗队和农业、竹藤编、沼气利用、电台和体育场技术援助组，累计为利培养了 2000 多名医务、农林、广播、汽修和建筑等行业的技术人才。对利技术援助利用了当地的资源并促进了青年就业。2007 年，中国援助利比里亚竹藤编项目启动。该项目以利比里亚丰富的竹藤资源为基础，迄今已培养了 800 余名竹藤编织青年技术能手，切实帮助了利民众使用本地资源制造本地产品，有力实现"利比里亚制造"。中国不但向利比里亚派遣技术援助人员，还邀请利比里亚青年学员赴华培训。2019 年 7 月，来自利交通部、内政部、渔业局及渔业协会的 25 名青年学员赴华参加海水养殖培训班。

利比里亚是传统的农业国，大部分人口以农业为生。中国重视通

---

① "China Grants Liberia 36 mln USD in Aid to 4 Projects", *Xinhua*, November 15, 2013.

过技术援助支持利比里亚农业生产。在中非合作论坛的框架内，中国在利比里亚建设了农业技术示范中心。中方派遣技术人员赴利，对利青年进行蔬菜种植专项技能培训，试验种植和推广中国蔬菜、瓜果等农产品品种。[①] 中国援建了巴塔维农业合作社和杂交水稻制种试验田，该项目组织利比里亚农户种植水稻、木薯和蔬菜等作物。中方不仅提供技术指导，还提供农机和适量肥料予以支持。此举培养了一批种田能手，帮助一些利比里亚农户实现了粮食自给自足，改善了经济生活条件，激发和调动了农户种粮积极性并带动周边农户致富。

自1984年以来，中国向利比里亚派出了13批医疗队，派遣医务专家88人次。目前有9名中国医务人员在利比里亚工作。中国援利医疗队不但在东道国救死扶伤，还通过言传身教帮助利比里亚培训医务人员。中国向利比里亚提供了长期和短期的奖学金名额，包括"中国大使奖学金"和"中国企业奖学金"。2007年，中国一次性全部免除了利比里亚所欠的1600万美元债务。2018年利总统维阿访问中国后表示，利方此行成功加深了中利合作，中方将在道路建设、农业和卫生等领域继续大力支持利方发展，支持利比里亚政府的"扶贫计划"。

近些年来中利经贸合作关系成果显著。目前中国有国有企业和私营企业30多家在利比里亚从事经营活动，涉及领域包括矿业、工程承包、房建、林业、渔业和通信业等。[②] 2010年4月22日，由中非发展基金和武汉钢铁（集团）公司主导开发的利比里亚邦州铁矿项目正式启动。中国公司仅用了短短的一年多时间就使得这个曾经被迫荒废了十五年之久的铁矿重获生机。该项目是中利两国经贸合作中规模最大的项目，协议投资额26亿美元。河南国际合作集团承建了邦

---

① 中华人民共和国驻利比里亚共和国大使馆经济商务参赞处：《援利竹藤编与蔬菜种植技术合作项目换文在蒙罗维亚签署》，2015年7月23日，http：//lr. mofcom. gov. cn/article/zxhz/sbmy/201507/20150701055492. shtml。

② 中华人民共和国驻利比里亚共和国大使馆经济商务参赞处：《经贸合作简介》，2016年9月27日，http：//lr. mofcom. gov. cn/article/zxhz/hzjj/201508/20150801072495. shtml。

加—甘塔道路项目。该项目完工后可大幅减少交通费用和时间，促进利东北部经济发展。江西尚祐木业在利投资尚祐工厂，该项目位于利比里亚马吉比州卡卡他地区，占地约 47.5 英亩，总投资 3000 万美元，主要进行橡胶木材加工。目前，尚祐工厂拥有先进的木材加工生产线三条，可生产各种规格型号板材，年生产能力约 10 万方，可为当地提供 300 个就业岗位。截至 2017 年年底，中国对利直接投资 12.8 亿美元。

此外，两家中资建筑公司承包了由世界银行和利比里亚政府出资的两个修路项目。重庆对外建设总公司承包了建设连接蒙罗维亚市区与布希罗德岛的大桥，合同标的 1458 万美元。中国技术进出口总公司承建了世界银行援建的一万千瓦轻/重油双燃料发电站项目。目前，中国与利比里亚正在寻求开辟新的经济合作领域。例如，利比里亚希望中方帮助建立一个经济特区。此外，利比里亚正在与中资公司商谈建设蒙罗维亚自由港的计划。

二　中国参加利比里亚维和行动

中国对利援助的另一种形式是积极参加联合国在该国开展的维和行动。2003 年 9 月 19 日，中国在安理会投票支持在尚未与中国恢复外交关系的利比里亚建立维和行动。同年年底，中国向联利特派团派遣了 558 名维和人员，其中包括 1 个 240 人的工程兵分队、1 个 275 人的运输分队和 1 个 43 人的医疗分队。[①] 2013 年，中国向联利特派团派遣了 1 个 140 人的维和警察防暴队。中国在利比里亚的维和人员曾一度有 700 多人，约占当时中国派出维和人员总人数的三分之一。在 2015 年中国向联合国南苏丹特派团派出维和步兵营之前的 10 多年里，利比里亚一直是中国派驻维和人员最多的任务区。2015 年 2 月底，随着联利特派团关闭，中国驻利比里亚的维和人员完全撤出。联

---

① United Nations, "UN Mission's Contribution by Country", February 28, 2014, http://www.un.org/en/peacekeeping/contributions/2014/feb14_5.pdf.

利特派团是中国派出维和人员总数最多的任务区，在参加该维和行动的 11 年里，中国共派出了各类维和人员 8000 多人次。

在利比里亚的中国维和人员主要是保障部队。其中运输分队负责向整个联利特派团提供运输保障。此外，该分队的任务还包括将参与解除武装、复员和重返社会项目的前战斗人员运送到利比里亚全国各地的集结点。工程兵分队负责第四战区的道路和桥梁修建与维修、房屋维修、机场维护和修复，以及实施供水和供电等任务。医疗分队为该任务区的国际人员和当地民众提供医疗服务。利比里亚前总统瑟利夫称赞中国驻利运输分队时说："因为有你们这支过硬的运输部队，才使我们这个饱受战争创伤、百废待兴的国家加快了和平建设的步伐。"① 中国维和人员在维和行动中展示了"中国速度"和善于吃苦耐劳的工作作风，充分体现了发展和平重视发展速度和效果，主张尽快改变基础设施和经济发展落后状况。例如，2008 年年底，中国第七批驻利比里亚维和部队工兵分队在距结束任务回国还剩 20 多天时，毅然接受了一项修桥任务。在分队长江汉刚的带领下，中国工程兵分队不分昼夜加班加点，克服各种困难，仅用了 15 天就架起了一座利比里亚国内跨度最长的单层双排钢结构贝雷桥，展现了中国维和人员的敬业奉献精神和中国速度。②

三　中国参与利比里亚建设和平的特点

不可否认，中国对利比里亚援助和经贸合作的规模以及参与建设和平在广度和深度上都还难以与西方国家相比。尽管如此，中国参与利比里亚的建设和平具有自身的特点。这主要表现在两个方面。

其一，与西方国家最大的不同，是中国在提供援助时不设置政治条

---

① 中华人民共和国驻利比里亚共和国大使馆：《中国维和部队为利比里亚和平进程架起生命补给线》，http：//lr. china-embassy. org/chn/sbgx/wh11/t383420。

② 《使命重于生命：记北京军区驻冀某集团军工兵团团长江汉刚》，河北新闻网，2010 年 12 月 2 日。

件。在向广大发展中国家提供援助时，西方国家往往设置各种旨在迫使受援国进行结构性改革的政治条件。由于没有政治条件的束缚，中国落实援助的程序相对于西方国家更为简便、快捷，更能满足像利比里亚这样的冲突后国家开展和平重建的急迫需要，而且不会干涉受援国的政治和经济发展进程，允许受援国根据自身国情决定转型的方式和节奏。非洲经济转型研究中心在一份报告中指出，在利比里亚有影响力的人们看来，传统援助国提供的援助审批程序耗时太长，而中国提供的援助有助于利比里亚避免这一点，进而完成非常重要的发展目标。[①]

其二，较之于西方，中国的援助和经济合作更关注利比里亚的经济发展和民生问题。中国的援助主要流向政府设施、公共场馆、医疗卫生以及农业技术推广等领域。根据非洲经济转型研究中心统计的数据，2006—2008 年，中国对利提供了 6000 多万美元的援助，其中90% 都用于利比里亚的经济发展、基础设施和基本服务领域（见表7－1）。对于像利比里亚这样一个经历过长期战乱而百废待兴的弱小国家来说，加快经济发展和解决民生问题是国家治理的当务之急。中国立足自身的感受和经历并利用自己的优势，向利比里亚提供了该国政府和人民都看得见和感受得到的援助。

表7－1　　　　　中国对利比里亚援助的领域（2006—2008）

援助去向	和平与安全	治理与法制	经济振兴	基础设施和基本服务
援助数额（百万美元）	6.2	0	14.2	41.6
占援助总数百分比（%）	10	0	22	68

数据来源：African Center for Economic Transformation，"Looking East：China Africa Engagements - Liberia Case Study"，August 1，2008，http：//acetforafrica. org/wp_ content/uploads/2010/08/Looking-East-Liberia-China-case -study-August-20101. pdf。

[①] African Center for Economic Transformation，"Looking East：China Africa Engagements-Liberia Case Study"，August 1，2008.

中国在对利援助与经济合作上倾注了大量的资金、物资、人力和技术，对于改善该国冲突后重建的面貌做出了贡献。然而更为值得关注的是，中国对利援助和经济合作传播了中国在和平崛起的伟大实践中积累的国家发展经验。利比里亚国家政府和人民通过各种渠道，与中国政府和人民交往、互动，感受并学习到了一种全新的和平路径——发展和平。具有中国和平崛起经验特征的和平规范让利比里亚在自由和平之外多了一种选择。正如利比里亚前财政部长安托伊尼特·萨义赫指出："很明显，对于在非洲的我们来说，有很多要向中国学习的东西……中国消除贫困的成就大多发生在过去几十年里。那样的经验让我们很感兴趣。"① 瑟利夫总统认为，中国在利比里亚的援助和投资行为是立足于"南南合作"，利比里亚把中国当作朋友和战略伙伴，将继续通过有利于相互尊重和互利共赢的双边和多边项目加强两国之间的关系。② 2011 年 12 月 31 日，瑟利夫总统在接受中国记者专访时表示，利比里亚正在学习借鉴中国的发展经验来指导国家重建。③

第四节　发展和平的成功：抗击埃博拉

重大的安全危机往往能够检验一个国家的治理能力。如第六章所述，2010 年海地地震后的重建工作非常混乱、低效：非政府组织主导了震后重建，东道国政府被边缘化，浪费了宝贵的时间和资源，失去了利用震后重建推动建设和平的机遇。利比里亚近些年也出现了一

---

① 国际货币基金会非洲财长新闻发布会录音记录，华盛顿，2007 年 4 月 14 日，http：//go. worldbank. org/QWSCW31S50。

② Forum on China-Africa Cooperation，"Remark by H. E. Hellen Johson Sirleaf，at the 4th Ministerial Conference of the Forum on China-Africa Co-operation"，November 8 – 9，2009，http：//www. focac. org/eng/dsjbzjhy/zyjh/t632439. htm。

③ 宋轩：《利比里亚总统：中国维和部队为我们带来安全》，中国新闻网，2011 年 12 月 26 日。

次重大的安全危机。2014 年西非地区爆发了严重的埃博拉危机，利比里亚成了疫情最为严重的国家。幸运的是，利比里亚和国际社会携手成功应对了这次危机。同样面对重大的危机，为什么海地的危机应对工作出现重大失败，而利比里亚却非常成功？研究发现，主要原因在于海地和利比里亚这两个国家的危机应对工作分别受到两种不同和平范式的主导：在海地的震后重建是由自由和平主导；而在利比里亚的抗击埃博拉行动（抗埃行动）是由发展和平主导。

一　埃博拉危机

埃博拉病毒是一种能引起人类和灵长类动物产生出血热的烈性传染病病毒，1976 年在苏丹南部和刚果（金）的埃博拉河地区首次被发现，因其极高的致死率而被世界卫生组织列为对人类危害最严重的病毒之一。埃博拉病毒通常通过血液和其他体液等途径传播，感染潜伏期从 2 天到 21 天不等。患者的最初症状是突然发烧、头痛，随后是呕吐、腹泻和肾功能障碍，最后是体内外大出血导致死亡。已发现埃博拉病毒有 5 个不同的属种，其中有的致死率高达 90%。

2014 年 2 月，在西非国家几内亚境内出现埃博拉病例，之后病毒迅速传播，从丛林村庄蔓延至人口密集的大城市。之后几内亚、利比里亚、塞拉利昂三国全境成为疫区，尼日利亚、塞内加尔、马里、西班牙和美国也都出现了病例。2014 年 8 月，世界卫生组织宣布，西非地区持续蔓延的埃博拉疫情已经构成"国际关注的突发公共卫生事件"。2014 年 9 月 18 日，安理会召开史上第一次专门讨论公共卫生议题的紧急会议，通过了 134 个国家作为联署提案国的第 2177 号决议。该决议认定西非暴发的埃博拉疫情已经"对国际和平与安全构成威胁"。在世界卫生组织和联合国开始关注西非地区埃博拉疫情之后，国际社会掀起了一波携手抗击埃博拉的热情。2015 年年底，世界卫生组织正式宣布西非地区的埃博拉疫情结束。在这次疫情中，疫情最严重的塞拉利昂、利比里亚和几内亚三国有超过 2.6 万人被确诊感染病毒，其中 1.1 万人死亡，这两个数字均远远超过 1976—2012 年全球累计埃博拉病例数和死亡人数的总和。①

二　国际社会合力抗击埃博拉

利比里亚是疫情最为严重的国家，有 4716 人死亡，几乎占西非三国埃博拉死亡总人数的一半。尽管如此，利比里亚却是这三个国家中疫情最早结束的国家。2015 年 9 月，世界卫生组织宣布利比里亚的埃博拉疫情结束，而塞拉利昂和几内亚直到当年年底才宣告疫情最终结束。2014—2015 年，参与应对利比里亚埃博拉疫情的各方力量可以分为三类：国家政府、国际组织和非政府组织。国家政府包括利比里亚政府以及中国、美国、古巴、英国和日本等外国政府；国际组织包括联合国、欧盟、非盟、世界卫生组织等政府间国际组织，以及世界银行、国际货币基金组织和非洲开发银行等国际金融机构；非政府组织包括无国界医生组织、国际红十字委员会和比尔及梅琳达·盖茨基金会等。

国际组织积极向包括利比里亚在内西非地区派出技术专家并提供援助资金和物资，为抗击埃博拉的最终胜利做出了贡献。世界卫生组织发挥其在体制和技术上的优势，向西非疫区派出了 500 名专家，并组织召开埃博拉专题高级别国际会议，是整个国际社会抗埃行动的最高协调机构和重要参与者。联合国在安理会通过关于西非埃博拉疫情的决议之后，2014 年 9 月 19 日，第 69 届联合国大会第三次全体会议一致通过决议，授权组建联合国成立以来首个专门应对传染病疫情的应急机构——联合国埃博拉紧急特派团，联合国系统的许多专门机构都参与到抗击埃博拉的国际行动之中。此外，为帮助西非三国应对埃博拉疫情，欧盟宣布提供 1.4 亿欧元，非盟在政治上给予了大力支持。世界银行、国际货币基金组织和非洲开发银行都向疫区国家提供

① 徐彤武：《埃博拉战争：危机、挑战及应对》，《国际政治研究》2015 年第 2 期。

了资金。其中，世界银行宣布提供 3.7 亿美元，国际货币基金组织宣布向西非三国提供 1.3 亿美元，其中分配给利比里亚 4900 万美元。非洲开发银行表示将筹集 6000 万美元。

各种非政府组织、民间团体甚至个人也积极参与西非抗埃行动。无国界医生组织最先到达疫区并一直保持一支庞大的专家队伍战斗在抗埃的前线。国际红十字委员会、乐施会和天主教慈善国际等都投入大量的人力、物力和财力参与抗击埃博拉。比尔及梅琳达·盖茨基金会捐款 6000 万美元。微软联合创始人保罗·艾伦承诺捐款 1 亿美元。

各国政府参与抗埃行动的努力更为引人注目。首先，中国的贡献可圈可点。中国是最早参与救治并提供援助物资的国家。疫情暴发后，美国、埃及、日本等国医护人员相继撤离，中国援利比里亚医疗队留了下来并始终坚守一线。2014 年 4—10 月，中国向西非国家提供了 4 轮总计人民币 7.5 亿元的援助。2015 年 11 月，中国又向西非国家提供了第五轮援助，其中包括粮食、防疫物资和设备、现汇捐款以及援建高级别生物安全防护实验室。① 应疫区国家的请求，中国向利比里亚、塞拉利昂和几内亚三国及周边七国派出多批军队和地方医疗卫生人员，累计近 1200 人次。中方卫生专家组为疫区各国检测埃博拉出血热样本近 8000 份，留观诊疗相关病例 900 余例，培训当地医护人员和社区防控骨干 1.3 万余人，为疫区国家留下了一支带不走的防疫队伍。② 在利比里亚，中国政府援建的有多达 100 张床位的埃博拉出血热诊疗中心，仅用 1 个月就顺利建成投入使用。为运营该中心，中国人民解放军派出了三批近 500 名医护人员。此外，中国还通过向世界卫生组织和非盟等参加抗击埃博拉的国际组织捐资，其中向联合国应对埃博拉疫情多方信托基金捐资 1100 万美元。

---

① 参见顾德伟《背景资料：中国援助非洲抗击埃博拉疫情重大举措》，新华社，2014 年 12 月 3 日。

② 谭谈、王蔚：《中国提供全球卫生公共产品的路径分析》，《国际观察》2017 年第 4 期；国家卫生计生委卫生应急办公室：《防控为主 科学应对 统筹做好埃博拉出血热疫情国内防范和援非抗疫工作》，《中国应急管理》2015 年第 11 期。

美国是参与抗击西非埃博拉的另一个重要国家。埃博拉危机爆发后，美国宣布向西非地区派遣一个不少于 50 人规模的公共卫生专家组。美国政府还向西非疫区派出了 3000 名士兵，其中包括 101 空降师、第 621 应急响应部队和第 48 化学、生物、放射性和核大队。绝大部分参与抗埃行动的美军都部署到了利比里亚。美军士兵的主要工作是帮助疫区国家建设大型医疗培训中心和移动医学实验室，并向当地提供医护人员培训和后勤服务等支持。[①] 美国国会迅速通过了 2015 财年联邦政府预算案，批准拨给联邦政府各部门总计约 54 亿美元的抗击埃博拉专项资金。此外，古巴、英国、法国、日本、加拿大、俄罗斯、韩国和澳大利亚等国政府也都采取了切实行动支持西非抗击埃博拉疫情。其中，古巴的表现尤其可圈可点。这个长期遭受制裁的贫穷、弱小的国家向西非疫区派出了近 500 名医护人员。[②]

三　海地地震后重建与利比里亚抗击埃博拉比较

在利比里亚抗埃行动中，尽管国际组织和非政府组织做出了重要贡献，但是国家政府才是真正的主导力量。无论是提供援助资金和物资的数量，还是派出专家团队的规模，各国政府的贡献都要远远超过各方国际组织和非政府组织。而在海地地震后重建中，非政府组织起到了主导作用，外国政府参与不力，东道国政府被边缘化。研究发现，海地地震后重建与利比里亚埃博拉危机，分别体现了两种不同的和平范式。

海地地震后重建受到自由和平的主导。如第六章所述，在海地的国家结构中，政府一方处于弱势地位，以非政府组织为代表的社会一方处于强势地位。作为一个高度依赖国际援助的国家，海地的国家政府往往因为被冠以"腐败""不透明"等标签而难以直接获得大量援

---

① 《美国将向埃博拉疫区派 3000 名军事人员》，中国新闻网，2014 年 9 月 16 日；《美军继续援助西非抗击埃博拉疫情》，新华网，2014 年 10 月 8 日。

② 徐彤武：《埃博拉战争：危机、挑战及应对》，《国际政治研究》2015 年第 2 期。

助资金。2010 年海地地震后，国际社会承诺了 100 多亿美元的重建援助资金，但只有一小部分被分配给海地政府支配，其余大部分都流入了各种国际和当地非政府组织手中。尽管震后救援阶段许多国家都派出了救援队，美国甚至出动了 1.1 万名军人到海地发放救援物资并协助联海团维持当地秩序，但是在震后重建阶段却很少有外国政府积极参加。不仅如此，国际社会承诺的援助资金很大一部分都未能兑现。例如，加拿大以海地对救灾款使用存在问题为由，宣布停止对海地的资金援助。由于没有海地政府出面统筹协调，加之缺乏外国政府的大力支持，海地震后重建工作被非政府组织主导。这些国内外的非国家行为体出于自身利益和议程考虑而各自为战，让震后重建工作陷入了混乱。例如，国际非政府组织在经营援助项目时，往往因缺乏对当地情况的了解而使援助的效果大打折扣。它们的管理人员工资和福利待遇优厚，推高了援助项目运营成本。并且，由于国际非政府组织工作的关注点往往受到国际舆论关注度的影响，导致它很难有耐心持续地参与漫长的震后重建。

发展和平是应对国家危机的另一种范式。发展和平的要素之一是国家政府主导国家事务。特别是在发生重大危机事件时，政府要起到主导作用，动员全社会力量参与危机应对。中国在这方面积累了丰富的经验。2003 年"非典"疫情暴发后，中国政府成功地发动了全民行动，疫情最终被迅速、有效地消灭。2008 年汶川大地震发生后，中国政府充分调动国家和社会力量开展震后救援和重建，并利用震后重建的契机振兴川北落后地区，收到了很好的效果。震后两年，震区就已经很难见到地震留下的残垣断壁，一座座新城和新建的乡村民居拔地而起。对于一些国力弱小、资源匮乏的冲突后国家，在重大危机面前更是需要国家政府发挥起主导作用。

与海地震后重建不同的是，利比里亚抗埃行动是由国家行为体主导，体现了发展和平的理念。埃博拉危机爆发后，利比里亚政府动用了军队参与控制疫情。尽管在疫情暴发的初期动用军队封锁重灾区的做法饱受诟病，但是这也显示了利比里亚调动国家资源参与危机应对的政治意志和能力。在利比里亚政府的主导下，全民参与防控疫情的国家行动得以推行下去。利比里亚政府还积极地与国际援助力量特别是外国政府沟通，大力争取援助。如前文所述，来自国际上的众多国家行为体大力支持，是利比里亚抗埃行动取得成功最重要的原因。与海地震后重建不同的是，许多参与援助利比里亚抗埃行动的外国政府，并没有仅仅将援助资金交给东道国政府或者非政府组织，而是派出大量人员到疫区亲力亲为，直接参与一线的行动。各国政府参与抗埃行动的意志坚定，投入了充足的人力、技术和物质资源，确保了行动迅捷而又高效。例如，在条件艰苦、资源匮乏的利比里亚，为了争分夺秒抗击埃博拉疫情，中国政府调动了各方力量，仅用27天就建成了一个大型的埃博拉诊疗中心。

海地震后重建失败和利比里亚抗埃行动成功的反差表明，在重大的危机面前，尽管国际组织和非政府组织的积极性和作用都不可忽视，但是只有国家政府才是值得仰仗的中坚力量。从国际层面来看，全球治理需要践行发展和平。各国政府应当是全球治理最重要的行动者。无论是在全球范围内的传统安全事务还是非传统安全事务中，在促进全球经济发展和消除贫困等涉及全球发展的领域，以及在应对重大的全球性危机时，只有各国政府都行动起来才能取得成功。

第五节　海地与利比里亚建设和平效果比较

海地和利比里亚这两个建设和平东道国在包括国家历史、自然条件和冲突性质在内的许多方面都存在相同或相似之处。见表7-2所示，它们都是滨海的小国，都有被殖民的历史，都有200年左右的建国史，都地处热带并且有可观的自然资源，都是最不发达的国家，都在冷战结束前后开始爆发国内冲突，都从90年代初期开始了建设和平进程，联合国在这两个国家都开展了历时多年规模巨大的多维维和行动，甚至这两个国家近些年都出现了毫无政治经验的明星当选总统的情况，等等。尽管如此，但是这两个国家在建设和平方面也存在一些不同之处，其中最明显的一点，是它们各自的建设和平沿用了不同的规范：在海地，自由和平是唯一对建设和平产生重大影响的规范；在利比里亚，建设和平同时受到自由和平与发展和平的影响。也就是说，海地的建设和平是自由和平独霸，而利比里亚的建设和平出现了自由和平与发展和平的共存。在此情况下，两个国家建设和平的效果会有什么样的不同呢？

表 7 – 2 　　　　　　　　　利比里亚与海地基本情况对比

	海地	利比里亚
地理位置	加勒比地区	西非
国土面积	27750 平方千米	111369 平方千米
人口	1112 万人	482 万人
建国时间	1804 年	1847 年
殖民地背景	法属殖民地	美国自由奴隶返回非洲殖民
主要资源	农业	钻石、铁矿等
国家发展状况	最不发达国家	最不发达国家
硬化路长度	657 千米	768 千米
冲突开始时间	1992 年	1989 年
冲突性质	国家内冲突	国家内冲突
联合国维和时间	1992—2018 年	1993—2019 年
联合国维和任务	维持和平与建设和平	维持和平与建设和平

数据来源：笔者根据新华网（www. xinhuanet. com）、联合国网站（www. un. org）和世界银行网站（databank. worldbank. org）数据制表。

研究发现，按照理想型标准，截至目前，海地和利比里亚建设和平都还算不上成功。在海地，经过联合国和国际社会多年的帮助，引起国内矛盾的根本性问题还没有得到解决，这个国家还挣扎在贫困的旋涡和冲突的边缘，而联合国因维和经费紧张结束了尚未完成任务的维和行动。在利比里亚，尽管联合国已经结束了在该国的维和行动，但是这个国家经济发展落后，腐败猖獗，在继续建设可持续和平的道路上举步维艰，重新陷入国内冲突的风险并未完全消失。尽管如此，通过比较研究发现两国建设和平的效果存在明显的差异。就目前的情形看，从政治、经济、社会和安全重建等角度分析，利比里亚的形势都好过海地。

一　政治层面对比

在政治方面，利比里亚的政局已经进入相对稳定的阶段，而海地还处于政治混乱之中。在利比里亚，瑟利夫总统于 2006 年首度当选，并于 2011 年获得连任，之后于 2016 年和平地将政权移交给新当选的总统维阿。三次选举之后虽然反对派也都表达了异议，但是新政府组阁并没有遇到太大的困难。利比里亚在政治上维持了稳定性和连续性，为建设可持续和平创造了政治条件。[①] 在海地，从 2004 年至今举行了多轮大选，但是由于党派争斗严重，大选常常难以顺利举行，而且即便是选出了总统，也可能因为反对派的抵制而难以任命总理并组阁。在国内政治僵局难以打破的情况下，海地的政治还将继续处于混乱状态，并且成为建设可持续和平道路上最大的障碍。

执政能力建设是建设和平的一项重要任务。利比里亚和海地在这方面存在巨大差异。在利比里亚，国家政府虽然受到财政能力和人员素质等方面因素的制约，执政能力还有很大的提升空间，但是在处理国家事务中表现出了积极作为的意愿和执行力。例如，为维护国内稳定，利比里亚政府于 2019 年 1 月出台政策干预市场，限制进口一些特定的商品。而在海地，由于受制于被强加的市场和关税条件，弱势的政府却不能为了国家利益和人民的福祉采取干预市场的行为。

---

① 出席主题为"第六届中非合作论坛部长级会议与 2015 后发展议程"国际会议的一些非洲学者认为，利比里亚的瑟利夫总统在非洲非常受欢迎。2014 年 3 月 17 日，笔者于上海对非洲学者的访谈。

二　经济发展层面对比

在经济建设方面，利比里亚的成就和前景也都要好过海地。在国际社会的帮助下，利比里亚国家经济发展和基础设施建设虽然缓慢，但是仍然稳步进行。[①] 特别是由于政局稳定，社会治安状况向好，加之在联合国和国际社会的帮助下，利比里亚的基础设施得到一定程度的改善，这些都为经济发展创造了良好的条件。2005 年以来，利比里亚政府在领导国家经济建设方面一直有所作为。利比里亚政府于2015 年 1 月出台了"经济稳定和复苏计划"，向经济关键领域投资1.74 亿美元以应对埃博拉疫情对利经济的严重影响。[②] 维阿总统于2019 年 9 月 26 日在 74 届联合国大会演讲中指出，利比里亚将推行"繁荣与发展扶贫计划"，强调在今后五年中，利政府将以减贫为主要工作，通过向年轻人提供高中、大学和职业教育，提升就业能力；加大道路、能源、港口等基础设施建设力度；发展农业，做到粮食自给自足；设立经济特区，积极引入劳动密集型轻工业企业；提升卫生防疫能力并加强国家安全保障能力。为落实"繁荣与发展扶贫计划"，利比里亚政府大力改善基础设施。[③] 2018 年 12 月 10 日，利政府与西共体投资与发展银行签订 1 亿美元贷款备忘录，用于沿海高速公路第一期建设。此外，利政府还计划修建 225 千米道路，连接甘塔、塔佩塔和绥德鲁等地区。从这些雄心勃勃的国家发展计划可以看出，发展和平已经融入利比里亚政府的执政理念当中，为利比里亚的可持续发展奠定了基础。

[①] African Development Bank, *African Economic Development Outlook* 2019, 2019, http://www.afdb.org/en/countries/west-africa/liberia/liberia-economic-outlook/.

[②] 中华人民共和国驻利比里亚共和国大使馆经济商务参赞处：《利比里亚总统乔治·维阿就当前国家经济形势发表全国讲话》，2019 年 6 月 1 日，http://lr.mofcom.gov.cn/article/jmxw/201906/20190602869027.shtml。

[③] "Pres: George Weah's Speech at the 74th United Nations General Assembly", Photosliberia, September 26, 2019.

　　在海地，国家政府也努力发展经济，并出台了一些政策措施。例如，在全国建设了一些以出口加工为主的工业园区，其中包括加勒比地区最大的农业加工园区。尽管如此，海地的经济建设成效并不明显。如前文所述，2010 年地震后由于国家政府在震后重建中的弱势，错失了利用充裕的国际援助资金改善海地经济发展状况的良机。由于震后重建工作不力，至今海地的国家经济发展都还没有从地震影响的阴影中走出来。常年的政治僵局影响到了震后重建，[1] 以及国家的长远发展。根据全球经济指标数据网发布的数据，2017 年利比里亚的人均国内生产总值是 541 美元，海地是 729 美元。看似海地人要比利比里亚人"富裕"。但是这并不能说明海地的经济发展状况好于利比里亚，因为海地社会的贫富差距要大于利比里亚，海地的贫困人口超过总人口的一半，而利比里亚的贫困人口只有 30%。并且利比里亚的就业情况比海地好。2009—2017 年，利比里亚的失业率一直维持在低于 5% 的水平，而海地的失业率则一直超过 13%。[2]

　　从社会重建看，利比里亚已经基本完成了社会和解，但海地还深陷于社会分裂之中。在真相与和解委员会及联合国等多方的共同努力下，利比里亚的战后和解工作取得了进展。[3] 在海地，极度贫困和贫富不均割裂了社会的肌体，引发了严重的阶级和阶层对立。[4] 国际社会主导的建设和平并没能缓解海地的阶级和阶层对立。在 2011 年举行的大选中，前总统阿里斯蒂德领导的代表底层民众诉求的拉瓦拉斯

---

　　[1]　CARE and Save the World, "An Independent Joint Evaluation of the Haiti Earthquake Humanitarian Response", October 2010, http: //www. alnap. org/pool/files/1192. pdf.

　　[2]　Trading Economics, "Haiti and Liberia Ecnomic Indicators", October 1, 2019, https: //tradingeconomics. com/countries.

　　[3]　United Nations Peacebuilding Commission, "Report of the Chair's visit to Liberia 14 – 18 May 2012", May 2019, http: //www. un. org/en/peacebuilding/cscs/lib/pbc＿visits/chairs＿mission＿report＿5＿2012. pdf.

　　[4]　Peter Hallward, *Damming the Flood*: *Haiti and the Politics of Containment*, London: Verso, 2010, pp. 20 – 27.

党被排除在外。[①] 有学者指出，在现有的建设和平模式下，海地的社会对立还在加剧。[②]

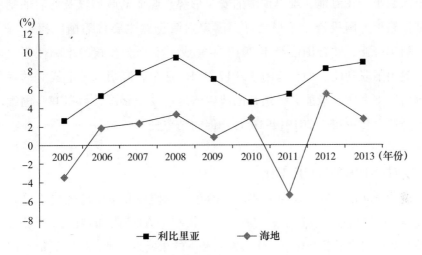

图 7 - 2 海地与利比里亚经济增长速度对比（2005—2013）

数据来源：笔者根据全球经济指标数据网（Trading Economis, dhttp：//www. tradingeco-nomics. com）数据制作。

三 安全层面对比

从安全形势看，利比里亚也要好于海地。在利比里亚，针对前战斗人员的解除武装、复员和重返社会的努力取得了实质性成效，已经出现了持续多年稳定的局面。[③] 在海地，民间非法枪支泛滥，从乡村到城市暴力犯罪猖獗。尽管联海团维和部队和维和警察协助海地安全力量，针对反政府武装和犯罪势力发起了一轮又一轮的攻势，但是海

[①] Peter Hallward, *Damming the Flood*：*Haiti and the Politics of Containment*, London：Verso, 2010, p. 80.

[②] Justin Podur, *Haiti's New Dictatorship*：*The Coup*, *the Earthquake and the UN Occupation*, London：Pluto Press, 2012, p. 149.

[③] United Nations Disarmament, Demobilization and Reintegration Resource Center, "Country Programme：Liberia", October 1, 2019, http：//www. unddr. org/countryprogrammes. php？c = 52#challenges/.

地国内仍然无基本安全可言。① 在利比里亚，随着政治局势、安全形势和基础设施条件得到改善，外国投资逐渐涌入，国家经济发展开始重新起步。在海地，难以预测的安全形势、脆弱的政局以及落后的基础设施拒外国投资于千里之外，国家财政仍然主要依靠国际援助。② 在利比里亚，联合国已经于 2017 年完成了安理会授权的维和任务之后关闭了联利团，而在海地，2017 年 10 月在联海团基础上成立的联海司法支助团并没能有效地帮助改善海地的安全状况，由于联合国维和经费紧张不得于 2019 年 10 月仓促间结束任务。

四 中国参与程度对比

作为世界上第二大经济体，中国在全球建设和平中的地位不可忽视。如前文所述，利比里亚与海地在建设和平方面存在的最大差异，表现在是否实践了发展和平。作为发展和平的重要发源地，中国凭借在国家综合实力和经济实力等方面相对于东亚地区其他发展型国家的优势，成了发展和平在国际上最重要的传播者。中国对利比里亚和海地两国的建设和平参与程度的不同，直接影响到了两国建设和平的效果。

表 7 - 3　　　　中国参与利比里亚和海地建设和平情况对比

	海地	利比里亚
外交关系	未建交	建交
曾派出维和人员（人次）	1200 人左右（2004—2012 年）	8000 多人（2003—2018 年）
曾派出维和人员种类	维和警察单警警队、维和警察防暴队	维和部队工程兵分队、运输分队和医疗分队、军事观察员、参谋军官，维和警察单警警队、维和警察防暴队

---

① 《综述：海地总统马尔泰利执政之路依然艰难》，新华网，2012 年 5 月 15 日。

② Central Intelligence Agency, "The World Factbook: Haiti", October 1, 2019, https://www.cia.gov/library/publications/the-world-factbook/geos/li.html.

	海地	利比里亚
援助合作平台	无	双边合作与中非合作论坛
援助领域	维和、救灾	维和、工业、农业、基础设施、医疗卫生以及教育等
现金和物资援助	2010年地震后紧急援助人民币1.03亿元（约合1500万美元）	2010年之前累计8830万美元；2013年3600万美元
优惠贷款	无	5000万美元
基础设施项目援助	无	援建巴里克糖厂、综合体育场、塔佩塔医院、卫生部大楼、部委综合大楼、职业培训中心和农业技术示范中心等
技术援助	无	培训政府官员、警察和职业技术人员2000多人；为学生提供赴华留学奖学金
中国投资存量	0	12.8亿美元
双边贸易规模（2018年）	2.94亿美元	36.7亿美元

数据来源：笔者根据新华网（www.xinhuanet.com）、联合国网站（www.un.org）美国中央情报局网站（www.cia.gov）数据整理。

从表7-3可以看出，无论是从派驻维和人员的数量、种类和时间长短来看，还是从合作渠道、援助领域和规模以及投资和双边贸易规模来看，中国参与利比里亚建设和平的广度和深度都要远远超过参与海地建设和平的情况。中国向利比里亚派出大量维和人员、提供规模巨大的各类援助以及积极开展经贸合作，不仅有利于利比里亚的经济和社会发展，还为利比里亚自主学习发展和平创造了条件。反观海地，由于没有与中国建交，与中国的交往长期处于非常低的水平，没能获得中国大量的援助、投资和技术转移。更值得关注的是，海地失去了通过与中国交往进而深度学习发展和平的机会。近些年来，中国牵头设立亚洲基础设施投资银行等重大战略举措表明，随着中国综合国力增强以及在全球治理体系中地位的提升，中国影响全球安全治理的资源和方式都在不断增多。在此趋势中，包括利比里亚在内的许多致力于建设和平的国家都必将更多地从与中国的交往中受益，其中包括更深入地学习发展和平。而海地如果继续无视中国这艘引领全球发展的巨轮，很可能无限期沉沦在自由和平的幻境之中。

结　语

在利比里亚的建设和平中，尽管自由和平起着主导作用，但是仍然存在发展和平传播的空间。这主要是因为受非洲大陆政治文化环境的影响，利比里亚的国家政治中有着基本的主权观念。不可否认由于历史和现实的原因，美国是对利比里亚影响力最大的国家，而且许多其他西方国家也都积极支持了利比里亚的和平进程及建设和平。尽管如此，利比里亚建设和平并没有像海地建设和平那样被自由和平绑架。这个弱小的冲突后国家先后在瑟利夫和维阿的领导下，为了国家利益在国际舞台上周旋，努力争取发展空间。在此背景下中国的援助和投资大量涌入利比里亚。利比里亚通过与中国在政治、经济和文化等领域的合作，认识并学习了发展和平，该国的建设和平也因此受益。然而，在利比里亚的建设和平中，自由和平与发展和平之间的关系在很大程度上仅仅是共存，两个和平之间并没有发生密切的互动并塑造利比里亚的国家治理模式。也就是说，自由和平仍然是利比里亚建设和平中的主导性规范，发展和平仅仅在某些建设和平领域对自由和平进行补充。自由和平与发展和平之间的关系还没有达到真正意义上相互影响、相互学习和互为补充的共生状态。

第八章　东帝汶的和平：两个和平的共生

前文通过比较研究论证了自由和平与发展和平的共存有利于改善建设和平的效果。需要进一步回答的问题是，两个和平的共存能够在多大程度上影响建设和平的效果？联合国在东帝汶的维持和平与建设和平行动（维和建和），是71年维和史上少有的成功范例。本章以东帝汶为例，论证自由和平与发展和平的共生是维和建和成功的关键条件之一。本章用"维和建和"一词，泛指联合国开展的维和行动以及广义的建设和平行动。

第一节　维和建和成功的条件

冷战时期以管理国家间冲突为根本任务的传统维和行动不容易取得成功。一些维和行动延续几十年而难以取得实质性的进展。这主要是因为国家间冲突涉及国家间的结构性矛盾或者地缘政治矛盾，冲突的解决主要依靠政治手段，维和行动的存在是为冲突的政治解决赢得时间。因此，联合国和国际社会可以发挥主动性和能动性的空间并不大。进入后冷战时期，联合国和国际社会通过维和建和，深度参与东道国的国内冲突管理，进而帮助建设持久和平。与传统维和行动不同，后冷战时期的多维维和行动的行动者更多，影响维和行动效果的因素更为复杂。从20世纪90年代初冷战结束至今，联合国已经建立了几十项多维维和行动。这些维和行动的效果各不相同，其中能够被联合国和国际社会公认为成功的案例并不多见。在一些国家的维和行动原本被认为较为成功，但是后来这些国家又重新陷入冲突或者不稳定状态；而在另一些国家，维和行动长期存在却看不到结束的希望。以建设和平为主要任务的多维维和行动为什么难以成功？换句话说，促成一项维和建和行动成功的条件有哪些？这是一个值得深入探究的问题。

每一项维和建和行动都有其特殊性。不同的东道国有着不同的冲突背景和冲突过程，而且所处的地缘环境也不同。因此，不同东道国维和建和的任务目标和手段往往会不一样。这些复杂的因素决定了维和建和的效果会受到多方面条件的影响。因此，关于维和建和成功的条件，不同的研究者往往得出不同的结论。例如，达雅·普希克纳认为维和行动成功需要满足五个要件：联合国持续地尽力、将冲突与外部支持隔离、有效的谈判进程、参与冲突或战争的各方接受维和特派团以及冲突/战争各方愿意通过非暴力的方式解决争端并达成正式协议。[1] 普希克纳的研究存在一个明显的不足是将不同层面的条件放在了一起：有的属于策略层面的条件，其他的属于行动或者战术层面的条件。

需要立足国际格局和国际体系认识影响维和建和效果的因素。联合国既是全球治理最重要的平台，也是主要的行动者。在冲突后国家的维和建和行动中，联合国的角色往往最引人注目。而且，联合国对冲突后国家的关注，往往为国际社会中其他行动者参与建设和平工作打下基础。据此，本书提出联合国持续的尽力，是维和建和成功的一个必要条件。然而，仅仅有联合国的努力还远远不够。维和建和的成功，还需要国际社会中其他行动者的共同努力。遗憾的是，在国际政治残酷的现实面前，很多时候维和建和行动并不能得到国际社会的一

---

① Durya Pushkina, "A Recipe for Success? Ingredients of a Successful Peacekeeping Mission", *International Peacekeeping*, Vol. 13, No. 2, 2006.

致支持。一些国际势力甚至成为维和建和行动的捣乱者。在刚果（金）、南苏丹和中非等国，都可以看到有外部势力出于自身利益的需要从事着破坏和平进程的活动。所以说，广泛的国际支持，特别是大国和周边邻国的一致支持，也是维和建和成功的一个必要条件。

联合国持续的尽力和广泛的国际支持，对于维和建和的成功固然至关重要，但并非是充分条件。海地的维和建和就满足这两个条件。从 1994 年至今，联合国先后在海地建立了五项维和行动，尝试各种手段帮助该国开展建设和平；并且，海地的和平进程也得到了许多大国和周边国家的支持，没有明显的捣乱者。然而，经过 20 多年，海地仍然没有走上和平之路。如第六章所述，一个根本的原因是海地的维和建和陷入了自由和平的困境，缺失了发展和平。据此，本章提出，维和建和成功的要件，除了联合国的尽责和广泛的国际支持，还需要有自由和平与发展和平的共生。

第二节 联合国和国际社会功不可没

东帝汶是维和建和的一个成功案例。研究发现，东帝汶维和建和之所以取得了国际社会广泛认可的成功，首先是因为存在本章提出的两个要件：其一，联合国抓住了东帝汶出现的机遇，充分发挥了能动性主导了东帝汶的维和建和进程，在东帝汶较好地尽到了维护国际和平与安全的责任；其二，得益于独特的历史和地缘环境，东帝汶的维和建和得到了国际社会特别是大国和周边国家的广泛支持。

一 东帝汶：维和建和成功的范例

东帝汶是位于努沙登加拉群岛东端的岛国，西与印度尼西亚相接，南与澳大利亚隔海相望。葡萄牙人于 16 世纪初侵入东帝汶直到 1974 撤出，在四个多世纪里成为主要的殖民统治者。1975 年印度尼西亚武力占领了东帝汶，将其吞并为第 27 个省。1999 年 8 月 30 日，东帝汶举行了全民公决，结果显示 78.5% 的东帝汶登记选民赞成独立。随后，东帝汶境内亲印度尼西亚的民兵在印度尼西亚军方的支持下开始了血腥报复，数千东帝汶人被屠杀，45 万人流离失所，城市和乡村 70% 的房屋遭到焚毁，原本就非常落后的基础设施遭到系统性破坏。①

图 8-1　东帝汶地图

资料来源：地之图，http：//map. ps123. net/world/948. html。

　　从 1999 年 6 月开始联合国在东帝汶建立了三项维和行动和两个政治特派团。2012 年 12 月，联合国结束在东帝汶的维和行动撤出之后，几年来东帝汶国内没有发生影响稳定的政治或社会冲突事件，并且与包括印度尼西亚在内的周边国家保持了良好的关系。这一事实表明，联合国在东帝汶的冲突管理工作是成功的。更为重要的是，有充分的迹象表明，东帝汶作为一个经历战乱、白手起家的国家，在联合国和国际社会的帮助下，已经走上了可持续的和平道路。尽

---

　　①　Todd Wassel, "Timor-Leste: Links between Peacebuilding, Conflict Prevention and Durable Solutions to Displacement", Washington: Brookings Institution, September 5, 2015.

管东帝汶原本就非常落后的经济在 1999 年的骚乱中遭到重创，以至于在 2002 年建国伊始就成为亚洲最贫困的国家和全球最落后的国家之一，但是近些年在正确的国家发展计划以及石油外汇等有利因素的支撑下，国家经济的许多指标都出现了向好的趋势。2009—2016年，年均经济增长率维持在了 5% 以上。[①] 2018 年人均国内生产总值为 2760 美元，远远超过海地的 730 美元和利比里亚的 541 美元。东帝汶国内基础设施得到改善，外国投资不断涌入。近些年失业率一直维持在 3.5% 以下。基础教育普及率不断提高，向前武装人员发放安抚费的问题处理得比较成功。[②] 2009 年，关闭了最后一处国内流离失所者的安置点，历次暴乱和冲突产生的流离失所者已平安返回自己的家园。2012 年 12 月 19 日，安理会发表声明，赞扬了东帝汶在过去十年中取得的重大成就。[③] 联合国于 2015 年发布的关于和平行动及建设和平架构的两份评审报告，都认为东帝汶是联合国维和建和成功的范例。[④]

二　联合国尽责

东帝汶维和建和行动的成功首先归功于联合国的尽责。从 20 世纪 70 年代中期东帝汶出现变局，联合国就开始关注东帝汶的和平进程。1975 年 12 月，联合国大会通过决议，要求印度尼西亚撤军，呼吁各国尊重东帝汶的领土完整和人民自决的权利。此后，联合国大会多次审议东帝汶问题，从政治上支持东帝汶就独立问题进行自决。在

---

① Trading Economics, "East Timor Economic Indicators", October 1, 2019, https://zh. tradingeconomics. com/east-timor/indicators.

② 2015 年 7 月 20 日，笔者于北京对东帝汶驻中国大使馆官员的访谈。

③ 联合国安理会主席声明 S/PRST/2012/27，2012 年 12 月 19 日。

④ United Nations, *Report of High-Level Independent Panel on Peace Operations on Uniting Our Strength for Peace: Politics, Partnership and People*, UN General Assembly document A/70/95, June 17, 2015; United Nations, *The Challenge of Sustaining Peace: Report of the Advisory Group of Experts for the 2015 Review of the United Nations Peacebuilding Architecture*, UN General Assembly document A/69/968, 30 June, 2015.

联合国秘书长的斡旋下，葡萄牙与印度尼西亚政府就东帝汶问题进行了十几轮谈判。20 世纪 90 年代中后期，东帝汶的民族独立运动开始引起国际社会的认真关注。在联合国和国际社会的压力下，1999 年印度尼西亚总统巴哈鲁丁·优素福·哈比比同意让东帝汶举行全民公决。联合国借此机会开始深度介入东帝汶和平进程。1999 年 6 月安理会通过第 1246 号决议授权建立一项政治特派团——联合国东帝汶特派团，负责协助东帝汶人民组织全民公决并监督结果。公决结果发布后，东帝汶局势恶化。9 月，安理会通过第 1264 号决议，授权成立东帝汶国际部队进入东帝汶恢复秩序。① 澳大利亚带领的国际部队到达东帝汶之后，亲印度尼西亚的民兵逃到了印度尼西亚，各种暴力活动逐渐平息，东帝汶的局势开始得到控制。10 月，安理会通过第 1272 号决议，决定成立联合国东帝汶过渡行政当局，作为过渡政府负责东帝汶的国家事务。2002 年 5 月 20 日，东帝汶民主共和国正式成立后，联合国向东帝汶政府移交了权力，并建立了联合国东帝汶支助团协助东帝汶政府的各方面工作。2005 年 5 月，联合国认为东帝汶的和平进程已经取得明显进展，便结束了维和特派团的任务，设立了为期一年的政治特派团——联合国东帝汶办事处，继续协助东帝汶开展建设和平工作。2006 年 4 月，东帝汶再次出现重大的政治、人道主义和安全危机。8 月，安理会授权建立了联合国东帝汶综合特派团，帮助东帝汶稳定社会秩序，并支持建设东帝汶国家警察力量。2012 年 12 月，联合国关闭了东帝汶综合特派团，结束了在东帝汶的维和行动。

联合国在东帝汶和平进程中能够尽责，主要原因在于把握住了时机并发挥了维和事务官僚部门的主动性和能动性。经过 20 世纪 90 年

---

① Rhoda Margesson and Bruce Vaughn, "East Timor: Political Dynamics, Development, and International Involvement", Washington: Congressional Research Service, June 17, 2009; 联合国：《联合国与东帝汶：大事记》，http://www.un.org/zh/peacekeeping/missions/past/etimor/chrono.htm。

代中后期的低迷，到世纪之交，维和行动因国际形势的变化而迎来重新振作的契机。联合国负责维和事务的官僚部门得以更加积极地参与维和行动的议程设置。① 特别是 2000 年，随着《卜拉希米报告》的推出，维和行动进入了一个新时代。与 90 年代不同的是，进入 21 世纪之后，多维维和行动开始能够真正按照联合国设置的节奏开展建设和平工作。在东帝汶、塞拉利昂和巴尔干等地的维和行动中，联合国落实了《卜拉希米报告》中的建议，将维持和平与建设和平相结合，② 增强了维和行动的活力和效率。联合国在东帝汶开展维和行动时，展现出了巨大的耐心和创造性。见表 8 - 1 所示，联合国在东帝汶的维和建和行动是一个根据实地形势需要而设计的一个循序渐进的过程，其间充分、有效地使用了包括冲突预防、建立和平、维持和平和建设和平等主要冲突管理工具。联合国不但获得了国际上对其在东帝汶维和行动的大力支持，还得到了东帝汶方面较好的配合和支持。正如一位联合国秘书处高级官员指出，在东帝汶，联合国与当地政府领导人之间联络通畅，联合国人员能够在这个国家自由走动。③ 联合国花费了数十亿美元，付出了 72 名维和人员牺牲的代价，帮助东帝汶走向独立、建立起了较为完备的国家制度体系并逐步实现可持续和平。

表 8 - 1　　　　　　　联合国在东帝汶开展及授权的和平行动

	任务性质	时间	主要任务
联合国东帝汶特派团	政治特派团	1999 年 6—9 月	支持全民公决
东帝汶国际部队	国际和平行动	1999 年 9—10 月	制止冲突、恢复秩序

---

① 参见 ［美］迈克尔·巴尼特、［美］玛莎·芬尼莫尔《为世界定规则：全球政治中的国际组织》，薄燕等译，上海人民出版社 2009 年版，第五章。

② Sukihiro Hasegawa, "The Role of the United Nations in Conflict Resolution and Peace-building in Timor", in Ustina Dolgopol and Jutith Gardam, eds., *The Challenge of Conflict*：*International Law Responds*, Leiden：Koninklijke Brill BV, 2006, pp. 165 – 191.

③ Tim Witcher, "East Timor Hailed a UN Success", *The Australian*, December 30, 2012.

续表

	任务性质	时间	主要任务
联合国东帝汶过渡行政当局	维和行动	1999 年 10 月—2002 年 5 月	行使过渡时期权力、帮助建立国家机构和制度
联合国东帝汶支助团	维和行动	2002 年 5 月—2005 年 5 月	全面支持东帝汶政府独立行使国家管理责任
联合国东帝汶办公室	政治特派团	2005 年 5 月 2006 年 8 月	支持政治进程
联合国东帝汶综合特派团	维和行动	2006 年 8 月—2012 年 12 月	支持政治和民主进程、政府机构建设以及安全部门能力建设

资料来源：本书笔者根据联合国网站（www. un. org）数据整理。

三　国际社会广泛支持

东帝汶维和建和成功的另一个主要原因，是和平行动得到了国际社会特别是大国和周边国家的广泛支持。首先，安理会五大常任理事国都支持东帝汶的和平进程。1999—2012 年，安理会五大常任理事国在有关东帝汶的所有决议上都达成了一致，其中包括 1999 年 9 月安理会通过决议，授权澳大利亚等国家出兵，通过强制和平的方式恢复东帝汶的秩序。部分常任理事国尤其积极。中国一直支持东帝汶的独立事业，除了在安理会支持东帝汶，还提供经济援助，并于 2000 年 1 月开始向东帝汶派遣维和警察。其后的 13 年里，中国总共向东帝汶派出了几百名维和警察。东帝汶维和任务区是迄今中国派出维和警察单警最多的任务区。[①] 2002 年 5 月东帝汶建国后，中国是第一个与它建交的国家。

美国曾在 1975 年支持了印度尼西亚对东帝汶的占领，[②] 但是从

---

① 笔者注：联合国维和警察分为两类，一类是单警，另一类是成建制防暴队。

② Geoffrey Robinson, "*If You Leave Us Here , We Will Die*" - *How Genocide Was Stopped in East Timor*, Princeton: Princeton University Press, 2010, pp. 59 – 60.

90 年代后期开始调整在东帝汶问题上的政策。1999 年 9 月东帝汶发生暴乱后，美国带头向印度尼西亚施压，要求它同意国际安全部队进驻东帝汶。并且，当澳大利亚带领的国际安全部队到达东帝汶时，美国太平洋舰队的军舰停靠在帝力附近的海面，对印度尼西亚军方及其支持的民兵形成威慑，有力地支持了国际安全部队的顺利部署并有效完成任务。

东帝汶的邻国也都支持东帝汶的和平进程。澳大利亚一方面推动美国和其他西方国家参与东帝汶和平进程，另一方面积极派兵帮助维护东帝汶的安全与稳定。"9·11"事件之后，东帝汶成为澳大利亚反恐的重要防线。2002 年 10 月 12 日巴厘岛发生造成 83 名澳大利亚人死亡的恐怖袭击事件，更是坚定了澳大利亚支持东帝汶和平进程的决心。[①] 之后每当东帝汶出现重大危机时都迅速做出反应。例如，2006 年 4 月骚乱发生后，应东帝汶政府的邀请，澳大利亚带领 2000 多人的多国部队进入东帝汶帮助恢复秩序。

印度尼西亚是东帝汶最重要的邻国，同时也是东帝汶危机的肇事者，加之在政治、经济和文化等方面与东帝汶有着密切的联系，该国在东帝汶和平进程中的立场至关重要。1999 年东帝汶暴乱发生之后，印度尼西亚选择了从东帝汶脱身并与联合国及国际社会合作。例如，在配合联合国特派团及东帝汶政府管控边境，以及从西帝汶遣返东帝汶难民等方面，印度尼西亚都做出了较为配合的姿态。特别是 2002 年与东帝汶政府达成和解之后，更是开始支持东帝汶的和平进程。印度尼西亚的合作姿态是东帝汶维和建和成功的重要因素。

国际上的其他利益攸关方也都积极支持了东帝汶的维和建和。作为东帝汶的前殖民宗主国，葡萄牙从 20 世纪 90 年代后期开始大力支持东帝汶独立。1999 年东帝汶危机期间与美国等西方国家一道向印度尼西亚政府施压，要求其接受联合国和国际社会出兵干预。除了参

---

① 笔者当日结束为期 1 年的维和任务，回国时途经巴厘岛近距离亲历了此次恐怖袭击事件。

加澳大利亚带领的国际安全部队，葡萄牙还向在东帝汶的联合国维和行动派遣大量维和军人与警察。葡萄牙向东帝汶派出大量葡语教师，帮助东帝汶落实建国后将葡语作为官方语言的政策。此外，包括欧盟和东盟等地区性国际组织，新加坡、泰国和菲律宾等东盟国家，以及日本和韩国等东亚国家都给予了东帝汶大力支持。

作为一个人口只有百万左右的小国，东帝汶得到全球和地区大国以及重要国际组织的厚爱。大国、邻国及其他重要国家和国际组织的支持确保东帝汶的维和行动获得了广泛的国际政治支持，因而没有明显的捣乱者。这样的理想局面是许多其他维和建和行动东道国所没有的。并且，许多西方国家都身体力行地向东帝汶派出维和人员。以东帝汶过渡行政当局为例，来自24个传统的西方工业发达国家维和人员的比例高达41%，而同期在所有16项维和行动中的比例只有17%。① 加之中国和韩国等国家积极参与，东帝汶的维和行动获得了大量优质的维和资源。这些都是后冷战时期联合国主导的许多其他维和行动所缺乏的。

第三节　两个和平共生：东帝汶和平的决定性因素

联合国尽责和国际社会广泛支持固然是维和建和成功的主要条件，但是并非完全条件。例如，在海地的维和建和中，联合国一直不遗余力，国际社会也非常支持，但是仍然没有实现可持续和平。究其原因，主要是因为海地的建设和平受到自由和平霸权的影响，最终陷入了建设虚幻和平的困境。与海地不同的是，东帝汶的维和建和中出现了具有本土或者地域文化特征的实践，为自由和平之外的和平规范留下了空间，最终出现了自由和平与发展和平的互补性共生。

与其他维和建和东道国一样，东帝汶接受了自由和平。联合国、

①　11个西方发达国家向东帝汶派出了3505名军、警维和人员。同期16项维和行动60108名维和人员中，只有8053名来自西方国家。

西方国家及布雷顿森林体系国际金融机构等国际行动者在东帝汶传播了自由和平。在联合国与国际社会的帮助和监督下，东帝汶于2001年举行了首次大选，选出了总统和议会，并且按照自由和平的标准建立了国家政治和经济制度。之后东帝汶经历了多轮大选，不同的政治党派交替上台执政，国家行政权力的移交都非常平稳顺利。在维和建和开始之后，东帝汶国内的公民社会迅速成长，各种非政府组织纷纷涌现。然而与许多其他维和行动东道国不同的是，东帝汶并没有被自由和平完全左右。在这个国家，维和建和还实践了发展和平。

一　政治建设中的发展和平

在政治上，东帝汶的建设和平实践了发展和平。尽管在很大程度上接受了自由和平，但并没有采用自由和平倡导的激进的"对抗型民主"（confrontational democracy），而是从自身的国情出发，为了政治稳定而采用"共识型民主"（consensus democracy）。也就是说，选举固然重要，但选后的权力分配并非赢者通吃，而是根据政治力量对比的实际情况组成联合政府。① 东帝汶长期反抗殖民和印度尼西亚占领的革命运动孕育了一批富有家国情怀的精英。共识型民主尽管与自由和平倡导的对抗型民主的精神格格不入，但有利于团结本土精英，确保建立起强势的中央政府。在2002年的大选中，东帝汶独立革命阵线领导人古斯芒以独立候选人的身份当选总统后，任命若泽·拉莫斯·奥尔塔担任总理；在2007年的大选中，奥尔塔当选总统后，任命古斯芒为总理。东帝汶老一辈革命精英长期活跃在政坛的现象招致了西方舆论的指责，被认为是反民主的。然而东帝汶的实践证明，共识型民主有利于避免在一个百废待兴的新生国家出现难以承受的内耗，进而确保将有限资源用于建设和平。

东帝汶老一辈革命精英在国家建立之初掌握权力，利用本土的传

---

① 2015年7月20日，笔者于北京对东帝汶驻中国大使馆官员的访谈。

统和文化凝聚民心和治国理政，① 在全国上下构建起民族国家身份意识。他们还有效地控制从革命斗争中成长起来的国家军队，确保了政治和社会的稳定。1999 年东帝汶全民公决结果公布后，印度尼西亚军方的一个策略，是通过大量屠杀东帝汶人，让在公决前已经按照国际协议进入指定营地驻扎的东帝汶民族解放军出动，印度尼西亚人进而以东帝汶陷入内战为借口大规模出兵。但是，革命斗争经验丰富的古斯芒等领导人识破了印度尼西亚人的诡计，成功地劝说了自己的军队保持高度的忍耐。②

在共识型民主的政治框架中，东帝汶老一辈革命精英主导建立了发展和平倡导的强势国家政府，确保了东帝汶的建设和平在真正意义上实现了当地所有（local ownership）。例如，东帝汶建国后，国际上有声音一直要求通过国际刑事法庭，清算 1999 年印度尼西亚军方在东帝汶犯下的暴行。但是东帝汶与印度尼西亚一起建立"真相与友谊委员会"并最终达成了两国间的和解。尽管东帝汶政府过分宽容的行为被国际上一些人认为不符合国际规范的精神，但是对这个百废待兴的国家建立和平起到了巨大作用。③ 与印度尼西亚的和解消除了与这巨大邻国的主要隔阂，确保了印度尼西亚对东帝汶的维和建和采取合作甚至支持的态度，而没有成为捣乱者。

发展和平主张捍卫国家主权，反对外来干涉。新生的东帝汶能够维护国家主权，由自己主导与印度尼西亚的和解，在很大程度上缘于争取独立年代成长起来的精英中有不少人都有丰富的外交和国际斗争

---

① United Nations, *The Challenge of Sustaining Peace*: *Report of the Advisory Group of Experts for the* 2015 *Review of the United Nations Peacebuilding Architecture*, UN General Assembly document A/69/968, 30 June, 2015.

② John, Braithwaite, "Evaluating the Timor-Leste Peace Operations", in Paul Diehl and Daniel Druckman eds., *Peace Operation Success*: *An Comparative Analysis*, Leiden: Martinus Nijhoff Publishers, 2013, p. 90.

③ United Nations, *The Challenge of Sustaining Peace*: *Report of the Advisory Group of Experts for the* 2015 *Review of the United Nations Peacebuilding Architecture*, UN General Assembly document A/69/968, 30 June, 2015; "Timeline East Timor", *BBC News*, April 4, 2009.

经验，深谙国际政治规则。国际上对东帝汶与印度尼西亚和解的阻挠说明，尽管长期以来联合国和国际社会都呼吁在建设和平中注重当地所有，但实际上却要求必须发生在自由和平规范框架之内；否则，就会反对并质疑其"合法性"。要将当地所有的精神落到建设和平的实际工作中，国际社会还有很长的一段路要走。正如罗伯茨指出：

> 从主流学术界文献中可以看出一个令人吃惊的悖论：一方面，几乎所有关于建设和平的消息都印证了需要落实当地所有；但另一方面，在现实中当地所有却因为是民主化的绊脚石，被认为既不切实可行也不让人合意而遭到抛弃。①

二　经济建设中的发展和平

在经济建设中，东帝汶的维和建和也体现了发展和平的精神。共识型民主奠定了国内政治和社会稳定的基础，而与印度尼西亚的和解等策略又确保了稳定的外部环境。稳定的国内外环境增强了投资回报的确定性，国际投资开始源源不断地流入东帝汶。② 建国之后不久，东帝汶建设和平的重心就从自由和平强调的能力建设转移到了经济发展上。在强势国家政府领导下，东帝汶制定了经济和社会发展的长远规划，切实落实以经济建设为中心的发展政策。在国际会计师事务所的帮助下，东帝汶政府制定了五年发展计划，强调了四方面优先事项：基础设施、生产相关领域、社会服务和国家治理，③ 充分体现了重视发展问题的决心和能力。东帝汶政府发展并掌控国家经济的能力日渐增强。农业得到发展，产出占比为国内生产总值的 30% 以上。

---

① David Roberts, *Liberal Peacebuilding and Global Governance: Beyond the Metropolis*, Abingdon: Routledge, 2011, p. 82.

② 2015 年 7 月 20 日，笔者于北京对东帝汶驻中国大使馆官员的访谈。

③ United Nations Development Programme, "UNDP Country Programme for Timor-Leste (2009 - 2013)", 2008, http://www.tl.undp.org/content/dam/timorleste/docs/reports/TL_UNDPCountry_ Programme_ 2009 - 2013.pdf.

农业的发展意味着广阔的农村能够固定大量人口，避免了像在海地那样出现大量的农村人口涌入城市成为游民，影响经济发展和社会稳定。在挪威政府的帮助下，设立了主权财富基金管理帝汶海沟的油气资源收益，从一定程度上保证了国家财政自主。有了可以独立支配的财政收入，东帝汶政府较好地解决了涉及前武装人员的解除武装、复员和重返社会问题，并确保了基础设施建设和公共服务有一定的资金。不难发现，东帝汶的和平是制度建设与经济和社会发展齐头并进的结果，证明了在建设可持续和平这项紧迫任务面前，自由和平与发展和平可以做到互补性共生。[1]

发展和平主张建立强势政府。对于一个新生的国家，强势政府有利于在民众中培育起现代民族国家的意识。在前现代国家推行民主选举时，如果民众没有民族国家的认同，那么他们在参与选举时，认同的是部落或者政党，而不是从国家利益出发投票。

三 中国传播发展和平

东帝汶的建设和平之所以实践了发展和平，主要是因为受到地域环境的影响。东帝汶位于包括东亚和东南亚在内的泛东亚地区。该地区一些国家在过去几十年里基于历史文化和现代实践，成为了"发展型国家"。东帝汶的领导精英和国家政府在与泛东亚地区其他国家交往过程中，得到了发展和平理念的熏陶。泛东亚发展型国家是在东帝汶传播发展和平的主要行动者。其中，中国的作用尤其引人注目。

长期以来中国一直支持东帝汶的独立事业。20世纪90年代后期东帝汶问题的解决出现重大转机之后，中国在安理会等重大场合给予了大力支持。2000年1月，古斯芒将独立公投成功后的首次对外访问地选为了中国。除了派出维和人员，中国还在不设置政治条件的情况下为这个一穷二白的新生国家提供了大量援助，其中包括援建了总

---

① 何银：《发展和平：联合国维和建和中的中国方案》，《国际政治研究》2017年第4期。

统府、外交部办公楼、国防部和国防军司令部办公楼三个成套项目，以及小学校舍、军人住宅、打井项目、电网调度控制中心、贝克拉变电站、外交官培训中心、修道院残障儿童康复中心教室和边境监控系统等项目。此外，中国还多次向东帝汶提供粮食、安检设备、公务用车、救护车、慈善基金与物资、农机设备、选举物资及军用、警用物资等援助。[①]

中国积极支持东帝汶政府能力建设，迄今已有 2000 余名东帝汶公务员和技术人员赴华参训，涉及管理、旅游、城市规划、贸易投资、热带病防治、基础设施建设、减贫、渔业、水电等领域。中国政府每年向东帝汶提供政府奖学金留学生名额，已有约 150 名东帝汶留学生在华取得了多个专业的本科、硕士和博士学位。2018 年 12 月，东帝汶总理鲁瓦克夫妇亲自推动的中国援东职业教育培训班圆满结业，45 名东学生学成返回东帝汶。中国还积极帮助东帝汶发展民生事业，在杂交水稻示范种植、对虾养殖、农业合作产业园、玉米机械化种植、粮食加工、饲料生产与加工、地面数字电视传输等方面提供了援助。自 2004 年以来，中国政府还向东帝汶派出医疗队。

中国还与美国一起通过三方合作的方式向东帝汶提供农业援助。中美东三方农业技术合作项目，是中国与美国第一次合作援助第三方国家，由中国商务部、美国国际开发署、东帝汶农业部三方共同实施，该项目被列入 2016 年 9 月杭州 G20 峰会中国国家主席习近平与美国总统奥巴马共同签署的中美合作项目清单。[②] 第一期合作内容是农业种植，中美双方派出的农业技术专家向东帝汶人传授玉米和豆类种植技术。第二期合作内容是水产养殖，在马拉图托开设养殖罗非鱼的示范项目。

---

① 中华人民共和国驻东帝汶民主共和国大使馆：《中东关系概况》，2019 年 7 月 1 日，http://tl.chineseembassy.org/chn/zdgx/zdgxgk/t1609195.htm。

② 《中美东（中国、美国、东帝汶）三方农业技术合作项目简介》，《农业科学技术情报》2016 年第 4 期。

中资公司参与了东帝汶的独立后国家建设,也传播了发展和平。2002年笔者在东帝汶执行维和警察任务时,在东帝汶的中国公民还只有300多人,而目前已经有5000多人,其中绝大部分是国有和民营企业人员。日前中国对东帝汶投资领域主要为餐饮、酒店、百货、建材和服务业等。截至2018年年底,中国累计直接投资额1.8亿美元。中资公司广泛涉足东帝汶的工程承包领域。截至2018年年底,累计合同额达19.9亿美元。其中,中资公司承建的东帝汶第一条高速公路——苏艾高速公路,是东帝汶目前最大的基础设施项目。[①]

中国仅仅是参与东帝汶经济发展建设的众多国家中的一员。从中国的深度参与可以看出,东帝汶的建设和平实践中存在发展和平传播的空间,东帝汶接受了自由和平的同时也接受发展和平。也就是说,在东帝汶的建设和平实践中出现了两个和平的共生。出现这样的局面是由东帝汶的历史、所处地缘政治环境以及地域文化等因素促成的。东帝汶人民和参与东帝汶建设和平的国际行动者,较好地利用了和平进程中出现的历史机遇以及各方面有利条件,让东帝汶的建设和平有了一个包容性的环境。在自由和平的框架下,东帝汶作为一个新生的国家很快建立起了较为完备的国家制度体系,而发展和平主张的国家主权原则和精英治国理念,赋予了自由主义国家制度体系适应现实需要的生命力和灵活性。换句话说,东帝汶建设和平的模式是自由和平与发展和平之间妥协的结果。两个和平规范在东帝汶这个冲突后国家的建设和平中发挥了各自的优势,都为建设可持续和平做出了贡献。自由和平与发展和平的共生,是东帝汶和平的决定性条件。

近些年来,在东帝汶之外的建设和平实践中出现的一些新动向也表明,自由和平与发展和平能够相互影响和相互学习。在设定援助目

① 2015年7月20日,笔者于北京对东帝汶驻中国大使馆官员的访谈。

标时，尽管西方援助国仍然以制度建设为中心，但是也已经在学习中国的经验，开始关注受援国的工业、农业和基础设施建设。① 例如，2011 年美国出资帮助海地建设工业园，以期为这个饱受高失业率困扰的加勒比国家创造就业机会。② 而中国在专注于帮助受援国发展经济的同时，也为受援国的制度建设做出了贡献。唐晓阳的研究表明，近些年中国在对非农业援助中加入了市场化的元素，有助于受援国接受市场经济制度。③ 即便在是否为援助设置政治条件这一问题上，自由和平与发展和平之间实际上也存在可以交流的空间。以达尔富尔问题为例，当倡导自由和平的西方国家难以对巴希尔政府施加影响时，中国利用通过发展和平与巴希尔政府建立起的良好关系，说服苏丹同意接受国际干预，让联合国在达尔富尔地区建立了维和行动。④ 此外，中国对外援助的效果开始得到西方越来越多的肯定，一些西方传统援助国开始在具体的援助项目上寻求与中国合作。⑤ 美国也已经同中国进行了多轮关于对非洲援助合作的对话。中国公司赢得了美国"千年挑战账户"在非洲的大量合同，其中包括马里的阿拉塔纳干渠工程和巴马科国际机场航站楼工程，以及坦桑尼亚公路项目等。近些年来英国开始关注中国对非医疗援助，同意出资与中国合作在非洲开展医疗援助。德国也在与中国讨论对非援助合作的问题。⑥ 这些事例表明，在世界政治的实践层面，发展和平正在得到认可和接受。而与此同

---

① 参见 Deborah Brautigam, *The Dragon's Gift: The Real Story of China in Africa*, New York: Oxford University Press, 2009, p. 133。

② United States Department of State, "Western Hemisphere Affairs Fact Sheets 2011: North Industrial Park in Haiti", January 11, 2011, http://www. state. gov/p/wha/rls/fs/2011/154287. htm.

③ 唐晓阳：《中国对非洲农业援助形式的演变及其效果》，《世界经济与政治》2013年第 5 期。

④ Shanghai Institute for International Studies, *China's Role in International Conflict Management: Sudan and South Sudan - Global Review*, December 2012; Jonathan Holslag, "China's Diplomatic Maneuvering on the Question of Darfur", *Journal of Contemporary China*, Vol. 17, No. 54, 2008, p. 71.

⑤ 2013 年 6 月 14 日，笔者于北京对一名中国非洲问题专家的访谈。

⑥ 同上。

时，中国也在逐步理解西方倡导的自由和平中的部分理念。例如，在非洲等地的一些中资企业开始学习西方企业的做法，采取积极措施融入当地社区。自由和平与发展和平出现的这些互相学习的势头，实际上表明两个被认为存在竞争关系和平规范，在全球范围内的建设和平中出现了互相学习、互为补充和共生共处的趋势。

结　语

在利比里亚和东帝汶的建设和平中都出现了自由和平与发展和平共存的局面。不同的是，在利比里亚，自由和平与发展和平之间的关系在很大程度上仅仅是共存，两个和平规范之间并没有发生深度互动进而塑造利比里亚的国家治理制度体系。利比里亚建设和平最主要的特征还是自由和平。而在东帝汶，自由和平与发展和平是两个几乎平等的和平规范，它们在东帝汶建设和平中传播并发生了深度互动，最终都参与塑造了东帝汶建设和平中的国家治理制度体系。也就是说，自由和平与发展和平在东帝汶的建设和平中形成了真正意义上的共生关系。

第九章　结论

谁的规范重要？这是关于规范研究中一直没有很好得到回答的重要问题。从围绕中国崛起的论争不难发现，西方主流学术界立足分立归类法的冲突辩证法思维，认为霸权提供的规范重要，任何规范与霸权规范的竞争都只会出现你死我活的零和。竞争是自然界的常态现象，社会世界里充满着竞争。人类社会的规范产生于人类文明的实践，每一种可能上升为国际规范的规范都有其合理性。本书提出规范竞争的结果存在不确定性，零和并非必然。通过案例研究证明了一个有关规范竞争的理论假设：规范竞争可能导致规范共生。

自由和平与发展和平这两个存在重大差异的规范，分别生成于西方文明和东亚儒家文明。在建设和平的实践中，当自由和平与发展和平相遇，并没有发生激烈的竞争，而是出现了互补性共生。这主要是因为两个规范都有坚实的实践基础，并且都有助于解决建设和平中存在的问题。兰德公司研究了自第二次世界大战结束70多年来全球范围内发生的主要冲突，认为影响国家内冲突最主要的因素是国家制度能力和经济增长。更为值得注意的是，这两个因素是相互交织的：脆弱的制度能力减少国家的经济发展机会，而脆弱的经济增长会减少政府可用于改善治理的资源。两方面能力的下滑会造成国家变得脆弱进而滑向难以化解的国内冲突。[①] 自由和平与发展和平的互补性共生，

---

① Thomas S. Szayna, *et al.*, *Conflict Trends and Conflict Drivers: An Empirical Assessment of Historical Conflict Patters and Future Conflict Projections*, Santa Monica: Rand Cooperation, 2017, p. 14.

使得建设和平同时关照了国家制度能力建设和经济增长这两个最紧迫的建设和平任务。

世界政治是人的政治，全球治理服务的目标是人类和平与安全。在全球治理时代，任何一个规范要成为国际规范，最重要的是能够符合全球治理的实际需要，能够解决人类社会面临的实际问题。正如李光耀指出，一个理论不会因为听起来悦耳或者看起来符合逻辑就一定具有现实可行性，而是要放到生活中检验，也就是要看现实生活中出现什么，要看能给一个社会中的人民带来什么。① 面对建设和平这一全球安全治理的重要任务，联合国和国际社会最佳的做法是为东道国提供协助，而不是尝试去主导。每一个建设和平的东道国都有反映其自身历史文化和现实情况的国情，外来的行动者无论是出于怎样良好的意愿，在建设和平过程中对东道国及其他行动者指手画脚，将一些不切合实际的规范或者方法强加给东道国，这些做法不但注定会失败，而且会让东道国深受其害，并最终不利于全球安全治理的大局。

规范共生并不否认规范之间的竞争。自由和平与发展和平是两个存在重大差异的和平规范，它们有不同的实践基础、权力背景、价值理念和传播方式。在建设和平的场域中，这两个和平规范难免发生碰撞、冲突和竞争。然而，这并不意味着竞争性互动的结果必然是零和。规范相遇后的互动是一个过程，具有"主体间性"，无论是规范的传播者还是接受者，都可以发挥能动性参与改变规范互动的过程和结果。因此，异质规范间的竞争也可能出现求同存异、互利合作的结果。东帝汶建设和平中自由和平与发展和平出现共生的趋势就证实了这一点。

在全球范围内的建设和平中，自由和平与发展和平能否共生取决于两个因素。一个因素是规范传播者的意愿，具体而言是西方传播者的意愿。由于以中国为代表的发展和平传播者并不愿意干涉别国的内

① Han Fook Kwang, Warren Fermandez and Sumiko Tan, eds., *Lee Kuan Yew: The Man and His Ideas*, Singapore: Marshall Cavendish International (Asia) Pte Ltd, 2015, p. 151.

政，特别是别国的政治经济制度和政策，所以不会介意西方如何传播以及东道国如何接受自由和平。加之发展和平主要是通过东道国自愿的模仿和学习进行传播，所以发展和平的传播者会选择避免与自由和平的传播者发生冲突。但是自由和平的传播者容易从价值理念或者现实利益的立场出发排斥和阻止发展和平的传播，进而为自由和平与发展和平的共存或共生制造麻烦。

决定自由和平与发展和平能否共生的另一个因素，是建设和平能否真正落实当地所有的原则。长期以来联合国和国际社会一直倡导在建设和平中落实当地所有的精神。然而，过去几十年建设和平的实践证明这一倡导还大体上停留在纸面上和话语中。立足西方中心论的立场，迷信生成于西方文明实践的规范放之四海而皆准，否定或者反对生成于其他文明的规范参与全球治理的合理性，这样的想法和做法都是与当地所有这一精神相悖的。海地建设和平的教训以及利比里亚和东帝汶建设和平的成功经验表明，只有切实让东道国自主地选择建设和平的方式方法，当地所有的原则才能够真正落到实处。

大国崛起绝不仅仅是在物质实力上的崛起，而且还是在文化和制度上的崛起。中国崛起必将推动边缘地带的实践经验上升为全球治理的国际规范，推动长期以来受到西方文明实践经验主导的国际制度体系的变革。作为联合国核心会员国和支持维和建和的中坚力量，中国对维和建和的贡献绝不可能局限于政治和物质层面，还必然包括提供具有中国特色的方案，生成于中国崛起成功实践经验的发展和平就是维和建和中的中国方案。崛起的中国不再仅仅是国际规范的学习者和接受者，它已经成长为创造者和贡献者。①

中国和平崛起发生在现有的国际制度秩序之中。发展和平并不反对自由和平承载的自由与民主精神，反对的仅仅是那种从西方中心主义出发的终结论式的排他性制度霸权。西方在国际体系中的制度霸权

---

① 何银：《发展和平：联合国维和建和中的中国方案》，《国际政治研究》2017 年第4 期。

并不会很快消失。在此情势下，自由和平将继续在全球范围内的安全治理中起到主导性规范的作用，而发展和平只能起到补充和辅助作用。尽管如此，这也并不能阻止像东帝汶、埃塞俄比亚和卢旺达等一些国家寻求自由和平与发展和平之间的平衡。

正如秦亚青教授指出，有关冲突和竞争存在两种认识方法：一种是立足西方分立归类法的冲突辩证法，另一种是立足关系与过程的中庸辩证法。① 前者将冲突当作主导叙事，"坚持在一个不确定的多元世界中寻求一种自我预设的唯一性和确定性"②，认为冲突的结果必然是你死我活的零和；后者将和谐作为主导叙事，相信看似矛盾的两个事物之间互动的过程并非总是冲突，结果并非总是零和，而是可能出现一个相互包容的新合体。③ 中庸辩证法启发了一个问题：当自由和平与发展和平在全球安全治理场域中相遇并在互动中形成共生关系，是否意味着有可能生成了一个全新的和平规范？这是一个在理论和实践上都有意义的研究问题。

① 秦亚青：《关系与过程：中国国际关系理论的文化建构》，上海人民出版社 2012 年版，第 84—99 页。

② 同上书，第 93 页。

③ 同上书，第 93—99 页。

参考文献

一　中文

《牛津高阶英汉双解词典》，商务印书馆 1999 年版。

《十一届三中全会以来党的历次全国代表大会中央全会重要文献选
编》（上、下），中央文献出版社 1997 年版。

《中美东（中国、美国、东帝汶）三方农业技术合作项目简介》，《农
业科学技术情报》2016 年第 4 期。

［德］伯恩·魏德士：《法理学》，丁小春、吴越译，法律出版社 2003
年版。

［德］马克斯·韦伯：《新教伦理与资本主义精神》，康乐、简惠美
译，广西师范大学出版社 2007 年版。

［德］诺贝特·伊利亚斯：《文明的进程》，王佩丽、袁志英译，上海
译文出版社 2009 年版。

［法］米歇尔·福柯：《疯癫与文明》，刘北成、杨远婴译，生活·读
书·新知三联书店 2007 年版。

［美］阿汶德·萨伯拉马南：《关于大国崛起的辩论》，侯晶晶译，
《全球化》2013 年第 5 期。

［美］安德鲁·肖特：《社会制度的经济理论》，陆铭、陈钊译，上海
财经大学出版社 2003 年版。

［美］保罗·肯尼迪：《大国的兴衰》，陈景彪等译，国际文化出版社
　　2006年版。

［美］彼得·卡赞斯坦、罗伯特·基欧汉、斯蒂芬·克拉斯纳主编：
　　《世界政治理论的探索与争鸣》，秦亚青等译，上海人民出版社
　　2006年版。

［美］彼得·卡赞斯坦：《美国帝权下的中国崛起：美国化与中国
　　化》，吉宓译，《世界经济与政治》2009年第5期。

［美］彼得·卡赞斯坦主编：《世界政治中的文明：多元多维的视
　　角》，秦亚青等译，上海人民出版社2012年版。

［美］汉斯·摩根索：《国家间的政治：为权力与和平而斗争》，杨歧
　　鸣等译，商务印书馆1993年版。

［美］亨利·基辛格：《论中国》，胡利平等译，中信出版社2013
　　年版。

［美］肯尼思·华尔兹：《国际政治理论》，信强译，上海人民出版社
　　2008年版。

［美］迈克尔·巴尼特、［美］玛莎·芬尼莫尔：《为世界定规则：全
　　球政治中的国际组织》，薄燕等译，上海人民出版社2009年版。

［美］塞缪尔·亨廷顿：《文明的冲突与世界秩序重建》，周琪、刘绯
　　等译，新华出版社2010年版。

［美］塞缪尔·亨廷顿：《第三波——20世纪后期的民主化浪潮》，刘
　　军宁译，上海三联书店1998年版。

［美］许田波：《战争与国家形成：春秋战国与近代早期欧洲之比
　　较》，徐进译，上海人民出版社2009年版。

［美］约翰·米尔斯海默：《大国政治的悲剧》，王义桅等译，上海人
　　民出版社2003年版。

［美］弗朗西斯·福山：《历史的终结及最后之人》，黄胜强、许铭原
　　译，中国社会科学出版社2003年版。

［以］斯缪尔·艾因斯达特：《反思现代性》，旷新年、王爱松译，生

活・读书・新知三联书店 2006 年版。

[英] 爱德华・卡尔：《20 年危机（1919—1939）：国际关系研究导论》，秦亚青译，世界知识出版社 2005 年版。

陈来：《中华文明的核心价值——国学流变与传统价值观》，生活・读书・新知三联书店 2015 年版。

陈月红、李会杰：《为什么是"中国道路"而不是"中国模式"?》，《经济研究导刊》2019 年第 10 期。

《邓小平文选》（第三卷），人民出版社 1993 年版。

丁学良：《中国模式：赞成与反对》，牛津大学出版社 2014 年增订版。

房宁：《民主的中国模式》，《中央社会主义学院学报》2017 年第 4 期。

封禹丁：《博鳌论战：激辩"中国模式"》，《南方周末》2013 年 4 月 11 日。

顾德伟：《背景资料：中国援助非洲抗击埃博拉疫情重大举措》，新华社，2014 年 12 月 3 日。

国家卫生计生委卫生应急办公室：《防控为主 科学应对 统筹做好埃博拉出血热疫情国内防范和援非抗疫工作》，《中国应急管理》2015 年第 11 期。

韩保江：《中国奇迹与中国发展模式》，四川人民出版社 2008 年版。

何银：《发展和平：联合国维和建和中的中国方案》，《国际政治研究》2017 年第 4 期。

何银：《规范竞争：谁的规范重要——一个被忽视的研究议程》，载秦亚青主编《世界政治与全球治理——国际关系研究文集》，世界知识出版社 2013 年版。

何银：《规范竞争与互补：以建设和平为例》，《世界经济与政治》2014 年第 5 期。

何银：《联合国建设和平与人的安全保护》，《国际安全研究》2014 年第 3 期。

何银：《中国参与联合国维和行动政策浅析》，《武警学院学报》2010
年维和增刊。

何银：《中国的维和外交——基于国家身份视角的分析》，《西亚非
洲》2019 年第 4 期。

何中华：《马克思实践本体论：一个再证实》，《学习与探索》2007 年
第 2 期。

胡键：《争论中的中国模式：内涵、特点和意义》，《社会科学》2010
年第 6 期。

胡守钧：《国际共生论》，《国际观察》2012 年第 4 期。

黄超：《建构主义视野下的国际规范传播》，《外交评论》2008 年第
4 期。

黄超：《说服战略与国际规范传播》，博士学位论文，外交学院，
2009 年。

黄宗昊：《中国模式与发展型国家理论》，《当代世界与社会主义》
2016 年第 4 期。

江金权：《“中国模式”研究》，人民出版社 2007 年版。

江文清：《“中国模式”的理论分析》，《理论建设》2017 年第 6 期。

焦兵：《现实建构主义：国际政治的权力建构》，《世界经济与政治》
2008 年第 4 期。

金应忠：《国际社会的共生论——和平发展时代的国际关系理论》，
《社会科学》2011 年第 11 期。

李东燕：《中国参与联合国建设和平的前景与路径》，《外交评论》
2012 年第 3 期。

李君如：《慎提“中国模式”》，《学习时报》2009 年 12 月 7 日。

李世默：《中国崛起与“元叙事”的终结》，《南华早报》2013 年 7
月 3 日。

李文刚编著：《列国志——利比里亚》，社会科学文献出版社 2006

年版。

联合国:《安理会主席声明》,S/23500,1992年1月31日。

联合国:《秘书长关于马里局势的报告》,联合国秘书长报告 S/2017/1105,2017年12月26日。

林民旺、朱立群:《国际规范的国内化:国内结构的影响及传播机制》,《当代亚太》2011年第1期。

刘薇等:《索罗斯出没中国》,《南方周末》2013年4月11日。

柳思思:《历史实践与规范生成——以"塔利班化"为个案》,博士学位论文,外交学院,2008年。

鲁东海:《中兴通讯 CDMA 产品成功应用海地》,《世界电信》2006年第11期。

潘启亮、曹云华:《学习新加坡经验的源起、形态及反思》,《暨南学报》(哲学社会科学版)2018年第6期。

潘维:《当代中华体制——中国模式的经济、政治、社会解析》,载潘维主编《中国模式:解析人民共和国的60年》,中央编译出版社2009年版。

庞珣:《新兴援助国的"兴"与"新"——垂直范式与水平范式的实证比较研究》,《世界经济与政治》2013年第5期。

秦亚青:《关系与过程:中国国际关系理论的文化建构》,上海人民出版社2012年版。

秦亚青:《国家身份、战略文化和安全利益——关于中国与国际社会关系的三个假设》,载秦亚青《权力·制度·文化:国际关系理论与方法研究文集》,北京大学出版社2005年版。

秦亚青:《权力·制度·文化:国际关系理论与方法研究文集》,北京大学出版社2005年版。

秦亚青:《制度霸权与合作治理》,《现代国际关系》2002年第7期。

秦亚青:《中国文化及其对外交政策的影响》,《国际问题研究》2011年第5期。

任晓：《论国际共生的价值基础——对外关系思想和制度研究之三》，《世界经济与政治》2016 年第 4 期。

阮宗泽：《负责任的保护：建立更安全的世界》，《国际问题研究》2012 年第 3 期。

上海国际问题研究院课题组：《海纳百川、包容共生的"上海学派"》，《国际展望》2014 年第 6 期。

时殷弘：《美国权势、中国崛起与世界秩序》，《国际问题研究》2007 年第 3 期。

苏长河：《共生型国际体系的可能——在一个多极世界中如何构建新型大国关系》，《世界经济与政治》2016 年第 4 期。

孙亮：《马克思实践本体论：一个再伪证》，《东岳论丛》2008 年第 1 期。

谭谈、王蔚：《中国提供全球卫生公共产品的路径分析》，《国际观察》2017 年第 4 期。

唐晓阳：《中国对非洲农业援助形式的演变及其效果》，《世界经济与政治》2013 年第 5 期。

王鸿明、杨光斌：《关于"中国模式"的争论与研究》，《教学与研究》2018 年第 5 期。

王逸舟：《西方国际政治学：历史与理论》，中国社会科学出版社2007 年版。

卫兴华、李先灵：《我国确立社会主义市场经济体制的曲折历程——纪念改革开放 40 周年》，《宁夏党校学报》2019 年第 2 期。

魏玲：《第二轨道进程：规范结构与共同体建设——东亚思想库网络研究》，博士学位论文，外交学院，2008 年。

习近平：《在十八届中央政治局第十五次集体学习时的讲话》，《人民日报》2014 年 5 月 28 日。

徐崇温：《中国道路和中国模式》，《毛泽东邓小平理论研究》2016 年第 1 期。

徐贵相：《中国发展模式研究》，人民出版社 2008 年版。

徐彤武：《埃博拉战争：危机、挑战及应对》，《国际政治研究》2015
年第 2 期。

姚璐：《论国际关系中的"共生安全"》，《国际观察》2019 年第
1 期。

俞可平：《"中国模式"并没有完全定型》，《社会观察》2010 年
第12 期。

袁纯青：《共生理论及其对中小型经济的应用研究》（上），《改革》
1998 年第 2 期。

袁兴年：《共生哲学的基本理念》，《湖北社会科学》2009 年第 2 期。

张海冰：《发展引导型援助》，上海人民出版社 2013 年版。

张立达：《马克思主义哲学需要怎样的"本体"——评何中华与孙亮
先生关于马克思主义哲学本体论的争鸣》，《华中科技大学学报》
（社会科学版）2009 年第 3 期。

张宇、张晨、蔡万焕：《中国经济模式的政治经济学分析》，《中国社
会科学》2011 年第 3 期。

张志洲：《和平崛起与中国的国际话语权战略》，《今日中国论坛》
2012 年第 8 期。

章前明：《英国学派和建构主义中的规范概念》，《世界经济与政治论
坛》2009 年第 2 期。

赵重阳、范蕾编著：《列国志——海地、多米尼加》，社会科学文献出
版社 2009 年版。

郑永年：《"丝绸之路"与中国的时代精神》，《联合早报》2014 年 6
月 10 日。

郑永年：《中国模式——经验与困局》，浙江人民出版社 2010 年版。

中国社会科学院"新自由主义研究"课题组：《新自由主义研究》，
《马克思主义研究》2003 年第 6 期。

钟声：《需要认清和平与发展的内在逻辑》，《人民日报》2019 年 2 月

1 日。

竹立家：《2012 年中国话语权能崛起吗?》，《人民论坛》2012 年第 1 期。

二　英文

Abiodun Alao, John Mackinlay, and Funmi Olonisakin, *Peacekeepers*, *Politicians*, *and Warlords*: *The Liberian Peace Process*, Tokyo: United Nations University Press, 1999.

Abramo F. K. Organski and Jacek Kugler, *The War Ledger*, Chicago: University of Chicago Press, 1980.

Adam Smith, *An Inquiry into the Nature and Causes of the Wealth of Nations*: *A Selected Edition*, edited by Kathryn Sutherland, London: Oxford University Press, 1998.

Adekeye Adebajo, "Liberia: A Warlord's Peace", in Stephen John Stedman *et al.*, eds., *Ending Civil Wars*: *The Implementation of Peace Agreements*, Boulder: Lynne Rienner Publishers, 2002.

Adekeye Adebajo, *Liberia's Civil War*: *Nigeria*, *ECOMOG and Regional Security in West Africa*, Boulder: Lynne Publishers, 2002.

African Center for Economic Transformation, "Looking East: China Africa Engagements-Liberia Case Study", August 1, 2008.

Alex Dupuy, "Foreign Aids Keeps the Country from Shaping Its Own Future", *The Washington Post*, January 9, 2011.

Alex Dupuy, *Haiti*: *From Revolutionary Slaves to Powerless Citizens*: *Essay on the Politics and Economics of Underdevelopment*, *1804 - 2013*, New York: Routledge, 2014.

Alexander Wednt, "Anarchy is What States Make of It: The Construction of Power Politics", *International Organization*, Vol. 46, No. 2, Spring 1992.

Amitav Acharya, "How Ideas Spread: Whose Norms Matter? Norm Locali-zation and Institutional Change in Asian Regionalism", *International Or-ganization*, Vol. 58, No. 2, Spring 2004.

Amy Chua, *World on Fire: How Free Market Democracy Breeds Ethnic Ha-tred and Global Instability*, New York: Doubleday, 2003.

Ann Florini, "The Evolution of International Norms", *International Studies Quarterly*, Vol. 40, No. 3, September 1996.

Arvind Subramanian, *Eclipse: Living in the Shadow of China's Economic Dom-inance*, Washington: Peterson Institute for International Economics, 2011.

Barry Buzan, "China in International Society: Is 'Peaceful Rise' Possible?" *The Chinese Journal of International Politics*, Vol. 3, No. 1, 2000.

Bates Gill and Huang Chin-Hao, *China's Expanding Role in Peacekeeping: Prospects and Policy Implications*, SIPRI Policy Paper, No. 25, Stock-holm: Stockholm International Peace Research Institute, 2009.

Beth A. Simmons, Frank Dobbin, and Geoffrey Garrett, "Introduction: The International Diffusion of Liberalism", *International Organization*, Vol. 60, No. 4, Autumn 2006.

Bill Clinton, "Confronting the Challenges of a Broader World", from *U. S Department of State Dispatch*, Vol. 4, No. 39, September 27, 1993.

Butruos Butruos-Ghali, *Supplement to an Agenda for Peace*, UN General Assembly document A/50/60, January 3, 1995.

Carlos Alberto dos Santos Cruz, William R. Phillips and Salvator Cusimano, *Improving Security of United Nations Peacekeepers: We Need to Change the Way We Are Doing Business*, December 19, 2017, https://peace-keeping. un. org/sites/default/files/improving_ security_ of_ united_ nations_ peacekeepers_ report. pdf.

Cedric de Coning, "Complexity, Peacebuilding and Coherence: Implica-tions of Complexity for the Peacebuilding Coherence Dilemma", PhD dissertation, Stellenbosch University, December 2012.

Chalmers Johnson, *MITI and the Japanese Miracle: The Growth of Industri-al Policy, 1925 – 1975*, Stanford: Stanford University Press, 1982.

Charles T. Call and Elizabeth Cousens, "Ending Wars and Building Peace: International Response to War-Torn Societies", *International Studies Per-spective*, Vol. 9, Issue 1, January 2008.

Charles T. Call, "Ending Wars, Building States", in Charles T. Call and Vanessa Wyeth, eds. , *Building States to Building Peace*, Boulder: Lynne Rienner, 2008.

Daniel Trenton and Jacqueline Charles, "Bill Clinton Tells Diaspora: 'Haiti Needs You Now'", *The Miami Herald*, August 10, 2009.

Daniela Sicurelli, "Competing Models of Peacekeeping: The Role of the EU and China in Africa", paper prepared for the Fifth Pan-European Conference on EU Politics, Porto, June 23 – 26, 2010.

David Chandler, "The Uncritical Critique of 'Liberal Peace'", in Susan-na Campbell *et al.* , eds. , *A Liberal Peace? The Problems and Practices of Peacebuilding*, London and New York: Zed Books, 2011.

David Kang, *China Rising: Peace, Power, and Order in East Asia*, New York: Columbia University Press, 2007.

David Roberts, *Liberal Peacebuilding and Global Governance: Beyond the Metropolis*, Abingdon: Routledge, 2011.

David Singer, "The Level-of-Analysis Problem in International Relations", in Klans Knorr and Sidney Verba, eds. , *The International System: The-oretical Essays*, Princeton: Princeton University Press, 1961.

Dawn Brancati and Jack L. Snyder, "Time to Kill: the Impact of Election Timing on Post-Conflict Stability", *Journal of Conflict Resolution*, Vol. 57, No. 5, 2013.

Deborah Brautigam, *The Dragon's Gift: The Real Story of China in Africa*,

New York: Oxford University Press, 2009.

Deborah D. Avant, Martha Finnemore and Sudan K. Sell, eds., *Who Governs the Globe?* Cambridge: Cambridge University Press, 2010.

Durya Pushkina, "A Recipe for Success? Ingredients of a Successful Peacekeeping Mission", *International Peacekeeping*, Vol. 13, No. 2, 2006.

Fareed Zakaria, "The Self-Destruction of American Power: Washington Squandered the Unipolar Moment", *Foreign Affairs*, Vol. 98, No. 4, July/August, 2019.

Francis Fukuyama, *Statebuilding: Governance and World Order in the 21st Century*, London: Profile Books, 2005.

Francis Fukuyama, *The Origins of Political Order: From Prehuman Times to the French Revolution*, New York: Farrar, Straus and Giroux, 2011.

Francis Fukuyama, "The End of History?" *The National Interest*, Vol. 16, No. 2, Summer 1989.

Friedrich Kratochwil, Rules, *Norms and Decisions on the Conditions of Practical and Legal Reasoning in International Relations and Domestic Affairs*, New York: Cambridge University Press, 1989.

Friedrich Kratochwil, "The Force of Prescriptions", *International Organization*, Vol. 38, No. 4, Autumn 1984.

Geoffrey Robinson, *"If You Leave Us Here, We Will Die": How Genocide Was Stopped in East Timor*, Princeton: Princeton University Press, 2010.

George Dalton, "History, Politics, and Economic Development in Liberia", *Journal of Economic History*, Vol. 25, No. 4, December 1965.

Gordon Chang, *The Coming Collapse of China*, New York: Random House, 2001.

Gregory F. Treverton and Seth G. Jones, "Measuring National Power", Santa Monica: Rand Corporation, 2005.

Han Fook Kwang, Warren Fermandez and Sumiko Tan, eds., *Lee Kuan*

Yew: *The Man and His Ideas*, Singapore: Marshall Cavendish International (Asia) Pte Ltd, 2015.

Harold Meyerson, "A Flawed American Political Model Aids China", *Washington Post*, March 31, 2010.

He Yin, *China's Changing Policy on UN Peacekeeping Operations*, Asia Paper, Stockholm: Institute for Security and Development Policy, July 2007.

He Yin, "China-EU Cooperation on UN Peacekeeping: Opportunities and Challenges", in Frauke Austermann *et al.*, eds., *Europe and China in 21ˢᵗ Century Global Politics: Partnership, Competition, or Co-Evolution?* London: Cambridge Scholars Publishing, 2013.

Ian Taylor, "What Fits for the Liberal Peace in Africa?" *Global Society*, Vol. 21, No. 4, 2007.

Immanuel Wallerstein, *World-Systems Analysis: An Introduction*, Durham and London: Duke University Press, 2004.

Inis L. Claude, *Power and International Relations*, New York: Random House, 1962.

Karl W. Deutsch, *The Analysis of International Relations*, Englewood Cliffs: Prentice Hall, 1968.

International Crisis Group, *China's Growing Role in UN Peacekeeping*, Report No. 166, 2009.

Jack L. Snyder, *Myths of Empire: Domestic Politics and International Ambition*, Ithaca: Cornell University Press, 1991.

Stephen M. Walter, *The Origins of Alliances*, Ithaca: Cornell University Press, 1987.

James D. Wallace, *Norms and Practices*, Ithaca: Cornell University Press, 2009.

James Rosenau, *The Scientific Study of Foreign Policy*, London: Frances

Printer, 1980.

Bruce Russet and Harvey Starr, *World Politics: A Menu for Choice*, New York: W. H. Freeman, 1992.

Jeffrey W. Legro, "Which Norms Matter? Revisiting the 'Failure' of Internationalism", *International Organization*, Vol. 51, No. 1, Winter 1997.

Joe Studwell, *The China Dream: The Elusive Quest for the Last Great Untapped Market on Earth*, London: Profile Books, 2002.

Johan Galtung, "Three Approaches to Peace: Peacekeeping, Peacemaking and Peacebuilding", in Johan Galtung, ed. , *Peace, War and Defense-Essays in Peace Research*, Vol. 2, Copenhagen: Christian Ejlers, 1976.

Johan Galtung, "Twenty-Five Years of Peace Research: Ten Challenges and Some Responses", *Journal of Peace Research*, Vol. 22, No. 2, June 1985.

John Braithwaite, "Evaluating the Timor-Leste Peace Operations", in Paul Diehl and Daniel Druckman, eds. , *Peace Operation Success: An Comparative Analysis*, Leiden: Martinus Nijhoff Publishers, 2013.

John Ikenberry and Charles A. Kupchan, "Socialization and Hegemonic Power", *International Organization*, Vol. 44, No. 3, Summer 1990.

John Ikenberry, "The Rise of China and the Future of the West: Can the Liberal System Survive?" *Foreign Affairs*, Vol. 87, No. 1, January/February 2008.

John Ruggie, "What Makes the World Hang Together?" *International Organization*, Vol. 52, No. 4, Winter 1998.

John Williamson, "Is the 'Beijing Consensus' Now Dominant?" *Asia Policy*, Vol. 13, No. 1, 2012.

Jonathan Holslag, "China's Diplomatic Maneuvering on the Question of Darfur", *Journal of Contemporary China*, Vol. 17, No. 54, 2008.

Joseph S. Nye, Jr. and David A. Welch, *Understanding Global Conflict and*

Cooperation: *An Introduction to Theory and History*, Hong Kong: Long-
man, 2011.

Joseph S. Nye, Jr. , *The Future of Power*, New York: PublicAffairs, 2011.

Joshua Ramo, "The Beijing Consensus", London: Foreign Policy Center,
2004.

Justin Podur, *Haiti's New Dictatorship*: *The Coup*, *the Earthquake and the
UN Occupation*, London: Pluto Press, 2012.

Tom Keating and W. Andy Knight, "Introduction: Recent Developments in
Postconflict Studies-Peacebuilding and Governance", in Tom Keating and
W. Andy Knight, eds. , *Building Sustainable Peace*, Tokyo: United
Nations University Press, 2004.

Kenneth N. Waltz, *Theory of International Politics*, Oxford: Basil Black-
well, 1990.

Kofi Annan, "In Haiti for the Long Haul", *Wall Street Journal*, March
16, 2004.

Laura K. Landolt, "(Mis) Constructing the Third World? Constructivist Anal-
ysis of Norm Diffusion", *Third World Quarterly*, Vol. 25, No. 3, 2004.

Lei Xue, "China's Development-Oriented Peacekeeping Strategy in Africa",
in Chris Alden *et al.* , eds. , *China and Africa*: *Building Peace and Securi-
ty Cooperation on the Continent*, London: Palgrave Macmillan, 2017.

Lise Morje Howard, *UN Peacekeeping in Civil Wars*, New York: Cam-
bridge University Press, 2008.

Lucy Rodgers, "Why Did so Many People Die in Haiti's Quake?" *BBC
News*, February 14, 2010.

Marco Pfister and Jan Rosser, *What Makes for Peaceful Post-Conflict Elec-
tion*? Swisspeace Working Paper, February 2013.

Margaret E. Keck and Kathryn Sikkink, *Activists beyond Borders*: *Advocacy
Networks in International Politics*, Ithaca: Cornell University Press,

1998.

Mark Duffield, *Development, Security and Unending War*, London: Polity, 2007.

Mark Schuller, "Met Ko Veye Ko: Foreign Responsibility in the Failure to Protect against Cholera and Other Man-Made Disasters", Port au Prince: Institute for Justice and Democracy in Haiti, January 22, 2011.

Martha Fennimore and Kathryn Sikkink, "International Norm Dynamic and Political Change", *International Organization*, Vol. 52, No. 4, Autumn 1998.

Martha Fennimore, *National Interests in International Society*, Ithaca: Cornell University Press, 1996.

Mary H. Moran, *Liberia: Violence of Democracy*, Philadelphia: University of Pennsylvania, 2006.

Mel Small and J. David Singer, "The War Proneness of Democratic Regimes, 1816 – 1965", *Jerusalem Journal of International Relations*, Vol. 1, Summer 1976.

Michael Barnett, Hunjoon Kim, Madalene O'Donnell and Laura Sitea, "Peacebuilding: What Is in a Name?" *Global Governance*, Vol. 13, No. 1, 2007.

Michael Bratton, "Neo-Patrimonilism", in Betrand Badie *et al.*, eds., *International Encyclopedia of Political Science*, October 4, 2011.

Michael Doyle, "Kant, Liberal Legacies, and Foreign Affairs", *Philosophy and Public Affairs*, Vol. 12, No. 3, Autumn 1983.

Michael Pugh, "The Political Economy of Peacebuilding: A Critical Theory Perspective", *International Journal of Peace Studies*, Vol. 10, No. 2, 2005.

Micheal Barnett, "Building a Republican Peace: Stabilizing States after War", *International Security*, Vol. 30, No. 4, Spring 2006.

Mike Pugh, *Regeneration of War-Torn Societies*, London: Macmillan, 2000.

Ming Wan, *The China Model and Global Political Economy: Comparison,*

Impact and Interaction, New York: Routledge, 2014.

Mohamed Salih, "A Critique of the Political Economy of the Liberal Peace: Elements of an African Experience", in Edward Newman *et al.*, eds., *Perspectives on Liberal Peacebuilding*, Edinburgh: Edinburgh University Press, 2009.

Moisé Naím, "Rogue Aid", *Foreign Policy*, October 15, 2009.

Moisés Naím, "Help Not Wanted", *New York Times*, February 15, 2007.

National Intelligence Council, *Global Trends 2030: Alternative Worlds*, CreateSpace Independent Publishing Platform, 2012.

Niall Ferguson, "In China's Orbit", *The Wall Street Journal*, November 18, 2010.

Oliver P. Richmond and Jason Franks, *Liberal Peace Transitions: Between Statebuilding and Peacebuilding*, Edinburgh: Edinburgh University Press, 2009.

Oliver P. Richmond, *The Transformation of Peace*, New York: Palgrave Macmillan, 2005.

Oliver P. Richmond, "Emancipatory Forms of Human Security and Liberal Peacebuilding", *International Journal*, Vol. 62, No. 3, 2007.

Patrick Vinck, Phuong Pham and Tino Kreutzer, "A Population-Based Survey on Attitudes about Security, Disputed Resolution, and Post-Conflict Reconstruction in Liberia", Berkley: Human Rights Center, University of California, June 2011.

Paul Krugman, "Will China Break?" *New York Times*, December 19, 2011.

Peter Hallward, *Damming the Flood: Haiti and the Politics of Containment*, London: Verso, 2010.

Peter J. Katzenstein, ed., *The Culture of National Security: Norms and Identity in World Politics*, New York: Columbia University Press, 1996.

Philippe Rater, "Haiti Gets Caught up in China-Taiwan Standoff", *Carib-

bean Net News, May 30, 2005.

Rey Koslowski and Friedrich V. Kratochwil, "Understanding Change in International Politics: The Soviet Empire's Demise and the International System", *International Organization*, Vol. 48, No. 2, Spring 1994.

Rhoda Margesson and Bruce Vaughn, "East Timor: Political Dynamics, Development, and International Involvement", Washington: Congressional Research Service, June 17, 2009.

Rob Jekins, *Peacebuilding: From Concept to Commission*, London and New York: Routledge, 2013.

Robert Fatton, "The Fall of Aristide and Haiti's Current Predicament", in Yasmine Shamsie and Andrew S. Thompson, eds., *Haiti: Hope for a Fragile State*, Waterloo: Wilfrid Laurier University Press, 2006.

Robert Kaplan, "The Coming Anarchy: How Scarcity, Crime, Overpopulation, and Disease Are Rapidly Destroying the Social Fabric of Our Planet", *Atlantic Monthly*, Vol. 273, No. 2, 1994.

Robert O. Keohane, *After Hegemony: Cooperation and Discord in the World Economy*, Princeton, Princeton University Press, 1984.

Roger Mac Ginty and Oliver Richmond, *The Liberal Peace and Post-War Reconstruction: Myth or Reality?* London: Routledge, 2009.

Roger Mac Ginty, *International Peacebuilding and Local Resistance: Hybrid Form of Peace*, New York: Palgrave Macmillan, 2011.

Roland Paris, 2002, "International Peacebuilding and the 'Mission Civilisatrice'", *Review of International Studies*, Vol. 28, Issue 4, 2002.

Roland Paris, "Alternatives to Liberal Peace?" in Susanna Campbell *et al.*, eds., *A Liberal Peace? The Problems and Practices of Peacebuilding*, London and New York: Zed Books, 2011.

Roland Paris, "Saving Liberl Peacebuilding", *Review of International Studies*, Vol. 36, Issue 2, 2010.

Roland Paris, *At War's End: Building Peace after Civil Conflict*, New York: Cambridge University Press, 2004.

Rory Carroll, "Haiti: Mud Cakes Become Staple Diet as Cost of Food Soars beyond a Family's Reach", *The Guardian*, 29 July, 2008.

Ross H. Munro, "Awakening Dragon: The Real Danger in Asia Is from China", *Policy Review*, No. 62, 1992.

Rudolph Rummel, *Power Kills: Democracy as a Method of Nonviolence*, New Brunswick: Transaction Books, 1997.

Rudra Sil and Peter J. Katzenstein, *Beyond Papadigms: Analytic Electicism in the Study of World Politics*, London: Palgrave, 2010.

Saferworld, "Addressing Conflict and Violence from 2015: Rising Powers and Conflict", Issue Paper 3, November 24, 2012.

Samuel P. Huntington, "The Clash of Civilizations?" *Foreign Affairs*, Vol. 72, No. 3, Summer 1993.

Samuel P. Huntington, *The Third Wave: Democratization in the Late Twentieth Century*, Oklahoma: University of Oklahoma Press, 1993.

Shanghai Institute for International Studies, *China's Role in International Conflict Management: Sudan and South Sudan-Global Review*, December 1, 2012.

Shogo Suzuki, "Why Does China Participate in Intrusive Peacekeeping? Understanding Paternalistic Chinese Discourses on Development and Intervention", *International Peacekeeping*, Vol. 18, No. 3, 2011.

Stefan Halper, *The Beijing Consensus: How China's Authoritarian Model Will Dominate the Twenty-First Century*, Philadephia: Basic Books, 2010.

Stephan Haggard and Beth A: Simmons, "Theories of International Regimes", *International Organization*, Vol. 41, No. 3, Summer 1987.

Stephen Ellis, *The Mask of Anarchy: The Destruction of Liberia and the Religious Dimension of an African Civil War*, New York: New York University Press, 1999.

Stephen D. Krasner, ed. , *International Regimes*, Ithaca: Cornell University Press, 1983.

Steven C. Y. Kuo, *Chinese Peace in Africa: From Peacekeeper to Peacemaker*, Abingdon: Routledge, 2020.

Steven C. Y. Kuo, "Am I My Brother's Keeper? An Examination of the Emerging Chinese Model of Peacebuilding in Africa", PhD Dissertation, University of St. Andrews, 2012.

Steven C. Y. Kuo, "China's Understanding of African Security: Context and Limitations", *African Security*, Vol. 5, Issue 2, 2012.

Sukihiro Hasegawa, "The Role of the United Nations in Conflict Resolution and Peacebuilding in Timor", in Ustina Dolgopol and Jutith Gardam, eds. , *The Challenge of Conflict: International Law Responds*, Leiden: Koninklijke Brill BV, 2006.

Susanna Campbell, David Chandler and Meera Sabaratnam, eds. , *A Liberal Peace? The Problems and Practices of Peacebuilding*, London: Zed Books, 2011.

Thania Paffenholz, "Civil Society beyond Liberal Peace and Its Critique", in Susanna Campbell *et al.* , eds. , *A Liberal Peace? The Problems and Practices of Peacebuilding*, London and New York: Zed Books, 2011.

Thomas G. Rawski, "What's Happening to China's GDP Statistics?" *China Economic Review*, Vol. 12, No. 4, 2001.

Thomas S. Szayna *et al.* , *Conflict Trends and Conflict Drivers: An Empirical Assessment of Historical Conflict Patters and Future Conflict Projections*, Santa Monica: Rand Cooperation, 2017.

Tim Jacoby, "Hegemony, Modernisation and Post-War Reconstruction", *Global Society*, Vol. 21, No. 4, 2007.

Tim Witcher, "East Timor Hailed a UN Success", *The Australian*, December 30, 2012.

Todd Wassel, "Timor-Leste: Links between Peacebuilding, Conflict Prevention and Durable Solutions to Displacement", Washington: Brookings Institution, September 5, 2015.

Unite States House of Representatives Foreign Affairs Committee, "Haiti: Is U. S. Aid Effective?" Hearing before the Committee on Foreign Affairs, House of Representatives, One Hundred Thirteenth Congress, first session, Serial No. 100 – 113, October 9, 2013.

United Nations Security Council Resolution 1509, September 19, 2003.

United Nations Security Council Resolution 2066, September 17, 2012.

United Nations, *Report of High-Level Independent Panel on Peace Operations on Uniting Our Strength for Peace: Politics, Partnership and People*, UN General Assembly document A/70/95, June 17, 2015.

United Nations, *Report of the Panel on United Nations Peace Operations*, UN General Assembly Document A/55/305, August 21, 2000.

United Nations, *The Challenge of Sustaining Peace: Report of the Advisory Group of Experts for the* 2015 *Review of the United Nations Peacebuilding Architecture*, UN General Assembly document A/69/968, 30 June, 2015.

William A. Callahan, "Tianxia, Empire, and the World: Soft Power and China's Foreign Policy Discourse in the 21st Century", British Inter-University China Center Working Paper Series, No. 1, May 2007.

William Durch, *UN Peace Operations and the "Brahimi Report"*, Washington: The Henry L. Stimson Center, 2001.

William Maley, "Introduction: Peace Operations and Their Evaluation", in Daniel Druckman and Paul F. Diehl, eds. , *Peace Operation Success: A Comparative Analysis*, Boston: Martinus Nijhoff Publishers, 2012.

Woodrow Wilson, 1968, "The Modern Democratic State", in Arthur

S. Link, ed. , *The Papers of Woodrow Wilson*, Vol. 5, Princeton: Princeton University Press, quoted from Roland Paris, *At War's End: Building Peace after Civil Conflict*, New York: Cambridge University Press, 2004.

Zbigniew Brzezinksi and John J. Mearsheimer, "Clash of the Titans", *Foreign Policy*, Vol. 146, No. 1, 2005.

"China Grants Liberia 36 mln USD in Aid to 4 Project", *Xinhua*, November 15, 2013.

致　　谢

从创意到结稿，七年完成一本书，有许多人需要感谢。

首先要感谢我的博士导师秦亚青先生。参加工作多年后，2010年有幸考入外交学院静下心来读书，得到秦先生的教导。秦先生授课、指导论文和聊天时的很多话都值得反复回味，其中的深意和新意或是令人惊喜，或是使人顿悟。我深感这既是大学问的魅力，更是先生因材施教、手工打造时的良苦用心。秦先生教诲我去领悟做学问的真谛：既要耐得住凝视星空时的寂寞，又要胸有人文的关怀。

我还要特别感谢我的硕士导师清华大学程慕胜先生。当年先生一字一句反复修改我的硕士论文，让我领悟到了严谨之风。先生非常关心我的工作、学业和家庭，并为我取得的每一点成就感到高兴。

感谢中国社会科学出版社的编辑老师们。特别是赵丽老师，为了本书能顺利出版，给了我很多建议并在一些烦琐的程序事务上耐心地给予帮助。我从张依婧等老师们细致的校对工作中学到了很多。感谢外交学院所有教过和指导过我的老师们，特别是朱立群、高飞、李海东、赵怀普、苏浩、江国清和陈志瑞等几位教授。中国社会科学院袁正清老师和北京大学王逸舟老师一直非常关心我的研究，在学术研究方法上给予了我许多指导。中国国际问题研究院陈须隆研究员和北京大学张海滨教授给予了我兄长般的关心。贾庆国教授关于发展和平的洞见以及李安山教授对我提出问题的耐心回答，都对我的研究非常有启发。陈东晓、张春、杨易、曾爱平、扈大威和徐伟忠等老师经常邀我参加学术会议，让我有了许多机会与国内外专家学者交流。在刘铁娃博士搭建的学术交流平台上，我认识了许多国内外的专家。

在完成本书的过程中，我得到中国人民警察大学及中国维和警察培训中心领导和同事们的支持。马金旗校长高瞻远瞩，一直鼓励我做好维和研究。2015 年我去哈佛大学参加交流时，时任学校政委崔芝昆将军给予了大力支持，前维和中心主任高心满女士不辞劳苦四处帮我做工作。张平副校长及陈爱平、卢林刚和邱志刚等领导非常关心本书的出版。维和中心现任和前任领导封卓、丁成、廉志亮、王洪海、胡建国和刘克振从各方面对我的研究工作给予了支持。公安部国际合作局领导于澄涛、谈钧、杨少文、韩宁、张景渊、王晓晨、曲艳和卢聪等非常关心和支持我的研究工作。此外，我还经常得到外交部王学贤、华黎明、钟建华、舒展、谢波华、刘昕生和周欲晓等几位大使的指导。中国联合国协会卢树民、吴海龙、张丹、刘志贤、张小安、黄河、王颖和李南等领导经常给我提供学术交流的机会，让我开阔了研究的视野。贾烈英、孙吉胜、魏玲、高尚涛、苗红妮、赵乾坤、陈刚、李晓燕、陈宏、刘慧、韩志立、刘伟华、柳思思、谢婷婷、颜琳、董青岭、季玲、李敏、景晓强、冷鸿基、尉红池、龙盾和杜胜平等师门兄弟姐妹也一直非常关心我的学业和工作。

我还要感谢南非华裔学者郭俊逸博士，他对"中国和平"的研究给了我很多启发。他还经常毫无保留地与我分享研究资料。在我写作过程中，美国奥克兰大学艾伦·爱伯斯坦（Alan Apstein）博士不但垫资帮我购买英文图书，还在海地帮我做了一些实地调研工作。需要感谢的人还有（排名不分先后）西德雷克·德·康宁（Cedric de Coning）、诺姆·乔姆斯基（Noam Chomsky）、塔缇阿娜·卡拉延尼斯（Tatiana Carayannis）、凯瑟琳·莫罗利（Kathleen Molony）、卡丽·奥斯兰德（Kari Osland）、亚当·戴（Adam Day）、查尔斯·亨特（Charles Hunt）、江忆恩（Alastair Iain Johnston）、张杰生（Jason Tower）、林协理（Christopher Len）、包洁华（Jennifer Staats）、冯康云

（Courtney J. Fung）、庄俊举、谭秀英、李永辉、张胜军、李东燕、盛红生、阮红梅、张永宏、张贵洪、李媛、牛仲君、杨晨曦、覃华、温勇刚、张广保、施金东、赵金勇、王侣仁、刘圣皇、罗志勇、张凯、高志和、文龙、冯波、王传经、何星、郭勍、蔡伟、秦云锦、刘因才、刘志勇、田建波、郭延军、刘莲莲、李福健、辛越、朱强、王亚微、于彪、李雪瑶、游百顺、冯金茂和孟文婷等。

最后要感谢我的亲人们。我的父母一直默默无闻地支持我的工作和学业，给予了我最纯朴最伟大的爱。大姐何群女士和大姐夫张吉如先生一直在经济上给予我支持，让我可以更加从容地做学问。这些年来如果没有我的妻子叶葛婷女士的大力支持，我是不可能取得任何进步的。她默默地承担起了家务和照顾孩子的重担，让我能够潜心于学术研究。我们九岁的儿子何沐宸是看着我写书长大的，每当看到我埋头写作就默默地走开。他甚至对本书中的一些概念和术语耳熟能详。二哥何军先生和妻弟叶祖亮先生一直支持我。西藏伟豪律师事务所主任赵波表哥博学多闻，几十年扎根高原，对发展和平独到的见解让我受益匪浅。亲人们的爱和支持是我不断前进的动力。

此书的出版仅仅是追求学问和真知道路上的一个新起点。我将为了和平而继续努力。

何　银

2019 年 10 月 8 日于廊坊颐和佳苑